Wirtschaftsdelikte im Vertrags- und Privatarztsektor

Frankfurter kriminalwissenschaftliche Studien

Bd./Vol. 155

Zu Qualitätssicherung und Peer Review der vorliegenden Publikation

Die Qualität der in dieser Reihe erscheinenden Arbeiten wird vor der Publikation durch Herausgeber der Reihe geprüft.

Notes on the quality assurance and peer review of this publication

Prior to publication, the quality of the work published in this series is reviewed by editors of the series.

Mathias Alexander Grzesiek

Wirtschaftsdelikte im Vertrags- und Privatarztsektor

Ein Beitrag zum Prinzip der Strafgesetzlichkeit im Gesundheitswesen

PL ACADEMIC RESEARCH

Bibliografische Information der Deutschen Nationalbibliothek
Die Deutsche Nationalbibliothek verzeichnet diese Publikation in der Deutschen Nationalbibliografie; detaillierte bibliografische Daten sind im Internet über http://dnb.d-nb.de abrufbar.

Zugl.: Frankfurt (Main), Univ., Diss., 2015

D 30
ISSN 0170-6918
ISBN 978-3-631-66788-0 (Print)
E-ISBN 978-3-653-06467-4 (E-Book)
DOI 10.3726/ 978-3-653-06467-4

PL Academic Research ist ein Imprint der Peter Lang GmbH.

Peter Lang – Frankfurt am Main · Bern · Bruxelles · New York · Oxford · Warszawa · Wien

Diese Publikation wurde begutachtet.

www.peterlang.com

Meinen Eltern und meinem Bruder

Vorwort

Die vorliegende Arbeit wurde im Sommersemester 2015 vom Fachbereich der Rechtswissenschaften der Goethe-Universität in Frankfurt am Main als Dissertation angenommen. Die ausgewertete Rechtsprechung und Literatur befindet sich auf dem Stand vom 15. Januar 2016.

Mein erster und besonderer Dank gilt meinem akademischen Lehrer und Erstgutachter *Prof. Dr. Peter-Alexis Albrecht*, der mich durch seine Vorlesungen zunächst für das Strafrecht begeisterte und anschließend durch Seminare, Forschungsprojekte und Diskussionen mein Verständnis für eine kritische Auseinandersetzung mit diesem Rechtsgebiet entscheidend prägte. *Prof. Dr. Wolfgang Naucke* danke ich zum einen für die zügige Erstellung des Zweitgutachtens und zum anderen für den gemeinsamen Austausch im Rahmen des *Frankfurter Dienstagsseminars*, der mich für die kritischen Aspekte meiner Dissertation sensibilisierte. Den Herausgebern der *Frankfurter kriminalwissenschaftlichen Studien* danke ich für die Aufnahme der Arbeit in dieser Schriftenreihe.

Ausdrücklicher Dank gebührt Richterin *Dr. Mareike Jeschke*, die mich insbesondere in der Abschlussphase meiner Arbeit mit Nachdruck dazu anhielt, dieses Projekt zu finalisieren. Ich danke ihr ferner für die Durchsicht des Manuskripts und die wertvollen Anmerkungen, welche diese Arbeit bereichert haben. Rechtsanwalt *Dr. Marc Fornauf* danke ich für die vielen Jahre meines Studiums, in denen er mir als Vorbild, Mentor und Freund zur Seite stand.

Meinem Freund, Weggefährten und Bruder im Geiste *Dr. Björn Kruse* danke ich für die langjährige und einträchtige Freundschaft, die uns bereits über zahlreiche Etappen führte und deren Schwierigkeiten wir stets gemeinsam meistern konnten.

Staatsanwalt Dr. Wanja Welke danke ich dafür, dass er durch seine Veranstaltungen an der Goethe-Universität Frankfurt mein Interesse für die Thematik der Wirtschaftsdelinquenz im Gesundheitswesen geweckt hat. In diesem Zusammenhang danke ich ebenfalls *Oberstaatsanwalt Alexander Badle*, der mir die Möglichkeit gab, einen Einblick in die Praxis zu erhalten und für seine Bereitschaft, mein Dissertationsvorhaben jederzeit mit Rat und Tat zu unterstützen.

Ich möchte mich zudem bei der Friedrich-Naumann Stiftung für die Freiheit für die finanzielle Unterstützung bedanken, die mir den Freiraum gab, mich uneingeschränkt auf meine Promotion konzentrieren zu können.

Ferner danke ich der Deutschen Gesellschaft für Kassenarztrecht e.V. für die Übernahme der Druckkosten.

Die Arbeit ist meinen Eltern *Romana und Hubert Grzesiek* und meinem Bruder *Simon Grzesiek* gewidmet. Ohne die bedingungslose Unterstützung und den stetigen Rückhalt meiner geliebten Familie, wäre die Fertigstellung dieser Arbeit nicht möglich gewesen.

Inhaltsverzeichnis

Abkürzungsverzeichnis

EBM	Einheitlicher Bewertungsmaßstab
GKV	Gesetzliche Krankenversicherung
PKV	Private Krankenversicherung
GOÄ	Gebührenordnung für Ärzte
HVV	Honorarverteilungsvertrag
HVM	Honorarverteilungsmaßstab
KV	Kassenärztliche Vereinigung
RLV	Regelleistungsvolumen
AMG	Arzneimittelgesetz
MGV	Morbiditätsbezogene Gesamtvergütung

Abbildungsverzeichnis

Verzeichnis der Beispielsfälle

Einleitung und Gang der Untersuchung

Das Phänomen des wirtschaftlichen Fehlverhaltens im Gesundheitswesen beschäftigt seit geraumer Zeit Justiz, Jurisprudenz und Gesetzgebung. Zuletzt sorgte der Beschluss des Großen Senats für Strafsachen des BGH[1] vom 29.03.2012 für Aufsehen. Die Richter hoben in ihrer Entscheidung hervor, dass der niedergelassene Vertragsarzt weder als Amtsträger noch als Beauftragter der Krankenkassen anzusehen ist. Der Erhalt von Zuwendungen für die Verschreibung von Fertigarzneimitteln durch Pharmakonzerne[2] fällt nicht unter die vorhandenen Korruptionstatbestände des StGB. Somit wird ein solches Verhalten niedergelassener Vertragsärzte *de lege lata* strafrechtlich nicht erfasst. Tausende Korruptionsverfahren gegen Mediziner wurden daraufhin eingestellt[3], es gibt jedoch gegenwärtig Bemühungen der politisch Verantwortlichen, sich dieses Problems anzunehmen. Der Gesetzgeber bemüht sich seither[4] um die Ausarbeitung von Strafnormen, um die vorhandene Strafbarkeitslücke zu schließen.[5]

Beachtenswert macht den oben benannten Beschluss insbesondere die Tatsache, dass dem anhaltenden Trend der Kriminalisierung ärztlicher Delinquenz mit „vermögensrechtlichem Einschlag“[6] erstmalig ein Dämpfer versetzt wurde. Teile der Rechtswissenschaft gehen davon aus, dass es in der Vergangenheit zu einer Akzentverschiebung der staatsanwaltlichen Ermittlungsverfahren gegen Ärzte gekommen ist. Neben den klassischen Vorwürfen aus dem Bereich der Tötungs- und Körperverletzungsdelikte (§§ 223 ff., 211 ff. StGB) und den für medizinisches Personal relevanten Arznei- und Betäubungsmitteldelikten treten

---

1 BGHSt 57, 202 f. = BGH, NJW 2012, 2530 f. = BGH, NStZ 2012, 505 f.

2 Auf die Problematik wird in einem späteren Teil der Arbeit noch detailliert eingegangen werden. Die kurze Schilderung dient nur dem Problemaufriss.

3 Vgl. „Staatsanwaltschaft stellt Ratiopharm-Ermittlungen ein“, Deutsches Ärzteblatt, v. 22.05.2013; „Korrupte Ärzte kommen davon“, WirtschaftsWoche, v. 21.08.2013.

4 Bisherige Bestrebungen blieben erfolglos, vgl. Gesetzesentwurf des Bundesrates, v. 05.07.13, BR-Drucks. 451/13 - Gesetzesentwurf war eingebracht in BT-Drs. 17/14575.

5 „Wir werden einen neuen Straftatbestand der Bestechlichkeit und Bestechung im Gesundheitswesen im Strafgesetzbuch schaffen“, vgl. Koalitionsvertrag zwischen CDU, CSU und SPD, 18. Legislaturperiode, S. 55.

6 Nach *Ulsenheimer* hat die strafrechtliche Verfolgung ärztlichen Fehlverhaltens in den letzten Jahren ein erhebliches praktisches Gewicht erlangt, vgl. *Ulsenheimer*, Arztstrafrecht in der Praxis, Rn. 1.

zunehmend wirtschaftsstrafrechtlich geprägte Ermittlungsverfahren im Betrugs- (§ 263 StGB), Untreue- (§ 266 StGB) und Korruptionsstrafrecht (§§ 299, 331, 332 StGB) hinzu.[7] Diese These lässt sich anhand statistischer Werte untermauern. Laut einem Bericht des GKV-Spitzenverbandes verfolgten die Krankenkassen 2010 und 2011 zusammen rund 53.000 Verdachtsfälle von Betrug und Fehlverhalten.[8] In etwa 2.600 Fällen ermittelte die Staatsanwaltschaft. Seit 2009 wird der Abrechnungsbetrug im Gesundheitswesen in der polizeilichen Kriminalstatistik gesondert aufgeführt. 2011 wurden insgesamt 2.876 Fälle erfasst, 2012 waren es bereits 4.379 Fälle. Honorarfalschabrechnungen treten vor allem im Bereich der niedergelassenen Vertragsärzte bei der Abrechnung von ärztlichen Leistungen gegenüber den Kassenärztlichen Vereinigungen[9], aber auch im Privatarztbereich zwischen Arzt und Patient auf[10]. Doch nicht nur in der Justiz und Politik erlangte das Phänomen in den vergangenen Jahren zunehmend an Bedeutung. Die Präsenz der Stichworte „Abrechnungsbetrug" und „Ärztebestechung durch Pharmakonzerne" in den Medien[11] zeugt von einem wachsenden Interesse auch außerhalb der Fachwelt. Das erstaunt nicht sonderlich, denn die Problematik betrifft nicht nur die Krankenkassen, Ärzteschaft und öffentlichen Haushalte, sondern auch und vor allem den Versicherten, der letzten Endes für die finanziellen Verluste aufkommen muss. Es lässt sich folglich durchaus konstatieren: „Korruption und Fehlverhalten im Gesundheitswesen ist in aller Munde."[12]

Diese Untersuchung soll sich primär auf die strukturidentischen wirtschaftsstrafrechtlichen Tatbestände im Vertrags- und Privatarztsektor beschränken. An prominenter Stelle gehören zu den weiteren drängenden Problemen der Strafgesetzlichkeit im Gesundheitswesen zwar die möglichen Straftaten gegen Personen in der Organtransplantation und spezifische Korruptionsprobleme, die in der

7 *Nestler*, JZ 2009, 984.

8 Pressemitteilung des *GKV-Spitzenverbandes,* Fehlverhalten im Gesundheitswesen v. 24.07.2013.

9 *Roxin/Schroth*, Handbuch des Medizinstrafrechts, S. 181.

10 Auf diese Thematik wird in Kapitel 4 der Arbeit eingegangen.

11 „Schummelnde Ärzte, Krankenkassen ermitteln 53.000 Betrugsfälle", Frankfurter Allgemeine Zeitung v. 17.01.2013; „Münchner Uniklinik räumt Fehler ein", Hamburger Abendblatt v. 29.09.2012; „Weiße Kittel, schwarze Kassen" (ZDFzoom), ZDF-Berichterstattung, ausgestrahlt am 11.07.2012; „Razzia in Helios-Kliniken", Frankfurter Rundschau v. 21.06.2011; „Razzia in Berliner Kliniken", Frankfurter Allgemeine Zeitung v. 09.06.2010.

12 Mit diesen Worten eröffnete *Prof. Dr. Christoph Krehl* seinen Vortrag auf der 13. NStZ-Jahrestagung, siehe *Krehl,* Die Bekämpfung von Korruption im Gesundheitswesen – eine Aufgabe für den Strafgesetzgeber, 13. NStZ-Jahrestagung 2014 v. 04.07.2014.

Förderung medizinischer Forschung und in dem Verhältnis von Medizinproduktfirmen, Krankenhäusern und Ärzten aufgetreten sind.[13] Gleichwohl ist es primäre Intention dieser Arbeit, für die wirtschaftsstrafrechtlichen Tatbestände im Vertrags- und Privatarztsektor handhabbare Maßstäbe einer rechtsstaatlich gesicherten Strafgesetzlichkeit zu schärfen.

Betrachtung der Ausgangslage

Der Bereich der Gesundheitsfürsorge gehört zu den wichtigsten Ausgabebereichen unserer Volkswirtschaft.[14] Im Jahr 2012 überstiegen die Gesundheitsausgaben in Deutschland insgesamt erstmals die 300-Milliarden-Euro-Marke und betrugen 11,3 % des Bruttoinlandsproduktes.[15] Mit 172 Milliarden Euro entfiel der Großteil der Ausgaben auf die gesetzliche Krankenversicherung, 27 Milliarden Euro entfielen dagegen auf den Sektor der privaten Krankenversicherung.[16] 2013 lagen die Gesamtausgaben bereits bei 314 Milliarden Euro.[17]

Steigende Ausgaben und stagnierende Einnahmen führen dazu, dass speziell im Bereich der gesetzlichen Krankenversicherung seit Beginn der 2000er-Jahre strukturelle Veränderungen getroffen wurden[18], um der chronischen Unterfinanzierung Herr zu werden.[19] Diesen Trend verfolgt der Gesetzgeber seither mit anhaltendem Eifer. Eine vielversprechende Möglichkeit, die Ausgaben zu verringern, ohne den Qualitätsstandard einzubüßen, besteht in der Bekämpfung von Wirtschaftsdelikten unzulässiger Leistungsvergütung. Nach Einschätzung des *„European Healthcare Fraud & Corruption Network (EHFCN)“* belief sich die Schadenssumme im EU-Gesundheitssektor im Jahr 2005 auf insgesamt 56

---

13 Vgl. hierzu bereits die Monographie von *Lüderssen*: *ders.*, Die Zusammenarbeit von Medizinprodukte-Industrie, Krankenhäusern und Ärzten.

14 Dies ist bei modernen Volkswirtschaften grundsätzlich der Fall, vgl. *Gaßner*, NStZ 2012, 521 f.

15 *Statistisches Bundesamt,* Gesundheitsausgaben 2012.

16 Die übrige Summe von ca. 101 Milliarden Euro verteilt sich auf die Ausgaben privater Haushalte/Organisationen ohne Erwerbszweck, öffentliche Haushalte, die gesetzliche Renten- und Unfallversicherung und den Anteil der Arbeitgeber.

17 *Statistisches Bundesamt,* Gesundheitsausgaben 2013.

18 Seit der Einfügung der GKV in das SGB V durch das Gesetz zur Strukturreform im Gesundheitswesen, dessen primäres Ziel die Budgetierung der Leistungsausgaben und Verwaltungskosten war, traten zahlreiche weitere Gesetze zur Reform der gesetzlichen Krankenversicherung in Kraft, mit dem Ziel, die Gesundheitsversorgung wirtschaftlicher zu gestalten, vgl. hierzu *Laufs*, in: Das Bild des Arztes im 21. Jahrhundert, S. 9 ff.

19 *Janda,* Medizinrecht, S. 36.

Milliarden Euro.[20] „*Transparency International*" geht davon aus, dass in Deutschland jährlich durch Korruption, Abrechnungsbetrug und Falschabrechnung im Gesundheitswesen[21] Schäden von bis zu 20 Milliarden Euro entstehen.[22] Anderen Schätzungen zufolge sollen sich die Einbußen im einstelligen Milliardenbereich[23] oder im hochstelligen Millionenbereich bewegen[24]. Allerdings geht man, was für Korruptionsdelikte typisch ist,[25] von einer erheblich höheren Dunkelziffer aus. Nicht jede Vertragsgestaltung, ärztliche Kooperationsform oder fehlerhafte Abrechnung medizinischer Leistungen, die berufsrechtlich oder berufsethisch unzulässig ist und folglich gemeinhin als Fehlverhalten verstanden wird, entfaltet zwangsläufig auch strafrechtliche Relevanz.

Vorgehensweise der Arbeit

Um informiert die Frage beantworten zu können, ob den (finanziellen) Schwierigkeiten des Gesundheitswesens mit dem Strafrecht begegnet werden soll, widmet sich diese Arbeit der Thematik der wirtschaftsbezogenen Delinquenz im Vertrags- und Privatarztbereich niedergelassener Ärzte. Gegenstand der vorliegenden Untersuchung ist es mithin, wirtschaftsstrafrechtlich bedeutsame Konstellationen ärztlichen Fehlverhaltens darzulegen und die hierzu einschlägige Rechtsprechung auf der Basis eines rechtsstaatlichen und prinzipienorientierten Strafrechts zu beleuchten. Das ist zwar nur ein einzelner, aber bedeutsamer

---

20 Vgl. *EHFCN,* Study on Corruption in the Healthcare Sector, S. 144; siehe auch die Begründung zum Entwurf eines Strafrechtsänderungsgesetzes zur Bekämpfung der Korruption im Gesundheitswesen, Gesetzesentwurf des Bundesrates v. 05.07.13, BR-Drucks. 451/13, S. 1.

21 Der Begriff des „Gesundheitswesens" wird im weiteren Verlauf synonym mit dem des „Gesundheitssystems" verwendet, zur Begriffsdefinition siehe *Becker/Kingreen,* Recht des öffentlichen Gesundheitswesens, Einführung, S. VIII.

22 *Transparency International Deutschland e. V.*, Transparenzmängel, Korruption und Betrug im deutschen Gesundheitswesen, 2008, S. 5, die Zuverlässigkeit dieser Zahlen wird allerdings angezweifelt.

23 Vgl. *Badle*, NJW 2008, 1028; Zentralstelle zur Bekämpfung von Vermögensstraftaten und Korruption im Gesundheitswesen, Presseinformation, Stand: Mai 2014, S. 5.

24 Die FAZ berichtete am 17.01.2013 über einen Bericht des GKV-Spitzenverbandes für das Bundesgesundheitsministerium, laut dem der allein durch Abrechnungsbetrug bei gesetzlichen Krankenkassen angerichtete Schaden 2010 und 2011 bei insgesamt 66,4 Millionen Euro lag; vgl. zur Schadenshöhe auch *Presseerklärung der AOK Bayern* v. 03.08.2012, die allein für Bayern von einem Schaden von 7 Millionen Euro ausgeht.

25 Bei Korruptionsdelikten gibt es aufgrund der Natur der Sache keine Opfer, vgl. *Ax/Schneider/Scheffen,* Rechtshandbuch Korruptionsbekämpfung, Rn. 114.

Schritt hin zu einem Verständnis dessen, dass das Prinzip der Strafgesetzlichkeit im Gesundheitswesen rechtsstaatlich zu sichern ist.

In einem ersten Schritt erfolgt deshalb eine Darstellung der für die privat- und vertragsärztliche Leistungserbringung notwendigen sozial- und berufsrechtlichen Grundlagen (Teil 1). Ziel dieser Darstellung ist es, einen verständlichen Überblick über das komplexe Regelungsgeflecht zu geben, in welchem sich der im deutschen Gesundheitswesen tätige niedergelassene Arzt bewegen muss. Aufgrund des Umfangs der Materie kann nur auf wesentliche Grundlagen des Arztrechts, die für die spätere Untersuchung erforderlich sind, eingegangen werden. Eine detaillierte Auseinandersetzung mit dem komplizierten System, insbesondere der vertragsärztlichen Versorgung, ist für die vorliegende Arbeit wenig zielführend, denn dabei handelt es sich sprichwörtlich um ein „Wespennest voller juristischer Probleme“[26].

Im nächsten Schritt werden die Rahmenbedingungen aufgezeigt, die für die anschließende strafrechtliche Begutachtung der Problemlage zwingend notwendig sind. Ausgehend von einem freiheitlich orientierten Verständnis eines rechtsstaatlichen Strafrechts wird ein besonderer Wert auf die Herleitung und Darlegung der zugriffsbegrenzenden Prinzipien der Strafgesetzlichkeit gelegt (Teil 2). Anschließend werden typische Fallkonstellationen der Wirtschaftsdelikte im Vertragsarztbereich aufgeführt und die vorherrschende Auffassung der Rechtsprechung – anhand der im vorherigen Teil dargelegten Maxime eines rechtsstaatlichen Strafrechts – einer kritischen Würdigung unterzogen (Teil 3). Der Fokus wird hierbei auf die Darlegung systembezogener Delinquenz von Vertragsärzten in Verbindung mit den Besonderheiten des gesetzlichen Gesundheitssystems gelegt. Einen weiteren Schwerpunkt der Arbeit bildet der Vergleich der im Bereich der GKV-Behandlung ermittelten Ergebnisse mit denen, die im Bereich des Privatarztrechts (Teil 4) festgestellt wurden, dessen Besonderheiten anhand ausgewählter Fallkonstellationen thematisiert werden. Im letzten Teil der Arbeit (Teil 5) werden die Gründe für Fehlverhalten und Korruption anhand einer systemischen Betrachtung der Ursachen in einem Ausblick kurz angesprochen.

26 So *Schnapp*, ZM 2005, S. 34; vgl. ebenso *Luig*, Abrechnungsbetrug, S. 7.

Teil 1. Grundlagen ärztlicher Behandlungsvergütung

Begibt sich ein Patient in ärztliche Behandlung, kommt – zunächst ungeachtet des Krankenversicherungsstatus[27] – zwischen ihm und dem Behandelnden ein Behandlungsvertrag[28] zustande, der wechselseitige Rechte und Pflichten begründet. Gemäß § 630a BGB schuldet der behandelnde Arzt die Ausführung einer sachgemäßen Behandlung *de lege artis* und der Patient die Gewährung der vereinbarten Vergütung.[29] Dem Wortlaut des § 630a Abs. 1 BGB folgend könnte davon ausgegangen werden, dass der Patient dabei in der Regel persönlich für die Kosten seiner Krankenbehandlung aufkommt und nur in Ausnahmefällen (letzter Halbsatz) ein Dritter zur Zahlung verpflichtet ist. Streng gesehen ist dies jedoch unzutreffend[30]. Mit etwa 87 % ist der Großteil der Bundesbevölkerung Mitglied einer gesetzlichen Krankenkasse.[31] Die gesetzlich versicherten

---

27 Vgl. *Janda*, Medizinrecht, S. 124; *Deutsch/Spickhoff*, Medizinrecht, Rn. 106; *Quaas/Zuck u. a.*, Medizinrecht, § 14 Rn. 42; *Spickhoff*, in: ders., Medizinrecht, § 630a BGB Rn. 19 ff.; so bereits im Jahr 2011 *Kubella*, Patientenrechtegesetz, S. 112.

28 Im Jahr 2013 hat der Gesetzgeber im Zuge des Gesetzes zur Verbesserung der Rechte von Patientinnen und Patienten den Behandlungsvertrag als eigenständigen Vertragstypus eingeführt. Ziel der gesetzlichen Neuregelung war es, die Rechte der Patienten gegenüber Ärzten und Krankenkassen zu stärken, für mehr Transparenz zu sorgen und die bereits durch Richterrecht etablierten Grundsätze des Arztrechtes zu fixieren. So wird der Behandlungsvertrag entsprechend der bisher überwiegenden Ansicht in Rechtsprechung und Literatur als Dienstvertrag (§§ 611 ff. BGB) und nicht als Werkvertrag (§ 631 BGB) eingeordnet, was § 630b BGB ausdrücklich klarstellt. Außerdem findet er sowohl auf die privatärztliche als auch vertragsärztliche Leistungserbringung Anwendung; vgl. BT-Drucksacken 17/10488 v. 15.08.2012, Gesetzesentwurf der Bundesregierung, Entwurf eines Gesetzes zur Verbesserung der Rechte von Patientinnen und Patienten; dazu *Spickhoff*, in: ders., Medizinrecht § 630a Rn. 3.

29 Zu den Merkmalen des Behandlungsvertrages vgl. *Mansel*, in: Jauernig, BGB, § 630a Rn. 1 ff.; *Deutsch/Spickhoff*, Medizinrecht, Rn. 101; *Lipp*, in: Laufs/Katzenmeier/Lipp, Arztrecht, III Rn. 1 ff.; *Schreiber*, in Bürgerliches Gesetzbuch, § 630a Rn. 1 ff.; *Kern*, in: Laufs/Kern, Handbuch des Arztrechts, § 38 Rn. 1 ff.; *Schreiber*, in: *Dörner/Schulze*, Bürgerliches Gesetzbuch, § 630a Rn. 1 ff.; *Palandt*, BGB-Kommentar, Vorb. § 630a Rn. 1 f.

30 Vgl. *Walter*, Das neue Patientenrechtegesetz, Rn. 34, 35; *Janda*, Medizinrecht, S. 39.

31 Vgl. *Verband der Ersatzkassen*, Basisdaten des Gesundheitswesens, S. 11.

Patienten (GKV-Patienten) sind keiner direkten Zahlungspflicht ausgesetzt, sofern eine Leistung vereinbart wurde, die zum Leistungskatalog der gesetzlichen Krankenversicherung gehört.[32] Die Behandlungskosten trägt die Solidargemeinschaft der Beitragszahler.

Anders verhält es sich bei privat krankenversicherten Patienten (PKV-Patienten), die auch als „Selbstzahler" bezeichnet werden. Diese trifft die unmittelbare Verpflichtung, die vereinbarte Vergütung bei Fälligkeit an den Behandelnden zu entrichten. Im Anschluss muss sich der Versicherte eigenständig um eine entsprechende Kostenerstattung bei seinem privaten Versicherer bemühen.[33] Die Zahl der privat Vollversicherten[34] macht etwa 11 % der Bundesbevölkerung aus.[35] Im Jahr 2014 waren ca. 23,5 Millionen und damit in etwa 34 % der gesetzlich versicherten Patienten additional über eine private Zusatzversicherung[36] abgesichert, welche ganz oder anteilig die Kosten für individuell vereinbarte Leistungen abdeckt, die nicht zum Leistungskatalog der GKV gehören und mithin privatärztlich abgerechnet werden.[37] Personen, die weder gesetzlich noch privat versichert und deren finanzielle Mittel unzureichend sind, werden gemäß § 48 SGB XII von der Sozialhilfe abgesichert, welche die anfallenden Leistungen der gesetzlichen

---

32 Vgl. *Spickhoff*, in ders., Medizinrecht, Rn. 20; *Mansel*, in: Jauernig, BGB, § 630a Rn. 12; eine Ausnahme von diesem Grundsatz gilt allerdings dann, wenn der gesetzlich Versicherte sich für das Kostenerstattungsprinzip entschieden hat, vgl. hierzu *Schreiber*, in: Dörner/, Bürgerliches Gesetzbuch, § 630a Rn. 9.

33 *Deutsch/Spickhoff*, Medizinrecht, Rn. 197; *Ries/Schnieder u. a.*, Arztrecht, S. 12.

34 Eine weitere Form der Absicherung im Krankheitsfall ist die Beihilfe, welche Beamten in einem öffentlich-rechtlichen Dienstverhältnis gewährt wird und sich aus dem Alimentationsprinzip des Art. 33 V GG ableitet. Da die Beihilfe ebenfalls als Kostenerstattungsprinzip ausgestaltet ist und die meisten Beamten eine über die Leistungen der Beihilfe hinausgehende private Zusatzversicherung besitzen, werden sie ebenfalls zu den privatversicherten Patienten gezählt und von der Statistik erfasst.

35 Vgl. *Bundesministerium für Gesundheit*, Daten des Gesundheitswesens 2013, 8.15; *Verband der Ersatzkassen*, Basisdaten des Gesundheitswesens, S. 11.

36 Private Zusatzversicherungen umfassen je nach Vertragsgestaltung unterschiedliche Behandlungsleistungen, die nicht im GKV-Leistungskatalog enthalten sind. In den häufigsten Fällen sind kostenintensive Behandlungen für Zahnersatz oder Chefarztbehandlungen abgedeckt. Aber auch Sonderleistungen für Heilpraktiker oder Kostenerstattungen für Sehhilfen werden in vielen Fällen von den Zusatzversicherungen erstattet.

37 Die Zahl der Zusatzversicherten nimmt stetig zu. 1995 waren gerade einmal 6 Millionen Bürger zusatzversichert. 2005 lag die Zahl bereits bei 17,1 Millionen, vgl. *Bundesministerium für Gesundheit*, Daten des Gesundheitswesens 2013, 8.15.

Krankenkassen nach § 264 VII SGB V zu erstatten verpflichtet ist.[38] Nur ein verschwindend geringer Teil der Bürger hat keinen Versicherungsschutz.[39]

Allein wenn man diese statistischen Werte betrachtet, ist festzustellen, dass der Großteil der ärztlichen Leistungserbringung und folglich auch der Leistungsvergütung den Bereich der gesetzlichen Krankenversicherung betrifft[40]. Dies ist im Grundsatz zutreffend, der Privatarztbehandlung kommt jedoch eine größere Bedeutung zu als es die vorgestellten Zahlen vermuten lassen.

Die ärztliche Leistungserbringung und folglich auch Leistungsvergütung erfolgt zweigeteilt, und zwar entweder im Bereich der gesetzlichen[41] oder der privaten Krankenversicherung. Beide Systeme sind durch individuelle Prinzipien gekennzeichnet und folgen grundlegend unterschiedlichen Regeln.[42] Um den strafrechtlichen Anknüpfungspunkt privat- und vertragsärztlichen Handelns im Hinblick auf rechtswidrige Abrechnungen bzw. Leistungsliquidationen sinnvoll erläutern zu können, ist es unerlässlich, das in der Bundesrepublik vorhandene zweispurige System[43] der Krankenfürsorgefinanzierung in seiner Herkunft und Funktionsweise zu analysieren.

A. Historische Entwicklung des Gesundheitswesens

Die soziale Absicherung im Krankheitsfall hat eine lange Tradition.[44] Ihre Wurzeln reichen bis ins Mittelalter.[45] Einst gestaltete sich der Arztbesuch als reine Privatsache. Wer krank war, musste die ärztlichen Behandlungskosten aus eigenen Mitteln begleichen. Das Entgelt richtete sich grundsätzlich nach den finanziellen Möglichkeiten des Patienten. Im Zuge der Herausbildung von

---

38 *Deutsch/Spickhoff*, Medizinrecht, Rn. 196; *Janda*, Medizinrecht, S. 40 ff.

39 137.000 Personen gaben an, keine Krankenversicherung und auch sonst keinen Anspruch auf Krankenversorgung zu haben, vgl. *Bundesministerium für Gesundheit*, Daten des Gesundheitswesens, 8.2.

40 Vgl. Ries/Schnieder u. a., Arztrecht, S. 3.

41 Vgl. *Deutsch/Spickhoff*, Medizinrecht, Rn. 196.

42 Vgl. *Janda*, Medizinrecht, S. 40.

43 In diesem Zusammenhang wird zwischen der Strafe (Freiheitsstrafe oder Geldstrafe) im herkömmlichen Sinne, welche die Schuld des Täters als Anknüpfungspunkt voraussetzt, und den schuldunabhängigen Maßregeln der Besserung und Sicherung, welche an die Gefährlichkeit des Täters anknüpfen, unterschieden.

44 Vgl. *Krauskopf*, in: Laufs/Kern, Handbuch des Arztrechts, § 22 Rn. 1 ff.; *Quaas/Zuck u. a.*, Medizinrecht, § 4 Rn. 1 ff.

45 *Rudolph*, in: Bach/Moser, Private Krankenversicherung, Einleitung, Rn. 159.

Knappschaften[46], Zünften, Gilden und anderen berufsständischen Bruderschaften entstand auch die Idee, die finanzielle Absicherung im Krankheitsfall auf eine Gemeinschaft zu übertragen.[47] Die als Selbsthilfevereinigungen konzipierten Vereinigungen unterhielten Kassen[48], die durch regelmäßige Beitragszahlungen der Mitglieder finanziert[49] und aus denen Heil- und Pflegekosten für die erkrankten oder verunfallten Mitglieder bezahlt wurden.[50] Auf sie geht der Ursprung der Sozialversicherung zurück.[51] Es galt allerdings das Prinzip der Kostenerstattung, das heißt der Arzt konnte die Vergütung seiner Leistung(en) unmittelbar vom Patienten einfordern, der sich die Ausgaben sodann von seiner Kasse rückerstatten lassen musste.[52] Die Mitgliedschaft war zudem eng auf bestimmte Personengruppen beschränkt und ein freiwilliger Beitritt von Personen anderer Berufsgruppen wurde nicht gestattet.

I. Bismarck und die Etablierung der Prinzipien des KVG

Die Schaffung eines kollektiven Sozialversicherungssystems erfolgte im Zeitalter der Industrialisierung und geht auf die Sozialgesetzgebung Otto v. Bismarcks zurück. Das Krankenversicherungsgesetz (KVG)[53] bildet die älteste

---

46 Knappschaften wurden aufgrund der besonderen Gefahren des Bergbaus und der damit verbundenen Notwendigkeit einer sozialen Absicherung der Bergleute ins Leben gerufen. Die erste Dokumentation einer organisierten Sozialfürsorge geht auf eine Urkunde der Sankt-Johannis-Bruderschaft aus dem Jahre 1260 zurück, vgl. zur 750-jährigen Geschichte der Knappschaft, Ärzteblatt Sachsen, 12/2012, S. 528; *Freese,* Die Knappschaft als sozialer Pfadfinder, S. 1.

47 *Krauskopf,* in: Laufs/Kern, Handbuch des Arztrechts, § 22 Rn. 1.; *Quaas/Zuck u. a.,* Medizinrecht, § 4 Rn. 1.

48 Solche Kassen bestanden für Handwerker (Innungskassen), Gesellen (Gesellenkassen) oder Bergleute (Knappschaftskassen), vgl. *Janda,* Medizinrecht, S. 31.

49 Das ist auch heute noch der Fall.

50 Vgl. *Fröhlich,* Die soziale Sicherung bei Zünften und Gesellenverbänden, S. 160 f.

51 *Eichenhofer,* Sozialrecht, § 2 Rn. 19.

52 Eine Ausnahme stellten sogenannte Berg- oder Sprengelärzte dar, die bei den Knappschaftskassen angestellt waren und ihre Leistungen für einen bestimmten Versichertenkreis anboten, vgl. *Keller,* S. 10.

53 Zunächst wurde das Gesetz als „Gesetz, betreffend die Krankenversicherung der Arbeiter" bezeichnet (RGBl. 1883, S. 73) und erst später (RGBl. 1892, S. 379 f.) in „Krankenversicherungsgesetz" (KVG) umbenannt, vgl. *Sodan,* Handbuch des Krankenversicherungsrechts, § 1 Rn. 7.

Form einer modernen gesetzlichen Krankenversicherung.[54] Durch ihr Inkrafttreten im Jahr 1884 bestand fortan Versicherungszwang für weite Teile der entgeltlich beschäftigten Bevölkerung. Es wurden Krankenkassen als selbständige Körperschaften gebildet, die mit Selbstverwaltungsrecht ausgestattet waren.[55] Die bereits vorhandenen Kassen bestanden fort und wurden in das neue System eingegliedert.[56] Erstmalig wurde ein allgemeiner Leistungskatalog mit Sach- und Geldleistungen für die Krankenbehandlung geschaffen und das Prinzip der solidarischen Finanzierung eingeführt. Letzteres sah vor, dass die Versicherungsbeiträge in Abhängigkeit vom Bruttoarbeitsentgelt berechnet werden. Die Kosten wurden zu 1/3 von den Arbeitnehmern, zu 2/3 von den Arbeitgebern getragen.[57] Ebenso wurde das Sachleistungsprinzip[58] eingeführt. Fortan musste der gesetzlich versicherte Patient bei der ärztlichen Heilbehandlung nicht mehr in Vorleistung treten. Ihm standen kraft Gesetzes ein Anspruch auf Sachleistungen sowie eine kostenfreie ärztliche Behandlung und Medikamente zu. Ärzte bekamen ihre Tätigkeit entweder in Form einer Fallpauschale pro Behandlung oder als Kopfpauschale für jeden Patienten von den Kassen vergütet.[59] Damit etablierte sich für die teilnehmenden Ärzte erstmalig die heute noch geläufige Bezeichnung „Kassenarzt“[60].[61] Für die Kassenärzte führten die Einführung eines Vergütungssystems und die Monopolstellung der

---

54 Zum geschichtlichen Hintergrund ausführlich *Stolleis*, Geschichte des Sozialrechts in Deutschland, S. 76 ff.

55 *Becker/Kingreen*, Recht des öffentlichen Gesundheitswesens, Seite 12.

56 Als Träger für die soziale Krankenversicherung wurden Hilfs- und Knappschaftskrankenkassen, Innungs-, Orts-, Gemeindeversicherungs- und Betriebskrankenkassen gegründet. Diese Einteilung lässt sich noch heute erkennen, vgl. hierzu das 6. Kapitel des SGB V.

57 Zum KVG von 1884 siehe: *Sodan*, Handbuch des Krankenversicherungsrechts, § 1 Rn. 5; *Waltermann*, Sozialrecht, § 8 Rn. 135 f.; *Stolleis*, Geschichte des Sozialrechts in Deutschland, S. 78; *Janda*, Medizinrecht S. 31; *Deutsch/Spickhoff*, Medizinrecht, Rn. 228; *Jansen/Merkens u. a.*, Sozialversicherungskunde, S. 25; *Quaas/Zuck u. a.*, Medizinrecht, § 4 Rn. 4 ff.

58 Zum Sachleistungsprinzip des KVG siehe: *Keller*, Der Funktionswandel des Sachleistungsprinzips in der gesetzlichen Krankenversicherung, S. 25 f.; Näheres zum Sachleistungsprinzip auf S. 45 der vorliegenden Arbeit.

59 *Quaas/Zuck u. a.*, Medizinrecht, § 4 Rn. 8; *Krauskopf*, in: Laufs/Kern, Handbuch des Arztrechts, § 22 Rn. 3.

60 Der Begriff des Kassenarztes wurde zwar mittlerweile durch die Bezeichnung „Vertragsarzt“ abgelöst, vgl. Gesundheitsstrukturgesetz (GSG) vom 21.12.1992 (BGBl. I S. 2266), doch wird ersterer im allgemeinen Sprachgebrauch weiterhin benutzt.

61 *Krauskopf*, in: Laufs/Kern, Handbuch des Arztrechts, § 22 Rn. 1.

Krankenkassen zu einer wirtschaftlichen und beruflichen Abhängigkeit.[62] Den damals statuierten Prinzipien der Krankenfürsorge wird auch in der Gegenwart Bedeutung zugemessen.[63]

II. Die Geburtsstunde der privaten Krankenversicherung

Zu jenem Zeitpunkt lässt sich auch die Entstehung der privaten Krankenversicherungen festmachen. Die von der Versicherungspflicht nicht erfassten Personen, insbesondere Geistliche, Beamte und Selbständige, waren gezwungen, ein Rechtsverhältnis mit privaten Kostenträgern einzugehen, um ein entsprechendes Äquivalent für die finanzielle Absicherung im Krankheitsfall zu erhalten.[64] Es kam zur Gründung der Kranken- und Sterbekasse für Gewerbetreibende und der Krankenunterstützungskasse für selbständige Handwerker durch die jeweiligen Handwerkskammern.[65] Um privaten Krankenkassen die rechtliche Handlungsmöglichkeit zu ermöglichen, wurden spezielle Regelungen getroffen. So wurden die privaten Krankenversicherungsunternehmen 1901 dem hierfür etablierten Kaiserlichen Aufsichtsamt für die Privatversicherung unterstellt.[66] Im ersten Geschäftsbericht von 1903 nutzte das Aufsichtsamt erstmalig den Begriff der privaten Krankenversicherung, um diese Form der Krankenversicherung ausdrücklich von der gesetzlichen Krankenversicherung zu unterscheiden.[67] Aufgrund der geringen Anzahl an privaten Versicherungsträgern und ihrer Mitglieder kam dem Bereich der privaten Krankenversicherung zunächst nur eine unbedeutende Rolle zu.

III. Kodifikation der sozialrechtlichen Grundlagen durch die RVO

Im Jahr 1911 wurden in der Reichsversicherungsordnung (RVO) die Gesetze der damals bestehenden Versicherungszweige Krankenversicherung, Unfallversicherung und Invaliditäts- und Altersversicherung systematisiert und zu einem einheitlichen Gesetzeswerk zusammengefasst.[68] Die Versicherungspflicht

62 *Quaas/Zuck u. a.,* Medizinrecht, § 4 Rn. 8.
63 *Waltermann,* Sozialrecht, Rn. 135.
64 Vgl. *Albrecht,* Abrechnungsbetrug in der Chefarztabrechnung, S. 18.
65 Vgl. *Kühne/Budde,* 100 Jahre Hand in Hand. 1907–2007: Die Geschichte der SIGNAL IDUNA Gruppe, S. 12 f.
66 Reichsgesetz über die privaten Versicherungsunternehmungen v. 12.05.1901.
67 *Rudolph,* in: Boetius, Private Krankenversicherung, Einleitung, Rn. 121.
68 *Waltermann,* Sozialrecht, Rn. 135; *Quaas/Zuck u. a.,* Medizinrecht, § 4 Rn. 11.

erstreckte sich auf weitere Personenkreise[69], die allgemeinen Gesundheitsleistungen wurden ausgedehnt.[70] Eine Besonderheit der RVO bestand darin, dass die bisherige Organisationsform, die sich an den Berufstypen der Mitglieder orientierte, durch eine räumliche Einteilung ersetzt wurde. Dabei kam es zur Abschaffung von ca. 8.500 gemeindeeigenen Krankenkassen und zur Gründung der Allgemeinen Ortskrankenkasse (AOK).[71] Die vorherrschende monopolistische Stellung der Krankenkassen und die Ausgrenzung einzelner Ärzte aus dem kassenärztlichen Versorgungssystem führten zu einem Zusammenschluss der Ärzteschaft im sogenannten „Hartmannbund“[72], welcher sich bis heute für die beruflichen, wirtschaftlichen und sozialen Interessen von Ärzten einsetzt. Durch das mit Hilfe der Reichsregierung zustande gekommene Berliner Abkommen v. 23.12.1913 zwischen Ärzten und Krankenkassenverbänden wurden Regelungen betreffend die Zulassung zum Kassensystem und die Aufnahme in das allgemeine Arztregister[73] getroffen. Für Streitschlichtungen zwischen Ärzten und Krankenkassen wurde erstmalig ein Zentralausschuss gebildet, der als Vorläufer des heutigen Gemeinsamen Bundesausschusses[74] gilt.[75]

IV. Reformerfordernisse nach der Weltwirtschaftskrise

Die wirtschaftlichen Konsequenzen des Ersten Weltkrieges und der Weltwirtschaftskrise führten erstmalig zu erheblichen Leistungskürzungen innerhalb der

69 Beispielsweise bestand nun eine Versicherungspflicht auch für Dienstboten, Hilfsarbeiter in der Landwirtschaft und sonstige unständige Arbeiter, vgl. *Zuck*, in: Quaas/Zuck u. a., Medizinrecht, § 4 Rn. 11.

70 *Krauskopf*, in: Laufs/Kern, Handbuch des Arztrechts, § 22 Rn. 1; *Waltermann*, Sozialrecht, Rn. 135; *Quaas/Zuck u. a.*, Medizinrecht, § 4 Rn. 11.

71 *Becker/Kingreen*, Recht des öffentlichen Gesundheitswesens, S. 12; *Janda*, Medizinrecht, S. 34; *Quaas/Zuck u. a.*, Medizinrecht, § 4 Rn. 11.

72 Zunächst war der Hartmannbund als „Leipziger Verband“ bekannt; 1924 wurde er in „Verband der Ärzte Deutschlands (Hartmannbund)“ umbenannt.

73 Dies ist auch heute noch der Fall. Das Arztregister wird durch die Kassenärztliche Vereinigung geführt, auf Bundesebene dementsprechend im Bundesarztregister. Eine Eintragung in das Arztregister setzt u. a. die Approbation sowie den Nachweis von Weiterbildungen voraus.

74 Gemeinsamer Bundesausschuss nach § 91 SGB V.

75 *Quaas/Zuck u. a.*, Medizinrecht, § 4 Rn. 12.

gesetzlichen Krankenversicherung.[76] So sah die Notverordnung vom 26.07.1930[77] Beschränkungen für die Krankenkassen bei der Gestaltung von Beitragssätzen und Versicherungsleistungen vor. Zudem wurde eine Selbstbeteiligung der Versicherten an den Kosten für Arznei- und Heilmittel eingeführt. Des Weiteren kam es zur Schaffung der Kassenärztlichen Vereinigungen[78], deren Mitgliedschaft für Ärzte, die Leistungen der Krankenkassen anboten, verpflichtend war. Ihnen wurde primär die Pflicht auferlegt, die Versorgung der versicherten Patienten sicherzustellen. Ihre maßgebliche Rolle kam den Kassenärztlichen Vereinigungen allerdings bei der Vergütung kassenärztlicher Leistungen zu. Das auf einen Festbetrag pro Patient umgestellte ärztliche Vergütungssystem sah nunmehr vor, dass die teilnehmenden Ärzte ihr Behandlungsentgelt nicht mehr unmittelbar von den Krankenkassen bezogen, sondern es über ihre zuständige Kassenärztliche Vereinigung erhielten.[79] Nach dem Prinzip der Gesamtvergütung leisteten die Krankenkassen zunächst an die Kassenärztliche Vereinigungen[80], welche die Gelder anschließend anteilig an ihre Mitglieder verteilten. Diese grundlegende Systemreform führte nicht nur zu Unmut in der Ärzteschaft, sondern auch unter den Patienten. Aufgrund der mit der Wirtschaftskrise einhergehenden Leistungsreduzierungen und der krisenbedingten Vermögenseinbußen entwickelte vor allem der Mittelstand ein wachsendes Bedürfnis nach einer gesicherten und leistungsfähigen Absicherung im Krankheitsfall. Dies führte zu einem erheblichen Zuwachs der Mitgliederzahlen bei den privaten Krankenversicherungen. Auch die Anzahl privater Versicherungsunternehmen stieg rasant an.[81] Die

---

76 Vgl. *Böhle,* Private Krankenversicherung (PKV) im Nationalsozialismus, S. 15; vgl. auch *Sodan,* Handbuch des Krankenversicherungsrechts, § 1 Rn. 8.

77 Gesetzentwurf zur Änderung der Verordnung des Reichspräsidenten zur Behebung finanzieller, wirtschaftlicher und sozialer Notstände v. 26. Juli 1930, RGBl. I S. 311.

78 *Sodan,* Handbuch des Krankenversicherungsrechts, § 1 Rn. 8.

79 *Stolleis,* Geschichte des Sozialrechts in Deutschland, S. 156, vgl. auch *Janda,* Medizinrecht, S. 35.

80 Das Prinzip der Gesamtvergütung findet in angepasster Form auch heute noch Anwendung. Siehe hierzu S. 52 in der vorliegenden Arbeit.

81 Waren 1914 lediglich 43.000 Bürger privat krankenversichert, so waren es 1924 bereits 500.000 und 1933 mehr als drei Millionen. Auch die Anzahl der privaten Versicherungsunternehmen stieg bis zum Ende der Weimarer Republik von sechs Unternehmen, die vor dem Ersten Weltkrieg bestanden hatten, auf über 700 an, vgl. *Koch/Uleer,* Herausforderungen: Entwicklungslinien eines Versicherungszweiges von den Anfängen bis zur Gegenwart, S. 2, vgl. auch *Sodan,* Handbuch des Krankenversicherungsrechts, § 1 Rn. 8.

durch das KVG über die RVO geschaffenen Grundlagen der gesetzlichen Krankenversicherung sind bis ins heutige SGB V erhalten geblieben.[82]

V. Nationalsozialismus und Krankenversicherung

Die Diktatur der Nationalsozialisten folgte in hohem Maße ideologischen Prämissen, von denen auch die Krankenversicherung nicht verschont bliebt, was sich vor allem in der Beseitigung der Selbstverwaltung der Krankenkassen und der ärztlichen Organisationen zugunsten eines „Führerprinzips" sowie in zahlreichen diskriminierenden Regelungen bezüglich bestimmter Minderheiten und speziell der jüdischen Bevölkerung[83] niederschlug.[84] Die gesetzliche Krankenversicherung erfuhr auch Änderungen, die nicht dem nationalsozialistischen Unrechtsregime geschuldet waren. Neben einer Ausweitung der Krankenversicherungsleistungen für die gesetzlich versicherte Bevölkerung wurden von nun an auch Rentner (1941) in die Krankenversicherung einbezogen.[85] Die Grundlagen für die Finanzierung von Heilleistungen, wie etwa das Sachleistungsprinzip, blieben allerdings unverändert.[86] Die PKV setzte ihre Aufwärtsentwicklung fort und erreichte jährliche Zuwachsraten von bis zu 15 %.[87]

VI. Neuordnung der Krankenversicherung nach 1949

Die Gründung der Bundesrepublik Deutschland und das Inkrafttreten des Grundgesetzes am 23.05.1949 stellte den Gesetzgeber und alle an der Kranken- und Sozialfürsorge beteiligten Organe vor zahlreiche neue Herausforderungen.

Die von den wirtschaftlichen Folgen des Zweiten Weltkriegs stark in Mitleidenschaft gezogene Sozialversicherung musste zunächst auf ein finanziell solides

---

82 Es wird mitunter behauptet, dass es sich daher um Geburtsfehler handele, an denen das heutige System noch leide; vgl. hierzu *Haft*, Gesellschaftspolitische Kommentare (gpk) 2002, S. 34 f.

83 Für die jüdische Bevölkerung wurde ein ärztliches Berufsverbot eingeführt und sie wurde aus dem System der Sozialversicherung ausgeschlossen, vgl. *Janda*, Medizinrecht, S. 35.

84 *Sodan*, Handbuch des Krankenversicherungsrechts, § 1 Rn. 8.

85 *Janda*, Medizinrecht, S. 35.

86 *Keller*, Der Funktionswandel des Sachleistungsprinzips in der gesetzlichen Krankenversicherung, S. 84 f.

87 Die Versichertenzahl stieg von 3,9 Millionen im Jahr 1932 auf über 8,4 Millionen im Jahr 1939 an; siehe hierzu ausführlich *Böhle*, Private Krankenversicherung (PKV) im Nationalsozialismus, S. 69 f.

Fundament gestellt werden. Im Hinblick auf die beachtenswerte hohe Anzahl an Flüchtlingen, Kriegshinterbliebenen, Heimkehrern sowie NS-Opfern und die notwendigen Anpassungen an das neue Lohn- und Preisgefüge nach der Währungsreform war dies keine einfache Aufgabe. Auch mussten die Einflüsse der NS-Gesetzgebung[88] ausgemerzt und die durch die Besatzungszonen verursachte Rechtszersplitterung beseitigt werden. Nach 1952 war die Selbstverwaltung der Krankenkassen wiederhergestellt und das System der Krankenfürsorge begann sich zu erholen.[89] Verbunden mit dem wirtschaftlichen Aufschwung kam es im Krankenversicherungsrecht zu Ausweitungen der Leistungen durch das Leistungsverbesserungsgesetz und das Rehabilitationsgesetz von 1974. Auch der Kreis der Versicherungspflichtigen wurde erweitert.[90] Einhergehend mit dem medizinisch-technologischen Fortschritt und der sich langsam wandelnden Altersstruktur zeichneten sich bereits damals die heute aktuellen Strukturprobleme und Finanzierungsschwierigkeiten ab. Daher sollten die Kostendämpfungsgesetze in den Jahren 1977 bis 1983 dieser Entwicklung entgegenwirken.[91] Zum 01.01.1989 erfolgte eine grundlegende Reform[92], als das Fünfte Buch des Sozialgesetzbuches (SGB V) Eingang in das Sozialgesetzbuch fand. Das SGB V löste mit seinen Regelungen zur gesetzlichen Krankenversicherung die bis dato geltende RVO ab.

VII. Trend zur Kostenreduktion seit der Wiedervereinigung

Die deutsche Wiedervereinigung von 1990 war die nächste große Herausforderung für die Sozialversicherung. Der Einigungsvertrag regelte, dass das bundesdeutsche Krankenversicherungsrecht sowohl in den alten als auch in den neuen Bundesländern gelten solle. Am 01.01.1993 trat das Gesetz zur Sicherung und Strukturverbesserung der gesetzlichen Krankenversicherung in Kraft. Die Einführung der Wahlfreiheit der Krankenkasse für alle GKV-Mitglieder sowie

88 Wie beispielsweise das bereits genannte „Führerprinzip“

89 *Sodan*, Handbuch des Krankenversicherungsrechts, § 1 Rn. 8.

90 Studenten, Künstler, Behinderte in geschützten Einrichtungen und selbständige Landwirte wurden in die gesetzliche Krankenversicherung miteinbezogen.

91 *Sodan*, Handbuch des Krankenversicherungsrechts, § 1 Rn. 8.

92 Zu den wesentlichen Neuerungen zählen u. a. die Leistungen zur Förderung der Gesundheit, der Früherkennung von Krankheiten und bei Schwerpflegebedürftigkeit sowie die Kostenerstattung bei kieferorthopädischen Behandlungen.

der Risikostrukturausgleich[93] zählten hierbei zu den wichtigsten Neuerungen[94]. Primäres Ziel dieser Organisationsreform war es, durch die Verbesserung des Wettbewerbs eine erhöhte Beitragsgerechtigkeit für die Versicherten zu erreichen und durch die Risikoumstrukturierung eine gerechtere Kostenverteilung unter den Krankenversicherungen zu bewirken. In diesem Zusammenhang sei noch das Gesetz zur Beitragsentlastung von 1997 genannt, welches das außerordentliche Kündigungsrecht der Versicherten sicherte und den Krankenkassen und Kassenärztlichen Vereinigungen mehr Freiheiten hinsichtlich Organisation und Leistungserbringung gewährte. Aufgrund steigender Ausgaben und ausbleibender Einnahmen im System der gesetzlichen Krankenversicherung wurde der Trend zur Umstrukturierung und Kostenreduzierung auch nach 2000 intensiv fortgesetzt.

VIII. Aktuelle Bestrebungen und Ausblick

Im Zuge der großen Gesundheitsreform im Jahre 2009 wurde die Finanzierung der Krankenversicherung wesentlich umgestaltet: zum einen durch die Einführung des Gesundheitsfonds und zum anderen durch die Neufassung des Vergütungssystems für Vertragsärzte[95]. Besondere Bedeutung kommt den Entwicklungen aus jüngster Zeit in Form des Versicherungsstrukturgesetzes[96] aus dem Jahr 2012 und des Patientenrechtegesetzes von 2013 zu. Letzteres inkorporierte das umfassende gewohnheitsrechtliche Richterrecht zum Arzt-Patienten-Verhältnis in das BGB (§§ 630a ff.).

---

93 Zur Minderung des Phänomens der Risikoselektion leisten Krankenversicherungen mit einer positiven Risikostruktur Ausgleichszahlungen an Versicherer mit einer negativen Risikostruktur. Ferner erhalten letztere höhere finanzielle Zuweisungen zum Ausgleich.

94 Des Weiteren wurde die gesetzliche Pflegeversicherung als fünfte Sparte der gesetzlichen Sozialversicherung etabliert.

95 Siehe hierzu S. 52.

96 Die Intention des Gesetzgebers war es, insbesondere in ländlichen Regionen die anhaltende Unterversorgung von Patienten durch die Vereinfachung der Niederlassungsmöglichkeit für Vertragsärzte und die Stärkung ambulanter Leistungserbringung einzudämmen, vgl. hierzu *Kassenärztliche Bundesvereinigung*, Praxiswissen: Das Versorgungsstrukturgesetz.

B. Private Krankenversicherung (PKV)

Die PKV ist grundsätzlich eine freiwillige Versicherung.[97] In Deutschland sind ca. 9 Millionen Bürger privat krankenversichert.[98] Hierunter fallen meist Personen, die nicht von der gesetzlichen Krankenversicherung erfasst sind, insbesondere Selbständige oder Arbeitnehmer mit Einkommen oberhalb der Versicherungspflichtgrenze.[99]

I. Der Privatpatient und die privaten Versicherungsträger

Das Vertragsverhältnis zwischen Patient und Krankenversicherung richtet sich im Bereich der PKV[100] primär nach den zivilrechtlichen Grundregeln des BGB.[101] Hierbei herrscht grundsätzlich Vertragsfreiheit.[102] Der Versicherungsinteressent kann sich nicht nur seinen Versicherungsträger aussuchen, sondern mit ihm auch das Leistungsspektrum individuell vereinbaren (§ 192 VVG).[103] Auf der anderen Seite besteht für das Versicherungsunternehmen keine Pflicht, einen Versicherungsinteressenten versichern zu müssen. Zwar ist die PKV als Personenversicherung ausgestaltet, doch können auch Familienmitglieder des Versicherungsnehmers mitversichert werden. Im Unterschied zur GKV erhält

---

97 Jedoch besteht für jede Person mit Wohnsitz in der BRD eine Pflicht, sich für den Krankheitsfall abzusichern, vgl. § 193 Abs. 3 VVG.

98 Hiermit sind privat vollversicherte Personen gemeint. Im Jahr 2013 lag die Zahl der Mitglieder bei 8,89 Millionen, siehe *Verband der Privaten Krankenversicherung e. V*, Zahlenbericht der Privaten Krankenversicherung 2013, S. 25.

99 *Janda*, Medizinrecht, S. 40.

100 Selbiges gilt für die staatliche Beihilfe. Aufgrund weitgehender Gleichartigkeit wird im Folgenden auf eine Unterscheidung zwischen privater Krankenversicherung und Beihilfe verzichtet.

101 Siehe zu den folgenden Abschnitten allgemein: *Ries/Schnieder u. a.*, Arztrecht, S. 1 f.; *Deutsch/Spickhoff*, Medizinrecht, Rn. 199 f.; *Kern*, in: Laufs/Kern, Handbuch des Arztrechts, § 75 Rn. 1 ff.; *Stormberg*, in: Beckmann/Matusche-Beckmann, Versicherungsrecht, § 44 Rn. 1 ff.

102 Bei der Vertragsgestaltung sind allerdings die Grundregeln des VAG und des VVG zu beachten, vgl. *Stormberg*, in: Beckmann/Matusche-Beckmann, Versicherungsrecht, § 44 Rn. 8.

103 *Deutsch/Spickhoff*, Medizinrecht, Rn. 210 f.

der privat versicherte Patient als Gegenleistung für seine Beitragszahlung keine direkten Behandlungsleistungen, sondern einen Kostenerstattungsanspruch[104]. Folglich muss sich der PKV-Patient die von ihm für notwendig erachteten Leistungen eigenständig beschaffen und die Behandlungskosten selbst (vor)finanzieren. Die anfallenden Kosten erhält er anschließend von seiner Versicherung erstattet. Welche Leistungen erstattungsfähig sind, hängt dabei von der Parteienvereinbarung ab.

Abbildung 1: PKV-Dreieck.

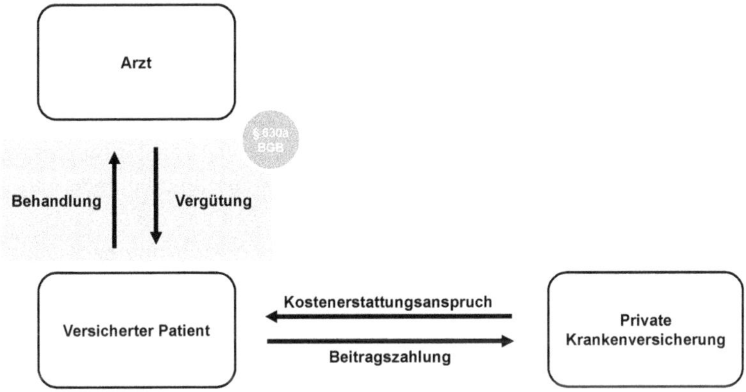

Zwischen dem Leistungsumfang und der Höhe des Versicherungsbeitrages besteht Konnexität, welche als Äquivalenzprinzip bezeichnet wird. Dies bedeutet, dass sich der Beitrag des Versicherungsnehmers maßgeblich nach den vereinbarten Leistungen richtet. Für die Beitragshöhe entscheidend ist zudem das Risikopotenzial des Versicherten. Dieses wird durch Faktoren wie das Eintrittsalter, das Geschlecht[105] und insbesondere den Gesundheitszustand bestimmt. Risikoerhöhende Umstände werden im Beitrag durch Risikozuschläge oder durch Ausschlüsse berücksichtigt. Vor Abschluss der privaten Krankenversicherung findet daher eine Gesundheitsüberprüfung mit der Zielvorgabe statt, potenziell

104 Aufgrund der Privatautonomie sind grundsätzlich auch andere Modelle denkbar, die Kostenerstattung stellt in der PKV allerdings die Regel dar, vgl. *Quaas/Zuck u. a.*, Medizinrecht, § 5 Rn. 1. *Deutsch/Spickhoff*, Medizinrecht, Rn. 204.

105 Aufgrund des Urteils des EuGH (EuGH, 1.3.2011 C-236/09) darf das Geschlecht des Versicherungsnehmers durch die Versicherungsunternehmen seit 2011 nicht weiter als Risikofaktor eingestuft werden. Dies gilt allerdings nicht für bereits abgeschlossene Verträge.

kostenverursachende Risikofaktoren des Versicherungsnehmers festzustellen. Da sich die PKV allein aus den Versicherungsprämien ihrer Mitglieder finanzieren, haben sie ein besonderes Interesse daran, die Einnahmen und die potenziell anfallenden Kosten in Relation zu halten. Bei der Kalkulation des Versicherungsbeitrages wird davon ausgegangen, dass die gesamten Leistungen des Versicherungsträgers durch diesen finanziert werden können.

II. Die privatärztliche Leistungsvergütung

Im wesentlichen Unterschied zur GKV wird der Patient durch den Behandlungsvertrag (§ 630a BGB) zunächst unmittelbar zur Zahlung der ärztlichen Vergütung verpflichtet. Ärzte dürfen in der Bundesrepublik allerdings keine eigens kalkulierten Honorare für Behandlungsleistungen verlangen, sondern sind an die Vorgaben der Gebührenordnung für Ärzte gebunden (§ 1 GOÄ).[106] Bei der GOÄ[107] handelt es sich um eine Rechtsverordnung, welche von der Bundesregierung erlassen wurde. Bei der Rechnungsstellung darf der liquidierende Arzt seine Leistungen unter Berücksichtigung der Schwierigkeit und des Zeitaufwandes der einzelnen Leistung sowie der Umstände bei der Ausführung nach billigem Ermessen bestimmen (§ 5 Abs. 2 GOÄ). Die Höhe der einzelnen Gebühr ist allerdings durch einen Bewertungsrahmen festgelegt.

1. Berechnung der Behandlungsgebühr nach der GOÄ

Ärztliche Leistungen[108] werden in der GOÄ (§ 4 GOÄ i. V. m. mit dem Gebührenverzeichnis der GOÄ) als Gebührenpositionen geführt, welche jeweils mit festgelegten Punkten versehen sind, die den Aufwand der Behandlungstätigkeit abbilden. Jede Einzelleistung hat einen konkreten Wert in Euro, wobei jeder GOÄ-Punkt 5,828 Cent[109] entspricht (Punktwert). Die Punktzahl einer GOÄ-Leistung multipliziert mit dem Punktwert ergibt dann den Einfachsatz einer Leistung. Diesen Einfachsatz darf der Arzt mit einem einfachen bis 3,5-fachen

---

106 Der BGH führt hierzu aus: „Bei der ärztlichen Gebührenordnung handelt es sich um ein für alle Ärzte geltendes zwingendes Preisrecht“, siehe BGH, NJW 2006, 1879 f.

107 Für Zahnärzte gilt entsprechend die Gebührenordnung für Zahnärzte (GOZ).

108 Im Grundsatz werden ärztliche Leistungen als Einzelleistungen aufgeführt (beispielsweise Erstellung einer Arbeitsunfähigkeitsbescheinigung nach Gebührenziffer 70; Blutentnahme mittels Spritze nach Gebührenziffer 250). Es finden sich aber ebenfalls zusammengefasste Leistungskomplexe (beispielsweise „Stationäre intensivmedizinische Überwachung“ und „Behandlung nach Ziffer 435“).

109 Dieser Wert gilt seit der Euro-Umstellung v. 01.01.1999.

Steigerungssatz versehen (§ 5 Abs. 1 GOÄ). Der durchschnittliche Steigerungssatz liegt hierbei bei 2,3.[110] Ein Überschreiten ist grundsätzlich möglich, jedoch nur dann statthaft, wenn Besonderheiten[111] dies rechtfertigen. Der Arzt ist in einem solchen Fall verpflichtet, dem Zahlungspflichtigen die Überschreitung des Steigerungssatzes nachvollziehbar und schriftlich zu begründen (§ 12 Abs. 3 GOÄ). Leistungen mit unterdurchschnittlichem Schwierigkeitsgrad oder Zeitaufwand sind demgemäß mit einem niedrigeren Steigerungssatz zu versehen.

Berechnet wird eine Gebühr folgendermaßen:

Abbildung 2: Honorar nach GOÄ.

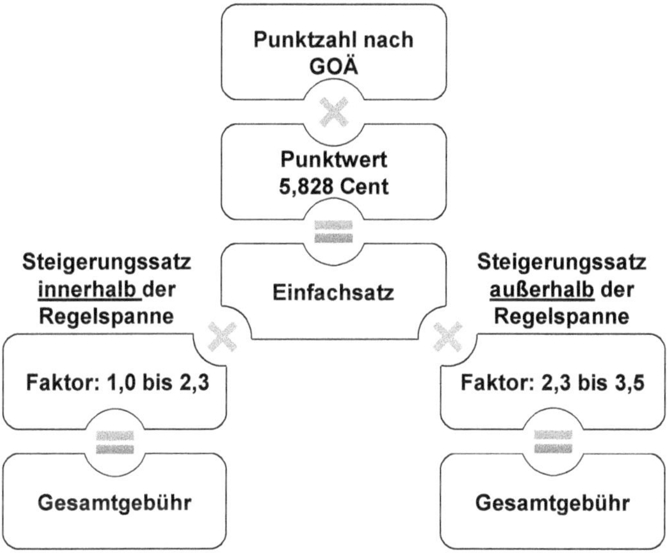

Dieses Berechnungsprinzip soll mit dem folgenden Rechenbeispiel veranschaulicht werden:

Der Einfachsatz für die jeweilige Leistung folgt aus der Multiplikation des Punktwertes mit der Anzahl der Punkte, die in der GOÄ der jeweiligen Behandlungsleistung vorgeschrieben sind.

110 Nach Ansicht des BGH stellt es keinen Fehlgebrauch des Ermessens dar, wenn der Arzt Leistungen durchschnittlicher Schwierigkeit mit dem jeweiligen Höchstsatz der Regelspanne, also dem 2- bis 3-Fachen des Gebührensatzes abrechnet, siehe hierzu BGHZ 174, 101.

111 Beispielsweise ein hoher Schwierigkeitsgrad oder aufgetretene Komplikationen.

Bezeichnung	*Gebührennummer*	*Punkte*	*Punktwert (in EUR)*	*Einfachsatz*
Beratung	*1*	*80*	*0,05828*	*4,66 EUR*
Symptombezogene Untersuchung	*5*	*80*	*0,05828*	*4,66 EUR*
Arbeitsunfähigkeitsbescheinigung	*70*	*40*	*0,05828*	*2,33 EUR*
Gipsschienenverband	*228*	*190*	*0,05828*	*11,07 EUR*

Die Gesamtgebühr pro Leistung ergibt sich sodann aus der Multiplikation des Einfachsatzes mit dem Steigerungssatz. Der maximale Steigerungssatz innerhalb der Regelspanne liegt dabei bei Faktor 2,3. Handelt es sich um eine besonders anspruchsvolle Tätigkeit und wird sie entsprechend begründet, kann der Arzt den maximalen Faktor von 3,5 ansetzen.

Bezeichnung	*Einfachsatz (in EUR)*	*Steigerungssatz*	*Gesamtgebühr*
Beratung	*4,66 EUR*	*2,3*	*10,72352 EUR*
Symptombezogene Untersuchung	*4,66 EUR*	*2,3*	*10,72352 EUR*
Arbeitsunfähigkeitsbescheinigung	*2,33 EUR*	*2,3*	*5,36176 EUR*
Gipsschienenverband	*11,07 EUR*	*3,5*	*38,7562 EUR*
Gesamtsumme der Behandlung (gerundet)			*65,58 EUR*

2. Honorarvereinbarung

Zwar ist die GOÄ als solche nicht abdingbar, die Höhe der in der GOÄ genannten Gebühren kann allerdings durch eine Parteienvereinbarung verändert werden. Die entscheidende Vorschrift für die sogenannte Honorarvereinbarung findet sich in § 2 der GOÄ. Sie lautet wie folgt:

> *(1) Durch Vereinbarung kann eine von dieser Verordnung abweichende Gebührenhöhe festgelegt werden. Für Leistungen nach § 5a ist eine Vereinbarung nach Satz 1 ausgeschlossen. Die Vereinbarung einer abweichenden Punktzahl (§ 5 Abs. 1 Satz 2) oder eines abweichenden Punktwerts (§ 5 Abs. 1 Satz 3) ist nicht zulässig. Notfall- und akute Schmerzbehandlungen dürfen nicht von einer Vereinbarung nach Satz 1 abhängig gemacht werden.*

Eine solche Honorarvereinbarung unterliegt allerdings strengen Voraussetzungen, wie § 2 Abs. 2 GOÄ festlegt.

(2) Eine Vereinbarung nach Absatz 1 Satz 1 ist nach persönlicher Absprache im Einzelfall zwischen Arzt und Zahlungspflichtigem vor Einbringung der Leistung des Arztes in einem Schriftstück zu treffen. Dieses muss neben der Nummer und der Bezeichnung der Leistung, dem Steigerungssatz und dem vereinbarten Betrag auch die Feststellung enthalten, dass eine Erstattung der Vergütung durch Erstattungsstellen möglicherweise nicht in vollem Umfang gewährleistet ist. Weitere Erklärungen darf die Vereinbarung nicht enthalten. Der Arzt hat dem Zahlungspflichtigen einen Abdruck der Vereinbarung auszuhändigen.

Des Weiteren ist bei Honorarvereinbarungen eine gesonderte Begründung der Leistung erforderlich (§ 12 Abs. 3 GOÄ). Zudem ist der Arzt dazu verpflichtet, den Patienten explizit auf die erhöhten Gebühren hinzuweisen[112], was eine vertragliche Nebenpflicht des Behandlungsvertrages darstellt.[113] Die Ratio dieser Regelung liegt im Schutz des Patienten. Die Abweichung von den Regelsätzen der GOÄ soll für ihn klar und erkennbar sein. Zudem soll ihm bewusst gemacht werden, dass eine Kostenerstattung durch seine Krankenversicherung unter Umständen nicht oder nur anteilig erfolgt (je nach Versicherungstarif werden nur bestimmte Steigerungssätze erstattet). Für bestimmte Leistungen ist der Abschluss einer Honorarvereinbarung überdies gänzlich unzulässig (§ 2 Abs. 3 GOÄ).

3. Analoge Berechnung einer Gebühr

Eine Besonderheit der GOÄ besteht ferner darin, dass ärztliche Leistungen, die nicht in das Gebührenverzeichnis aufgenommen sind, vom Arzt entsprechend einer nach Art, Kosten- und Zeitaufwand gleichwertigen Leistung des Gebührenverzeichnisses berechnet werden können (§ 6 Abs. 2 GOÄ). Dies hat zur Folge, dass eine analoge Berechnung möglich ist. Die analoge Bewertung nimmt der behandelnde Arzt selbst vor. Ein Beispiel hierfür ist die Augenbehandlung mittels Laser (LASIK[114]), welche in der GOÄ bisweilen nicht aufgeführt und analog der Gebührenziffer 5855 (Intraoperative Strahlenbehandlung mit Elektronen) abgerechnet wird. Die GOÄ ist auch auf die Abrechnung medizinisch nicht indizierter kosmetischer Operationen anzuwenden.[115]

---

112 Zur Regelung des § 12 Abs. 3 GOÄ, vgl. *Miebach*, in: Uleer/Miebach/Patt, Abrechnung von Arzt- und Krankenhausleistungen, § 12 Rn. 29 f.

113 „Eine vorherige Hinweispflicht folgt zwar nicht aus den Bestimmungen der GOZ; nach Ansicht des Senats ergibt sich das aber als Nebenpflicht aus dem Behandlungsvertrag", vgl. OLG Köln, Urteil v. 21.08.1996, Aktenzeichen 5 U 196/95.

114 Abkürzung für „Laser-in-situ-Keratomileusis".

115 BGH, NJW 2006, S. 1879 ff.

C. Gesetzliche Krankenversicherung (GKV)

Weil die gesetzliche Krankenversicherung dem verfassungsrechtlich garantierten Sozialstaatsprinzip genügen muss, hat die gesetzliche Krankenversicherung die mit der Krankheit verbundenen Risiken des Einzelnen zu tragen. Ihre Aufgabe besteht nach § 1 SGB V darin, die Gesundheit der gesetzlich Versicherten als Solidargemeinschaft zu erhalten, wiederherzustellen oder zu verbessern. Ist der Patient Mitglied einer gesetzlichen Krankenversicherung, ergeben sich daher Besonderheiten für die ärztliche Behandlung und Leistungsabrechnung.[116] Der rechtliche Rahmen besteht aus einem komplexen Normengefüge des privaten und öffentlichen Rechts. Besondere Bedeutung kommt hierbei den Regelungen des SGB V und den tragenden Prinzipien der GKV, präziser: der Solidarität, Sachleistung, Selbstverwaltung und Wirtschaftlichkeit, zu.

I. Die Parteien im GKV-Viereck

An der vertragsärztlichen Leistungserbringung sind mit dem Vertragsarzt, der Kassenärztlichen Vereinigung der Krankenkasse und dem Patienten insgesamt vier Parteien beteiligt. Man spricht daher auch von dem sogenannten GKV-Viereck, welches sich wie folgt darstellen lässt:

Abbildung 3: GKV-Viereck.

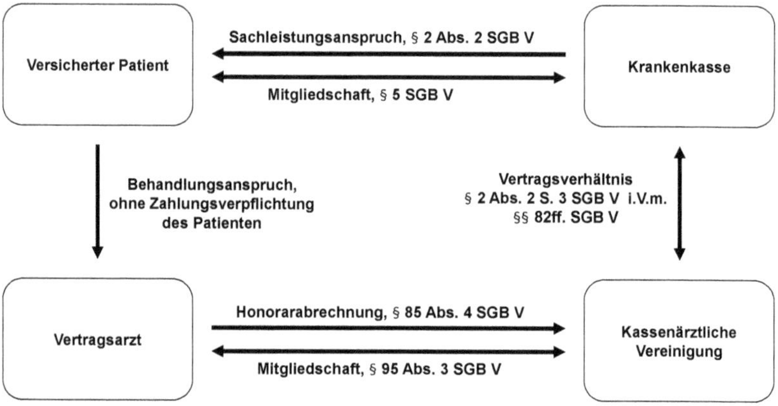

116 Siehe zu diesem Abschnitt insgesamt: *Deutsch/Spickhoff*, Medizinrecht, Rn. 106 f.; *Ries/Schnieder u. a.*, Arztrecht, S. 21 f.; *Janda*, Medizinrecht S. 151 f.; *Quaas/Zuck u. a.*, Medizinrecht, § 5 Rn. 1 ff.; *Hauck*, in: Münchener Anwaltshandbuch Sozialrecht, § 18 Rn. 1 ff.; *Laufs/Kern*, Handbuch des Arztrechts, Kapitel 6.

1. Der GKV-Patient

In Deutschland sind 70 Millionen Bürger gesetzlich krankenversichert.[117] Die Mitgliedschaft in der gesetzlichen Krankenversicherung ist verpflichtend[118] und wird regelmäßig per Gesetz begründet. Nach § 5 SGB V ist sie insbesondere[119] als Pflichtversicherung für Arbeitnehmer, ihre mitversicherten Familienmitglieder und andere Personengruppen ausgestaltet.[120] Die Versicherungspflicht entfällt erst, wenn das Einkommen des Versicherten oberhalb der Versicherungspflichtgrenze[121] liegt (§ 6 Abs. 1 Nr. 1 SGB V). Keine Versicherungspflicht besteht zudem für Beamte, Selbständige oder Freiberufler. Die Versicherten haben ein grundsätzliches Wahlrecht unter den gesetzlichen Krankenkassen (§ 173 SGB V).

Im Unterschied zur privaten Krankenversicherung erfolgt die Erteilung der Mitgliedschaft unabhängig vom Gesundheitszustand und ohne vorherige Gesundheitsprüfung. Der bedeutendste Unterschied zur privaten Krankenversicherung besteht allerdings darin, dass der gesetzlich krankenversicherte Patient nicht lediglich einen Anspruch auf Kostenerstattung erhält[122], sondern ihm nach dem in § 2 SGB V normierten Sachleistungsprinzip direkte Krankenfürsorgeleistungen von der Krankenkasse zustehen,[123] er erhält umfangreiche Gesundheitsleistungen. Neben der ärztlichen Behandlung fallen hierunter ebenso die Versorgung mit Arznei-, Heil- und Hilfsmitteln, die häusliche Krankenpflege, Krankenhausbehandlung sowie Leistungen zur Rehabilitation (§ 27 SGB V). Möchte der GKV-Patient Leistungen in Anspruch nehmen, hat er lediglich

---

117 *Bundesministerium für Gesundheit,* Gesetzliche Krankenversicherung Mitglieder, mitversicherte Angehörige und Krankenstand, Monatswerte Januar 2015, S. 4.

118 *Haft* bezeichnet sie als „hoheitliche Zwangsversicherung"; siehe *Haft*, ZRP 2002, S. 457.

119 Nach § 9 SGB V ist ebenso ein freiwilliger Beitritt in das System der gesetzlichen Krankenversicherung möglich.

120 *Quaas/Zuck u. a.,* Medizinrecht, § 6 Rn. 1; *Heldt-Andreas,* in: NK-MedR § 5 SGB V Rn. 3; *Deutsch/Spickhoff,* Medizinrecht, Rn. 79; zur Vereinbarkeit mit Verfassungsrecht vgl. BVerfGE 102, 68.

121 Diese wird ebenso als Jahresarbeitsentgeltgrenze oder JAEG bezeichnet. Der Wert lag 2014 bei einem Jahresarbeitsentgelt von 53.550 Euro.

122 Nach § 13 Abs. 2 SGB V besteht für den gesetzlich Krankenversicherten ebenfalls die Möglichkeit, die Kostenerstattung anstelle des Sachleistungsprinzips zu wählen. Dies stellt allerdings die Ausnahme dar, vgl. *Quaas/Zuck u. a.,* Medizinrecht, § 5 Rn. 1.

123 *Eichenhofer/Wenner*, Sozialgesetzbuch V, § 2 Rn. 22 f.

einen am System der GKV teilnehmenden Vertragsarzt aufzusuchen[124] und die Behandlungsleistung gegen Vorlage der Krankenversicherungskarte einzufordern.[125]

Wie eingangs erwähnt[126], schließt der Patient hierbei einen wirksamen Behandlungsvertrag mit dem Arzt, wie § 630a BGB unmissverständlich klarstellt[127], allerdings wird er diesem gegenüber nicht zur Gegenleistung verpflichtet.[128] Die einzige Zahlungspflicht, die den GKV-Patienten im Rahmen einer vertragsärztlichen Leistungserbringung trifft, ist die der Beitragszahlung an seine Krankenversicherung. Aufgrund des Solidaritätsprinzips wird der individuelle Beitrag des Mitglieds an seine Leistungsfähigkeit geknüpft und die ihm zustehende Leistung anhand seiner Bedürftigkeit festgemacht. Konkret erfolgt die Beitragsberechnung daher auf der Grundlage des Bruttoeinkommens des Versicherungsmitglieds und nicht, wie in der PKV, nach dem gesundheitlichen Risiko und dem vereinbarten Leistungsumfang.

2. *Die Krankenkassen*

Im Jahr 2013 existierten in Deutschland insgesamt 134 gesetzliche Krankenkassen.[129] Sie sind selbständige Körperschaften des öffentlichen Rechts, deren Selbstverwaltung gemäß § 29 Abs. 2 SGB IV i. V. m. § 44 SGB IV durch Vertreter der Versicherten und deren Arbeitgeber ausgeübt wird. Die Mittel für die gesetzliche Krankenversicherung werden durch die Beiträge der Mitglieder nach Maßgabe der §§ 241 ff. SGB V aufgebracht. Zwar sind die Krankenkassen direkte Schuldner der Behandlungsleistungen, allerdings erbringen sie diese gegenüber ihren Mitgliedern nicht unmittelbar, sondern durch ihre Leistungserbringer[130].

---

124 Dies wird durch das Prinzip der freien Arztwahl gemäß § 76 SGB V konkretisiert.

125 *Hellmann/Herffs*, Abrechnungsbetrug, Rn. 2.

126 Siehe S. 27 in der vorliegenden Arbeit.

127 Die Rechtsnatur des Behandlungsvertrages war vor der Einführung des Patientenrechtsgesetzes umstritten. Die Zivilgerichte gingen von einem Vertrag zivilrechtlicher Natur aus, vgl. BGHZ 76, 249, (261), BGHZ 100, 363, (364). Das Bundessozialgericht legte dem Behandlungsvertrag hingegen ein gesetzliches Rechtsverhältnis öffentlich-rechtlicher Natur zugrunde, BSGE 33, 158, (160). Durch die Neuregelung im BGB und die klare Positionierung des Gesetzgebers ist diese Meinungsdifferenz nunmehr hinfällig geworden. Kritisch zu den Regelungen des Patientenrechtgesetzes, *Montgomery/Brauer u. a.*, MedR 2013, 149 f.

128 *Deutsch/Spickhoff*, Medizinrecht, Rn. 106.

129 *Bundesministerium für Gesundheit*, Daten des Gesundheitswesens 2013, 8.4.

130 BGHZ 82, 375 (Feinbrillenurteil); BSGE 90, 84 (Häusliche Krankenpflege).

Als Leistungserbringer fungieren die Kassenärztlichen Vereinigungen, mit denen die Krankenkassen nach Maßgabe der §§ 82 ff. SGB V Verträge schließen. Diese bedienen sich zur Erfüllung ihrer Verpflichtung aus dem Vertrag mit der Krankenkasse wiederum ihrer Mitglieder (§§ 69 ff. SGB V), also der Vertragsärzte.

Die Finanzierung der Leistung der Kassenärztlichen Vereinigungen erfolgt im Wege der sogenannten Gesamtvergütung. Hierfür zahlt die jeweilige Krankenkasse eine Gesamtvergütung für die gesamte vertragsärztliche Versorgung ihrer Mitglieder im betreffenden Bezirk (§ 85 Abs. 1 SGB V). Direkte vertragliche Verbindungen zwischen den Krankenkassen und einzelnen Vertragsärzten sind nur im Ausnahmefall vorgesehen.[131] Die durch die Krankenkassen finanzierte vertragsärztliche Tätigkeit umfasst gemäß § 28 SGB V Maßnahmen, die zur Verhütung, Früherkennung sowie Behandlung von Krankheiten nach den Regeln der ärztlichen Kunst ausreichend, zweckmäßig und wirtschaftlich sind.[132] § 27 SGB V gibt weiter Auskunft darüber, dass die Versicherten (nur) dann einen Anspruch auf eine Behandlung haben, wenn sie notwendig ist, um eine Krankheit zu erkennen, zu heilen, ihre Verschlimmerung zu verhindern oder um Krankheitsbeschwerden zu lindern. Hierdurch kommt das Wirtschaftlichkeitsgebot zum Tragen, welches seine spezielle Ausgestaltung in § 12 SGB V findet. Es bedeutet für den Arzt, dass die von ihm erbrachten Leistungen das Maß der Notwendigkeit nicht überschreiten dürfen. Diejenigen Leistungen, welche unwirtschaftlich oder nicht notwendig sind, können von den Krankenkassen nicht bewilligt werden. Somit dürfen sie im Umkehrschluss auch nicht vom Patienten beansprucht und vom Arzt durchgeführt werden. Führt ein Arzt dennoch Leistungen durch, welche als „unwirtschaftlich“ einzustufen sind, darf er sie nicht abrechnen. Tut er dies dennoch, dann täuscht er die Kassenärztliche Vereinigung unter Umständen über seine Abrechnungsberechtigung. Insbesondere bei der Erbringung und Abrechnung von medizinisch sinnvollen, aber unwirtschaftlichen Leistungen wirft diese Problematik Fragen auf. Dem Wirtschaftlichkeitsgebot kommt mithin eine signifikante Bedeutung in Bezug auf Abrechnungsunstimmigkeiten bei der vertragsärztlichen Leistungsvergütung zu.

---

131 *Janda*, Medizinrecht, S. 152.

132 *Ries/Schnieder u. a.*, Arztrecht, S. 23.

3. Die Vertragsärzte

Im Jahr 2014 nahmen von insgesamt rund 365.000[133] berufstätigen Ärzten 164.000[134] Ärzte an der vertragsärztlichen Versorgung teil.[135] Die Teilnahme verpflichtet den Arzt auf der einen Seite dazu, am gesetzlichen Gesundheitsauftrag mitzuwirken und gesetzlich versicherte Patienten zu behandeln; auf der anderen Seite berechtigt sie den Arzt auch zur Teilhabe an der Gesamtvergütung der Kassenärztlichen Vereinigung.[136] Die Honoraransprüche bestehen für den Vertragsarzt letztlich – abgesehen von einer explizit vereinbarten zusätzlichen privaten Leistungserbringung – nur gegenüber der Krankenkasse unter Zwischenschaltung der Kassenärztlichen Vereinigung.[137] Die Tatsache, dass der Vertragsarzt in das gesetzliche Gesundheitssystem eingebunden ist[138], könnte darauf schließen lassen, dass seine Aufgabe dem öffentlichen Dienst zugehörig ist. Der Vertragsarzt ist aber Freiberufler[139] und auch kein Beliehener und auch kein Beauftragter[140] der Krankenkassen.

Um an der vertragsärztlichen Versorgung teilnehmen zu dürfen, muss der zukünftige Vertragsarzt zahlreiche Voraussetzungen erfüllen.[141] Hierfür bestehen sowohl objektive als auch subjektive Zulassungskriterien.[142] Die objektiven Voraussetzungen knüpfen daran, dass die von den Krankenkassen nach § 2 SGB V geschuldete vertragsärztliche Versorgung nicht mehr lückenlos sichergestellt werden kann und daher weitere Ärzte zugelassen werden müssen. Durch die Zulassung darf allerdings keine Überversorgung eintreten.[143] Um eine Überversorgung zu verhindern, sind hierzu objektive Zulassungsbeschränkungen nach

---

133 Siehe hierzu die Statistik der *Bundesärztekammer*, Ergebnisse der Ärztestatistik zum 31. Dezember 2014.

134 Die Zahl umfasst sowohl Vertragsärzte als auch angestellte Ärzte in Praxen und Krankenhäusern.

135 *Kassenärztliche Bundesvereinigung*, Statistische Informationen aus dem Bundesarztregister.

136 *Schnapp/Wigge*, Vertragsarztrecht, § 16 Rn. 98.

137 Ries/Schnieder u. a., Arztrecht, S. 19.

138 *Steinhilper*, in: Laufs/Kern, Handbuch des Arztrechts, § 25 Rn. 3.

139 Den Status als Freiberufler erkennt das BVerfG dem Vertragsarzt konsequent zu, BVerfGE 10, 354 (364); 11, 30 (41); 12, 144 (147).

140 Zur Stellung des Vertragsarztes im Bereich der GKV aus strafrechtlicher Sicht vgl. BGHSt 57, 202.

141 Siehe § 98 SGB V i. V. m. Ärzte-ZV.

142 *Hellmann/Herffs*, Abrechnungsbetrug, Rn. 7.

143 *Körner/Leitherer u. a.*, Sozialversicherungsrecht, § 103 Rn. 3.

§ 103 SGB V i. V. m. § 101 SGB V möglich. Des Weiteren müssen die subjektiven, also die in der Person des Arztes zu erfüllenden Zulassungsvoraussetzungen gegeben sein. Im Rahmen der subjektiven Zulassungsvoraussetzungen steht der Erteilung und Aufrechterhaltung der Zulassung generell alles entgegen, was den Vertragsarzt bei der Durchführung seiner vertragsärztlichen Pflichten in einen Interessenkonflikt bringen könnte.[144] Subjektive Voraussetzungen sind nach §§ 95, 95a, 116 ff. und 311 SGB V u. a. der Nachweis der Eintragung ins Arztregister, der Approbationsnachweis sowie die Vorlage von Urkunden und Bescheinigungen, welche auf die Eignung zum Vertragsarzt schließen lassen. Unter die subjektiven Kriterien fällt neben der fachlichen Befähigung auch das Alter des Arztes.[145] Wenn der Arzt die im SGB V und der Ärzte-ZV normierten Voraussetzungen für die Zulassung erfüllt, steht ihm ein Anspruch auf Zulassung als Vertragsarzt zu.[146]

Bei der Ausübung seiner Tätigkeit im Bereich der GKV treffen den Vertragsarzt besondere Pflichten. Der Arzt hat zunächst die Aufgabe, die Versicherten der gesetzlichen Krankenversicherung zu behandeln.[147] Dabei schuldet er grundsätzlich eine persönliche Leistungserbringung.[148] Die Pflicht hierfür ergibt sich aus der Natur des Behandlungsvertrages, der in Anlehnung an den Dienstvertrag (§§ 630b i. V. m. § 613 BGB) geschaffen wurde, welcher bereits die persönliche Leistung des Schuldners attestiert. Geregelt wird das Gebot zudem in § 19 Abs. 1 der MBO[149], § 32 Abs. 1 der Zulassungsverordnung für Vertragsärzte (Ärzte-ZV) und in § 15 Abs. 1 des BMV-Ä. Daneben besteht die Pflicht zur Niederlassung (§ 24 Abs. 1 Ärzte-ZV) und zur Einhaltung von Sprechstunden (§ 24 Abs. 2 Ärzte-ZV). Auch ist der Vertragsarzt an das im gesamten Bereich der GKV geltende Gebot der Wirtschaftlichkeit des § 12 SGB V gebunden.[150]

---

144 *Hess*, in: Kasseler Kommentar Sozialversicherungsrecht, § 95 SGB V, Rn. 42.

145 Früher konnten nur Ärzte bis zum 55. Lebensjahr eine Vertragsarztzulassung erhalten. Diese endete mit der Vollendung des 68. Lebensjahres. Durch die Einführung des VÄndG wurde die Altersgrenze, zumindest für strukturschwache Gebiete, abgeschafft; vgl. *Ries/Schnieder u. a.*, Arztrecht, S. 32. Zur Zulässigkeit der Altersgrenze siehe BVerfGE 11, 30.

146 *Quaas/Zuck u. a.*, Medizinrecht, § 18 Rn. 37.

147 *Schnapp/Wigge*, Vertragsarztrecht, § 2 Rn. 52.

148 *Hellmann/Herffs*, Abrechnungsbetrug, Rn. 2.

149 Die Regelungen der Musterberufsordnung für Ärzte gelten auch für privatärztliche Tätigkeiten.

150 Zu den Anforderungen des Wirtschaftlichkeitsgebotes, siehe *Trenk-Hinterberger*, in: Spickhoff, Medizinrecht, § 12 SGB V Rn. 1 f; *Roters*, in: Körner/Leitherer u. a., Sozialversicherungsrecht, § 12 SGB V, Rn. 23 f.

Der Vertragsarzt muss zudem am Bereitschaftsdienst, der von der jeweiligen Kassenärztlichen Vereinigung organisiert wird, teilnehmen. Im Hinblick auf die Strafbarkeit des Vertragsarztes bei Abrechnungsmanipulationen sind die Pflicht zur persönlichen Leistungserbringung[151], das Wirtschaftlichkeitsgebot nach § 12 SGB V[152] sowie die Pflicht zur korrekten Abrechnung[153] von Bedeutung.

4. *Die Kassenärztlichen Vereinigungen*

Die am gesetzlichen Gesundheitsauftrag teilnehmenden Ärzte bilden für den Bereich jedes Bundeslandes[154] eine Kassenärztliche Vereinigung[155] (§ 77 SGB V). Durch die Zulassung als Vertragsarzt entsteht eine Pflichtmitgliedschaft des jeweiligen Arztes in der für seinen Kassenarztsitz zuständigen Kassenärztlichen Vereinigung (§ 95 Abs. 3 SGB V). Als Körperschaften des öffentlichen Rechts (§ 77 Abs. 5 SGB V) sind diese mit Selbstverwaltungsbefugnissen ausgestaltet, was sie zur eigenständigen Aufstellung von Satzungen[156] ermächtigt. Ihre Primäraufgabe besteht in der Sicherstellung der ambulanten kassenärztlichen Versorgung (§ 75 Abs. 1 SGB V) in dem in § 73 Abs. 2 SGB V bezeichneten Umfang. Des Weiteren sollen sie gewährleisten, dass die vertragsärztliche Versorgung den gesetzlichen und vertraglichen Anforderungen, hierunter auch der Wirtschaftlichkeit und Zweckmäßigkeit, entspricht. Zur Aufrechterhaltung dieser Anforderungen sind die Kassenärztlichen Vereinigungen zur Anwendung von Disziplinarmaßnahmen gegenüber ihren Mitgliedern (§ 75 Abs. 2 SGB V) befugt. Überdies gebührt den Kassenärztlichen Vereinigungen die Obliegenheit, die Rechte der Vertragsärzte gegenüber den Krankenkassen zu vertreten (§ 75 SGB V Abs. 2). Ihre wichtigste Aufgabe besteht in der Verteilung der von den

---

151 Vgl. *Peikert*, MedR 2000, 352 f.

152 *Schnapp/Wigge*, Vertragsarztrecht, § 20 Rn. 5.

153 Zum Gebot der genauen Leistungsabrechnung siehe BSGE 43, 250 (252); BSGE 73, 234 (273).

154 Es existieren allerdings insgesamt 17 Kassenärztliche Vereinigungen, da Nordrhein-Westfalen in die *KV Nordrhein* und die *KV Westfalen-Lippe* unterteilt ist.

155 In ihrer Gesamtheit bilden die Kassenärztlichen Vereinigungen wiederum die Kassenärztliche Bundesvereinigung.

156 Unter das Satzungsrecht fällt u. a. die Festlegung des Honorarverteilungsmaßstabes, welcher die Einhaltung der Budgetierung regelt. Siehe als Beispiel: *Kassenärztliche Vereinigung Hessen,* Honorarverteilungsmaßstab; allgemein: *Kassenärztliche Vereinigung Hessen,* Satzung der Kassenärztlichen Vereinigung Hessen.

Krankenkassen erhaltenen Gesamtvergütung an die Vertragsärzte[157] (§ 85 Abs. 4 SGB V) und der damit einhergehenden Verpflichtung (§§ 106, 106a SGB V), die vertragsärztlichen Abrechnungen vor der Auszahlung zu überprüfen.

5. *Zusammenfassung*

Im Zusammenspiel stellen die Krankenkassen, Kassenärztlichen Vereinigungen und die Vertragsärzte die gesetzlich geforderte medizinische Versorgung der gesetzlich versicherten Patienten sicher. Finanziert wird die gesetzliche Krankenversicherung durch die auf Solidarität beruhende Beitragszahlung der Mitglieder. Die Versicherungsleistungen bestehen, im Gegensatz zur PKV, in Form von direkten Sachleistungen. Erbracht werden sie durch die am System teilnehmenden Vertragsärzte, die in selbstverwalteten Vereinigungen organisiert sind. Seine Tätigkeit erbringt der freiberuflich tätige Vertragsarzt innerhalb eines stark regulierten und kontrollierten öffentlich-rechtlichen Regelungskonstrukts.[158] Das vorgegebene Leistungsspektrum wird durch die Erforderlichkeit und das Gebot der Wirtschaftlichkeit begrenzt.

II. Die vertragsärztliche Abrechnung

Anders als bei der privatärztlichen Vergütung gestaltet sich die Abrechnung im Vertragsarztsystem ausgesprochen komplex. Aufgrund der aus dem Sachleistungsprinzip entspringenden Möglichkeit einer freien Inanspruchnahme von Leistungen durch die Empfänger und begrenzter Finanzierungsmöglichkeiten ergeben sich die zwingende Notwendigkeit einer Budgetierung und die Frage, wie eine gerechte Verteilung der Mittel erreicht werden kann. Das Thema steht dauerhaft im Mittelpunkt der sozialpolitischen Diskussion und war Gegenstand zahlreicher Reformbemühungen.[159] Der Gesetzgeber hat eine Vielzahl an Bestimmungen getroffen, welche die Zuweisung der Krankenversicherungsbeiträge der GKV regeln. Aufgrund des enormen Umfanges der Materie und der Vielzahl an Spezialregelungen kann an dieser Stelle keine vollständige Darstellung erfolgen. Hinzu kommt, dass das System einem stetigen Wandel ausgesetzt ist und

157 Zur Gesamtvergütung der Krankenkassen an die Kassenärztlichen Vereinigungen siehe S. 52 in der vorliegenden Arbeit.
158 *Steinhilper*, in: Laufs/Kern, Handbuch des Arztrechts, § 25 Rn. 2.
159 So *Janda*, Medizinrecht, S. 195.

vereinzelte Bestimmungen häufig nur eine beschränkte Gültigkeitsdauer haben. Dargelegt werden sollen aber die Grundsätze der Finanzierung von vertragsärztlicher Leistungsvergütung, welche für die nachfolgende Untersuchung tragend sind. Diese Grundsätze sind folgende:

- Gesamtvergütung,
- Einheitlicher Bewertungsmaßstab
- Honorarverteilungsmaßstab,
- Abrechnungsprüfung und
- Honorarbescheid.

1. Gesamtvergütung der Krankenkassen

Jede Krankenkasse zahlt an die Kassenärztliche Vereinigung eines Bundeslandes eine Gesamtvergütung (§ 85 Abs. 1 SGB V). Damit wird die gesamte vertragsärztliche Versorgung ihrer Mitglieder für ein Jahr abgegolten. Die Kassenärztliche Bundesvereinigung umschreibt den Begriff der Gesamtvergütung wie folgt:

> *Unter Gesamtvergütung ist die Summe aller Vergütungen zu verstehen, die eine Krankenkasse für sämtliche Leistungen zu entrichten hat, die für einen vereinbarten Zeitraum von den an der vertragsärztlichen Versorgung teilnehmenden Ärzten und ärztlich geleiteten Einrichtungen, sonstigen ermächtigten Personen und Einrichtungen und in Notfällen auch von sonst nicht an der vertragsärztlichen Versorgung teilnehmenden Ärzten und ärztlich geleiteten Einrichtungen im Geltungsbereich des SGB V (Bundesrepublik Deutschland) erbracht wurden, und für die bei der Leistungserbringung entstandenen und zusätzlich zu ersetzenden besonderen Kosten.*[160]

Die Zahlung erfolgt gemäß § 85 Satz 1 SGB V „mit befreiender Wirkung". Dies bedeutet, dass über die Gesamtvergütung hinaus keine Zahlungspflicht der Krankenkasse an den Vertragsarzt oder das GKV-Mitglied für Leistungen besteht, die Gegenstand der Vereinbarung über die vertragsärztliche Versorgung sind. Die Höhe der Gesamtvergütung wird durch die Landesverbände der Krankenkassen und der Kassenärztlichen Vereinigungen in einem Kollektivvertrag vereinbart (§§ 82 Abs. 2, 83 Abs. 1, 85 Abs. 2 S. 1 SGB V). Dabei wird zunächst der Behandlungsbedarf anhand der Morbiditätsstruktur[161] ermittelt. Ausgangspunkt ist das Leistungsvolumen des Vorjahres, welches bei einer Veränderung der Versichertenzahl bzw. -struktur angepasst wird. Darüber hinaus legen die

160 Siehe *Kriedel*, Gesamtvertrag und Gesamtvergütung, S. 30; siehe auch *Schütte*, Management im ambulanten Sektor des Gesundheitswesens, S. 13.

161 Unter Morbidität wird eine statistische Größe verstanden, die die Krankheitshäufigkeit bezogen auf eine bestimmte Bevölkerungsgruppe ausdrückt.

Vertragspartner auf der Bundesebene jährlich einen bundeseinheitlichen Punktwert als Orientierungswert in Euro fest. Dieser dient als Grundlage für Verhandlungen auf Landesebene, auf der anschließend der regional geltende Punktwert in festen Euro-Beträgen vereinbart wird.

Den Großteil der Gesamtvergütung macht die sogenannte morbiditätsbezogene Gesamtvergütung (MGV) aus, welche durch den vorab berechneten Bedarf begrenzt ist. Dies führt dazu, dass nicht alle abgerechneten Vertragsarztleistungen zu den Preisen vergütet werden können, die hierfür vorgesehen sind. Hat der einzelne Vertragsarzt eine bestimmte Leistungsmenge im Quartal überschritten, werden die darüber hinausgehenden Leistungen nicht oder nur zu abgesenkten Preisen vergütet.[162]

Des Weiteren können die Gesamtvertragspartner weitere vertragsärztliche Leistungen außerhalb der Gesamtvergütung vergüten, wenn sie als „besonders förderungswürdig" angesehen werden. Hierunter fallen die sogenannten Einzelleistungsvergütungen (ELV)[163], mit deren Hilfe ein Anreiz für die Ärzte gesetzt werden soll, die betreffenden Leistungen unbeeindruckt von Budgetierungsvorgaben, wie sie bei der morbiditätsbezogenen Gesamtvergütung existieren, zu erbringen. Die ELV werden durch ergänzende Zahlungen der Krankenkassen finanziert. Dazu gehören zum Beispiel bestimmte ambulante Behandlungen, Impfungen, Disease-Management-Programme[164] (DMP), Früherkennungsuntersuchungen und andere präventionsbezogene Leistungen. Bei der Einzelleistungsvergütung ist die vorab definierte Leistung in der Regel preislich festgelegt. Die nicht budgetierten Kosten bzw. Leistungen stellen für die Kassenärztliche Vereinigung zudem durchlaufende Posten dar, denn sie erhält diese von den Kassen in exakt der Höhe, die sie an die Ärzte auszahlt. Die Gesamtvergütung besteht dementsprechend aus einem budgetierten Anteil, der an die Morbiditätsstruktur anknüpft (morbiditätsbedingte Gesamtvergütung) und einem außerbudgetierten Anteil[165] (Einzelleistungsvergütung). Zusätzlich werden die von

---

162 Zur Budgetierung durch RLV siehe S. 57 in der vorliegenden Arbeit.

163 Ausführlich hierzu *Neumann/Gierlling u. a.*, Reform der ärztlichen Vergütung im ambulanten Sektor; S. 11 u. S. 28 f.

164 Bei den DMPs handelt es sich um spezielle Behandlungsprogramme für Patienten, die an chronischen Erkrankungen leiden. Durch eine strukturierte und kontinuierliche medizinische Betreuung sollen Folgeschäden vermieden und die Lebensqualität der Patienten verbessert werden.

165 In bestimmten KV-Regionen machen die außerbudgetären Leistungen bis zu einem Drittel der Gesamtvergütung aus, vgl. *Kassenärztliche Bundesvereinigung*, Honorarbericht für das dritte Quartal 2012, S. 62 f.

„Fremdärzten" erbrachten Leistungen, d. h. jene von Vertragsärzten, die Mitglied einer anderen Kassenärztlichen Vereinigung sind, zwischen den beteiligten Kassenärztlichen Vereinigungen im Rahmen des Fremdkassenzahlungsausgleichs ausgeglichen (§ 81 Abs. 3 Nr. 1 SGB V und § 75 Abs. 7, Abs. 7a SGB V). Die Gesamtvergütung wird anschließend von den Kassenärztlichen Vereinigungen an ihre Mitglieder (die Vertragsärzte) verteilt (§ 87 b Abs.- 1 Satz 1 SGB V).

Abbildung 4: Gesamtvergütung.

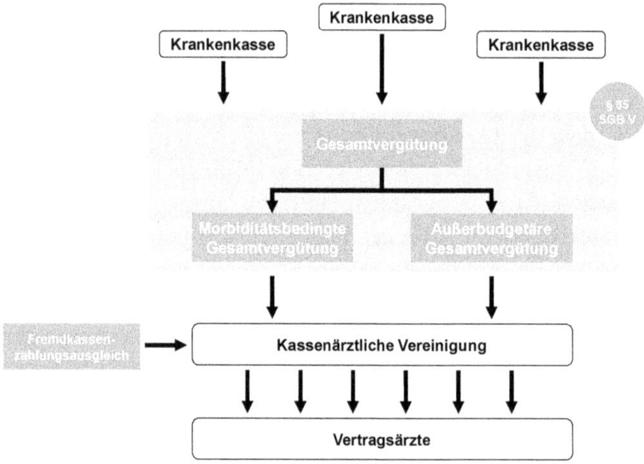

2. *EBM und HVM als Abrechnungsgrundlage*

Da alle vertragsärztlichen Leistungen mit der Gesamtvergütung abgegolten sind, sind geeignete Mittel zur Verteilung notwendig. Solche stellen der Honorarverteilungsmaßstab[166] (HVM) und der Einheitliche Bewertungsmaßstab[167] (EBM) zur Verfügung. Der Honorarverteilungsmaßstab, welcher als Satzung eigenständig durch die jeweilige Kassenärztliche Vereinigung erlassen wird, enthält konkrete

166 2012 wurde die zuvor geltende Honorarvereinbarung (HVV), welche zwischen den Landesverbänden der Krankenkassen und Kassenärztlichen Vereinigungen vereinbart wurde (vgl. § 85 IV 2 SGB V a. F.), durch den Honorarverteilungsmaßstab abgelöst. Die Kassenärztlichen Vereinigungen wurden durch das Satzungsrecht in ihrer Selbstverwaltungsbefugnis gestärkt.

167 Für die zahnärztlichen Versorgung gilt der Bewertungsmaßstab zahnärztlicher Leistungen (BEMA) entsprechend.

Regelungen zur Vergütung der einzelnen Arztgruppen.[168] Bei der Ausgestaltung des Honorarverteilungsmaßstabes besteht weitgehende Gestaltungsfreiheit. Die von den Krankenkassen erhaltene Gesamtvergütung wird anhand des jeweiligen Honorarverteilungsmaßstabes an die Leistungserbringer bzw. Vertragsärzte verteilt (§ 85 IV und § 87b I 2 SGB V). Demgemäß hat der Vertragsarzt keinen betragsmäßig im Voraus definierten Vergütungsanspruch für seine Leistungen, sondern nur einen Anspruch auf Teilnahme an der Honorarverteilung nach Maßgabe des Honorarverteilungsmaßstabes.[169] Die Verteilung der Vergütung an die Vertragsärzte erfolgt allerdings weiter im Benehmen mit den Krankenkassen (§ 87 b Abs. 1 Satz 2 SGB V).

Die Bestimmungen des Honorarverteilungsmaßstabes legen (im Regelfall) eine Verteilung auf Grundlage des Einheitlichen Bewertungsmaßstabes fest. Im Unterschied zur GOÄ ist der Einheitliche Bewertungsmaßstab keine Gebührenordnung[170], sondern ein Verzeichnis bzw. ein Katalog von Leistungen, die niedergelassene Vertragsärzte mit den gesetzlichen Krankenkassen abrechnen können. Der Einheitliche Bewertungsmaßstab dient dazu, den Inhalt der abrechnungsfähigen Leistungen und deren wertmäßiges Verhältnis zueinander zu regeln (§ 82 Abs. 2 Satz 1 SGB V). Er umfasst sämtliche vertragsärztliche Leistungen, die der einzelne Vertragsarzt bei seiner Kassenärztlichen Vereinigung abrechnen kann.[171] Er wird von der Kassenärztlichen Bundesvereinigung und den Spitzenverbänden der Krankenkassen vereinbart (§ 87 SGB V). Sein Leistungsverzeichnis ist abschließend. Nur die dort aufgeführten Leistungen sind abrechnungsfähig.[172] Eine analoge Anwendung, wie es in der GOÄ möglich ist[173], besteht für EBM-Leistungen mithin nicht. Im Unterschied zur GOÄ wird der Leistungskatalog des Einheitlichen Bewertungsmaßstabes allerdings dauerhaft erweitert, gekürzt und angepasst. Die Abrechnung des Arztes erfolgt dabei nicht in Eurobeträgen, sondern in Punkten, die für jede ärztliche Behandlung im Einheitlichen Bewertungsmaßstab festgelegt sind. Der jeweilige in Geld zu bemessende Anteil des Arztes ergibt sich aus der von ihm erreichten Punkteanzahl.

Bis 2008 galt hier Folgendes: Der einzelne Punktwert war der Höhe nach von der Gesamtvergütung aller Ärzte abhängig und unterschied sich von Quartal zu Quartal. Ein Arzt musste folglich viele Punkte abrechnen, um möglichst viel zu verdienen. Je mehr Punkte allerdings insgesamt von den Ärzten abgerechnet

---

168 *Ries/Schnieder u. a.*, Arztrecht, Kapitel 3.6.
169 *Quaas/Zuck u. a.*, Medizinrecht, § 22 Rn. 45.
170 *Engelhard*, in: Hauck/Noftz, SGB V Kommentar, § 87 Rn. 12.
171 *Ulsenheimer*, Arztstrafrecht in der Praxis, Rn. 1087.
172 *Hellmann/Herffs*, Abrechnungsbetrug, S. 12, Rn. 36.
173 Zur analogen Anwendung von GOÄ-Leistungen siehe S. 41 in der vorliegenden Arbeit.

wurden, desto niedriger fiel der Punktwert des einzelnen Arztes aus. Folge dieses Systems der Abrechnung war, dass der Vertragsarzt bei Abgabe der Abrechnung nicht wusste, wie hoch der jeweilige Punktwert ist. Somit konnte der Vertragsarzt nicht genau sagen, wie hoch seine Vergütung ausfallen würde.[174]

Im Zuge der Reformierung[175] des Vergütungssystems für Vertragsärzte im Jahr 2009 wurde das Abrechnungsverfahren modifiziert.[176] Die Gesamtvergütung durch die Krankenkassen und die Auszahlung an den Arzt durch die Kassenärztliche Vereinigung bleiben zwar nach wie vor bestehen, die nachträgliche Umrechnung der Punkte auf die Gesamtvergütung findet aber nicht mehr statt.[177] Nach dem neu eingeführten § 87a III SGB V richtet sich der Punktwert nach der Anzahl der versicherten Personen und der Morbiditätsstruktur der jeweiligen Krankenkasse und nicht mehr nach der Anzahl der insgesamt abgerechneten Punkte.[178] Die grundlegende Systematik des Einheitlichen Bewertungsmaßstabes hat sich dadurch nicht geändert. Allerdings ergibt sich nun für die jeweilige Krankenkasse ein individueller fixer Punktwert mit einer festen Umrechnungsformel in Euro. Der Punktwert divergiert in seiner Höhe nur noch nach der Krankenkasse bzw. der jeweiligen Region.[179]

Die Höhe der Vergütung einer vertragsärztlichen Leistung ergibt sich aus der Multiplikation des Punktwertes mit der Punktzahl einer im Einheitlichen Bewertungsmaßstab festgelegten ärztlichen Leistung.

Beispiel für die Berechnung nach dem EBM (Punkte x Punktwert = Betrag):

Gebührenziffer	*Bezeichnung*	*Punkte*	*Punktwert (2015[180])*	*Betrag*
27321	*Belastungs-EKG*	*200*	*0,102718 Euro*	*20,54€*
01410	*Hausbesuch*	*212*	*0,102718 Euro*	*21,78 €*
05330	*Anästhesie*	*840*	*0,102718 Euro*	*86,28 €*
34442	*MRT-Untersuchung*	*1213*	*0,102718 Euro*	*124,60 €*

174 Zu diesem Abschnitt: *Wenner*, Das Vertragsarztrecht nach der Gesundheitsreform, § 21 Rn. 4.

175 Einführung einer vereinfachten Vertragsgebührenordnung ab 2009 durch die Anpassung des GKV-Wettbewerbsstärkungsgesetz (GKV-WSG).

176 *Dannecker/Streng*, MedR 2011, 131 S. 131 f.

177 *Wenner*, Das Vertragsarztrecht nach der Gesundheitsreform, § 22 Rn. 2.

178 *Roxin/Schroth*, Handbuch des Medizinstrafrechts, S. 184.

179 *Wenner*, Das Vertragsarztrecht nach der Gesundheitsreform, § 22 Rn. 2.

180 Orientierungswert der Kassenärztlichen Bundesvereinigung für 2015.

Der Arzt weiß also von vornherein, wieviel die abgerechneten Punkte der Behandlung eines bestimmten Kassenpatienten wert sind. Die Reform führte zu einer Steigerung des Einkommens von Vertragsärzten, da der Orientierungswert nach dem neuen Einheitlichen Bewertungsmaßstabes zumeist über dem durchschnittlichen Punktwert des alten Systems lag.[181]

Zudem wurde 2009 durch die Einführung des Regelleistungsvolumens (RLV) nach § 87b Abs. 2 SGB V die Begrenzung des vertragsärztlichen Versorgungsauftrags vorgesehen. Bei dem RLV handelt es sich um die in einem bestimmten Zeitraum abrechnungsfähige maximale Leistungsmenge eines Vertragsarztes.[182] Seine Anwendung ist für die Kassenärztlichen Vereinigungen seit 2012 nicht mehr zwingend[183], sondern stellt für sie nur eine Möglichkeit dar, die Gesamtvergütung nach dem Honorarverteilungsmaßstab zu verteilen.[184] Im Falle der Anwendung wird das jeweilige Regelleistungsvolumen von der Kassenärztlichen Vereinigung ermittelt. Dieses Volumen ergibt sich aus der Multiplikation eines arztgruppenspezifischen Fallwerts (beispielsweise dem Fallwert für Internisten, Orthopäden, Kinderärzten usw.) mit der Patientenzahl (Fallzahl) des Vorjahresquartals. Die Mehrzahl der Leistungen, insbesondere diejenigen, die innerhalb der budgetierten morbiditätsbezogenen Gesamtvergütung vergütet werden, unterliegen der Mengenbegrenzung. Wird diese vom abrechnenden Arzt überschritten, wird jede weitere Leistung nicht oder lediglich mit abgestuften Preisen vergütet.[185] Das heißt, je größer die Zahl der Leistungen bzw. je aufwändiger die Behandlungen in einem Quartal sind, desto größer ist die Zahl der von den Ärzten abgerechneten Punkte. Die Begrenzung der Gesamtvergütung führt dann zu einem Punktwertverfall.[186]

Beispielsrechnung: Wenn der Vertragsarzt 10.000 Punkte pro Patient abrechnen darf und der Punktwert bei 0,10 EUR liegt, entspricht dies 1.000 EUR. Erbringt der Arzt allerdings Leistungen in Höhe von 15.000 Punkten und rechnet er sie über das Regelleistungsvolumen ab, werden die Leistungen gedeckelt und der Arzt erhält statt der 15.000 Punkte dennoch

---

181 Vgl. *Janda,* Medizinrecht, S. 205.

182 *Roxin/Schroth,* Handbuch des Medizinstrafrechts, S. 185.

183 Mit dem Versorgungsstrukturgesetz (VStG) wurde die zwingende Bildung von Regelleistungsvolumina zum 01.01.2012 wieder aufgegeben und die Honorarverteilung der Selbstverwaltungsbefugnis der Kassenärztlichen Vereinigungen übertragen.

184 Exemplarisch sei in diesem Zusammenhang aber auf den Honorarverteilungsmaßstab der KV Bayern, KV Sachsen-Anhalt oder der KV Nordrhein verwiesen, welche die RLV vorsehen.

185 *Roxin/Schroth,* Handbuch des Medizinstrafrechts, S. 185.

186 *Quaas/Zuck u. a.,* Medizinrecht, § 22 Rn. 33.

nur die 10.000 Punkte. Jeder Punkt über dieser Grenze verfällt (der Arzt bekommt weiterhin die 1.000 EUR) oder wird nur gemindert vergütet (zum Beispiel mit 3 Euro-Cent als Punktwert).

Sofern von der Kassenärztlichen Vereinigung ein Regelleistungsvolumen vorgesehen ist, fällt hierunter nicht jede vertragsärztlich erbrachte Leistung. Prinzipiell ausgenommen sind beispielsweise die Leistungsabrechnung im organisierten Notfalldienst und Überweisungen, bei denen ausschließlich Probeuntersuchungen stattfinden. Zudem unterfallen außerbudgetierte Leistungen der ELV nicht dem RLV. Zusammenfassend ist festzuhalten, dass sich die dem einzelnen Vertragsarzt zustehende Vergütung aus einer Zusammenstellung der Gesamtvergütung, dem von der jeweiligen Kassenärztlichen Vereinigung zu beschließenden Honorarverteilungsmaßstab und dem Einheitlichen Bewertungsmaßstab ergibt.[187] Die Kassenärztlichen Vereinigungen haben Vorkehrungen zu treffen, um den budgetierten Anteil der Gesamtvergütung entsprechend einteilen zu können. Dies geschieht beispielsweise im Wege eines Regelleistungsvolumens.

3. *Die Abrechnung des Vertragsarztes*

Die Abrechnung des Vertragsarztes an sich erfolgt in mehreren Schritten. Zunächst ordnet der Vertragsarzt in Form einer sogenannten Erstbewertung jede seiner Leistungen, die er selbständig bewertet[188], einer Gebührenziffer aus dem Einheitlichen Bewertungsmaßstab zu. Dies führt der Arzt eigenständig und ohne Kontrollmöglichkeit seitens des Patienten durch.[189] Anschließend gibt der Arzt eine Abrechnungserklärung[190] über seine ambulant erbrachten Leistungen an die Kassenärztliche Vereinigung ab. Die Abrechnung wird hierbei inklusive der dazugehörigen Unterlagen vom Arzt oder seinen Angestellten eingereicht.[191] Die Datenübermittlung erfolgt meist über spezielle elektronische Schnittstellen[192] oder per Einreichung der Abrechnung auf einem Datenträger[193]. Dieser

---

187 *Quaas/Zuck u. a.*, Medizinrecht, § 22 Rn. 10.

188 *Erlinger/Warntjen/Bock*, in: MAH Strafverteidigung, § 50 Rn. 143.

189 *Ulsenheimer*, Arztstrafrecht in der Praxis, Rn. 1088.

190 Auch als „Sammelerklärung" bezeichnet.

191 *Roxin/Schroth*, Handbuch des Medizinstrafrechts, S. 184.

192 Die dabei zum Einsatz kommende Software bietet häufig ein eigenes Prüfmodul, mit welchem der Vertragsarzt seine Abrechnung bereits vor Einreichung bei der KV auf Vollständigkeit und Korrektheit überprüfen kann, vgl. beispielsweise KBV-Prüfmodul der KV Bayern.

193 Vgl. die EDV Abrechnung der KV Berlin, https://www.kvberlin.de/20praxis/30abrechnung_honorar/50edv/.

Weg ist für Vertragsärzte verpflichtend. Eine manuelle Einreichung ausgefüllter Abrechnungsmeldungen in Papierform ist nur in Ausnahmefällen zulässig. Die Abrechnung erfolgt dabei immer am Quartalsende für jeweils drei Monate.[194] Die Quartalsabrechnung enthält die Namen aller bei dem Arzt in Behandlung gewesenen gesetzlich versicherten Patienten, deren Diagnosen[195], das Datum der Behandlung, die Arztnummer des Vertragsarztes und die von diesem erbrachten Leistungen in Bezug auf die jeweiligen Gebührenpositionen (§ 295 Abs. 2 SGB V). Der abrechnende Arzt versichert mit der Einreichung der Erklärung, dass die Unterlagen sachlich richtig und vollständig sind. Wer als Vertragsarzt überhaupt abrechnungsberechtigt ist, richtet sich auch nach der Praxisform.[196] Grundsätzlich kann ein Arzt eine Leistung nur dann abrechnen, wenn er sie persönlich, eigenverantwortlich und selbständig erbracht hat. Hat ein zugelassener Vertragsarzt einen Assistenzarzt bei sich als Arbeitnehmer angestellt, kann der angestellte Arzt demnach nicht selbständig abrechnen.

Häufig auftauchende Konstellationen von Zusammenschlüssen von Ärzten sind die Gemeinschaftspraxis und die Praxisgemeinschaft. Die Begriffe erscheinen einander ähnlich, haben aber eine unterschiedliche Bedeutung.

Unter einer Gemeinschaftspraxis versteht man einen Zusammenschluss von Ärzten in einer gemeinsam geführten, als Einheit zu verstehenden Praxis. Nach § 33 Abs. 2 Ärzte-ZV ist die Bildung einer Gemeinschaftspraxis von Vertragsärzten aus der gleichen oder auch aus unterschiedlichen Fachrichtungen beispielsweise in Form einer Gesellschaft bürgerlichen Rechts (GbR) möglich. Die in Gemeinschaftspraxen zusammengeschlossenen Ärzte rechnen einheitlich als eine Praxis gegenüber der Kassenärztlichen Vereinigung ab.

Im Gegensatz zur Gemeinschaftspraxis wird die Praxisgemeinschaft nicht als eine Einheit verstanden. Nach § 33 Abs. 1 Ärzte-ZV besteht der Zweck des Zusammenschlusses hierbei nur darin, sich das Personal und die Gerätschaften zu teilen. Die Ausübung der beruflichen Tätigkeit bleibt jedem Arzt selbst überlassen. Daher rechnet jeder selbständig die eigenen Leistungen bei der Kassenärztlichen Vereinigung ab.

Hat der Arzt oder die Ärztegemeinschaft eine ordentliche Abrechnungserklärung bei der Kassenärztlichen Vereinigung eingereicht, erhält er von dieser einen Honorarbescheid und die Auszahlung für die Quartalsabrechnung, wobei der Honorarverteilungsmaßstab berücksichtigt wird. Das ärztliche Honorar enthält

194 *Roxin/Schroth*, Handbuch des Medizinstrafrechts, S. 184.

195 Die diagnosebezogenen Leistungen müssen nach dem ICD-10-GM-Standard verschlüsselt werden (§ 295 Abs. 1 Satz 2 SGB V).

196 *Roxin/Schroth*, Handbuch des Medizinstrafrechts, S. 186.

sowohl die Vergütung der ärztlichen Behandlungsleistungen als auch die Kostenerstattung für bestimmte zur Behandlung benötigte Materialien. Darüber hinaus existieren abrechnungsfähige externe Materialposten, welche im ärztlichen Honorar nicht enthalten sind. Diese werden als Praxis- oder Sprechstundenbedarf bezeichnet, gesondert durch die Ärzte verordnet und direkt bei der jeweiligen Krankenkasse abgerechnet. Welche Materialen darunter fallen, richtet sich nach der jeweils gültigen Sprechstundenbedarfsvereinbarung (SSB VB).

III. Abrechnungsüberprüfung und Honorarbescheid

Nach der Einreichung der Abrechnungserklärung wird diese von der Kassenärztlichen Vereinigung in unterschiedlichen Schritten geprüft.[197] Die Notwendigkeit der Überprüfung ergibt sich daraus, dass weder die Krankenkasse noch die KV eine Eingriffsmöglichkeit in das Vertrauensverhältnis zwischen Arzt und Patient hat.[198]

Konkret wird die Prüfung in der Regel von Verwaltungsangestellten der Kassenärztlichen Vereinigung durchgeführt. Zunächst erfolgt eine sachlich-rechnerische Honorarprüfung nach § 75 Abs. 2 Satz 2, §§ 45 ff. BMV-Ä.[199] Hierbei wird die Abrechnung bezüglich der Anwendung der einzelnen Abrechnungsbestimmungen geprüft.[200] Weiterhin wird eine Plausibilitätsprüfung gemäß § 106a Abs. 2 SGB V durchgeführt.[201]

Festgestellt werden soll dabei, ob Abrechnungsauffälligkeiten vorliegen.[202] Die Plausibilitätsprüfung soll überhaupt nicht erbrachte Leistungen, nicht den Anforderungen entsprechende und nicht persönlich erbrachte Leistungen aufdecken.[203] Dazu werden die Abrechnungserklärungen nach systematischen Auffälligkeiten wie routinemäßiger Eintragung von Diagnosen und Implausibilitäten durchsucht.[204] Hierzu wird zunächst ein Tages- und Quartalsprofil des jeweiligen Arztes erstellt. Für die einzelnen abgerechneten Leistungen werden Minimalzeiten eines zügig arbeitenden Arztes definiert und mit den Zeiten des abrechnenden Arztes verglichen. Eine Abrechnung ist dann implausibel, wenn

197 Ausführlich hierzu insgesamt: *Steinhilper*, MedR 2004, 597 (598).
198 *Kühl*, Wirtschaftlichkeitsgebot und Vertragsarzt im Strafrecht, S. 77.
199 *Francke*, in: Wannagat/Eichenhofer, Sozialgesetzbuch V, § 106 SGB V Rn. 19.
200 *Luig*, Abrechnungsbetrug, S. 18.
201 Neu geregelt durch das GKV-Modernisierungsgesetz vom 01.01. 2004.
202 *Hellmann/Herffs*, Abrechnungsbetrug, Rn. 59.
203 *Francke*, in: Wannagat/Eichenhofer, Sozialgesetzbuch V, § 106 SGB V Rn. 24.
204 *Hellmann/Herffs*, Abrechnungsbetrug, Rn. 65.

sie einen Arbeitstag von zwölf Stunden[205] oder eine Quartalsarbeitszeit von insgesamt 780 Stunden überschreitet.[206] Ist dies der Fall, gilt die Abrechnung als auffällig, und es erfolgen weitere Überprüfungen.[207] Durchgeführt werden solche Überprüfungen häufig in Form eines Stichprobenverfahrens anhand einer Prüfliste (§ 106 Abs. 3 i. V. m. § 297 SGB V).[208]

Außerdem wird die Abrechnung einer wirtschaftlichen Überprüfung unterzogen.[209] Nach § 106 SGB V wird ein gemeinsamer Prüfungssauschuss gebildet, der sowohl mit Vertretern der Kassenärztlichen Vereinigung als auch mit Vertretern der Krankenkassen besetzt ist.[210] Er untersucht die Abrechnung des Arztes auf Verstöße gegen das Wirtschaftlichkeitsgebot aus § 12 SGB V.[211] Die Wirtschaftlichkeitsprüfung unterteilt sich dabei in zwei Arten. Im Sinne einer sogenannten „Auffälligkeitsprüfung" nach § 84 SGB V wird verglichen, in welchem Umfang der zu überprüfende Arzt den Durchschnitt in einzelnen Bereichen der Leistungsbetätigung im Vergleich zu seinen Kollegen überschritten hat.[212] Erst bei einer Überschreitung des Aufwandes für einen Behandlungsfall von mehr als 20 % gilt die Leistung als auffällig.[213] Beispiele für die Unwirtschaftlichkeit sind eine überdurchschnittliche Anhäufung von Überweisungen und Krankenhauseinweisungen oder die Durchführung von kostenintensiveren Behandlungen.[214] Die zweite Form der Wirtschaftlichkeitsprüfung ist die Zufälligkeitsprüfung.[215] Bei dieser werden stichprobenartig 2 % der Ärzte einer genaueren Prüfung unterzogen.[216] Entweder wird dabei eine genügende Anzahl von repräsentativen Einzelfällen überprüft und anschließend hochgerechnet oder nur ein spezifischer Behandlungsfall in Bezug auf Diagnose und Therapie untersucht.[217] Weil

205 *Steinhilper*, MedR 2004, 597 (598).

206 *Hellmann/Herrfs*, Der ärztliche Abrechnungsbetrug, Rn. 67.

207 § 8 Abs. 3 i. V. m. § 12 der Richtlinie der Kassenärztlichen Bundesvereinigung zur Durchführung der Abrechnungsprüfungen der Kassenärztlichen Vereinigungen und der Krankenkassen, siehe *Kassenärztliche Bundesvereinigung*, Richtlinien gemäß § 106a SGB V.

208 *Ulsenheimer*, Arztstrafrecht in der Praxis, Rn. 1089.

209 *Ries/Schnieder* u. a., Arztrecht, S. 40.

210 *Hellmann/Herffs*, Abrechnungsbetrug, Rn. 74.

211 *Luig*, Abrechnungsbetrug, S. 19.

212 *Hellmann/Herffs*, Abrechnungsbetrug, Rn. 77.

213 *Hellmann/Herffs*, Abrechnungsbetrug, Rn. 78.

214 *Hess*, in: Körner/Leitherer u. a., Sozialversicherungsrecht, § 106 SGB V, Rn. 28.

215 *Hellmann/Herffs*, Abrechnungsbetrug, Rn. 80.

216 *Schnapp/Wigge*, Vertragsarztrecht, § 20 Rn. 26.

217 *Hellmann/Herffs*, Abrechnungsbetrug, Rn. 80.

die Wirtschaftlichkeitsprüfung sehr aufwändig ist, wird sie aber erst nach der Auszahlung des Honorars vorgenommen.[218]

1. Umfang und Funktion des Prüfungsverfahrens

Die Kassenärztliche Vereinigung überprüft die Abrechnung in sachlich-rechnerischer Hinsicht und unterzieht sie Plausibilitäts- und Wirtschaftlichkeitsprüfungen. Zur Durchführung der Überprüfung bedienen sich die Kassenärztlichen Vereinigungen eines EDV-Systems, welches als Regelwerk bezeichnet wird. Dieses Regelwerk überprüft die Abrechnung des Arztes auf formale Fehler. Werden die Daten papiergebunden eingereicht, werden sie zunächst von der Kassenärztlichen Vereinigung zum Zwecke der Überprüfung in das EDV-System eingepflegt.[219] Das Regelwerk der einzelnen Kassenärztlichen Vereinigungen enthält je nach Vereinbarung mit den Krankenkassen unterschiedliche Regeln, die überprüft werden.[220] Ob die abgerechneten Leistungen tatsächlich fehlerhaft sind, kann dabei selbst mit computergestützter Hilfe nur in wenigen Ausnahmefällen sicher prognostiziert werden. Eine Abrechnung gilt beispielsweise als implausibel, wenn etwa das Tagesprofil ergibt, dass Leistungen von 12 Stunden und mehr abgerechnet werden.[221] Auch fällt die Abrechnung durch das Raster, wenn der betreffende Arzt keine Vertragsarztzulassung mehr hat oder die von ihm abgerechnete Leistung fachfremd ist. Dem Regelwerk fallen überdies Überschreitungen von Überweisungsermächtigungen oder nicht nebeneinander abrechenbare EBM-Positionen auf.[222] Bei herausgefilterten, fehlerhaften Positionen schlägt das Programm Änderungen vor, über die ein Sachbearbeiter der Kassenärztlichen Vereinigung entscheiden muss.[223] Letztendlich trifft somit nicht das Programm die Entscheidung, ob die Abrechnung fehlerfrei ist, sondern der zuständige Sachbearbeiter der Kassenärztlichen Vereinigung. Er prüft bei Unstimmigkeiten, ob der Vertragsarzt eine Begründung für die Abrechnung einer Gebührennummer angegeben hat, und gegebenenfalls, ob diese Gebührennummer plausibel erscheint.[224] Hat der Sachbearbeiter Zweifel, kann er sich an einen Teamleiter wenden oder den Gegenstand letztendlich dem Vorstand zur Entscheidung

---

218 Bezüglich der Prüfmethoden der Wirtschaftlichkeitsprüfung siehe: *Clemens*, in: Laufs/Kern, Handbuch des Arztrechts, § 35 Rn. 8 f.

219 *Hellmann/Herffs*, Abrechnungsbetrug, Rn. 60.

220 *Luig*, Abrechnungsbetrug, S. 18.

221 *Clemens/Steinhilper*, in: Laufs/Kern, Handbuch des Arztrechts, § 35 Rn. 90.

222 *Luig*, Abrechnungsbetrug, S. 18.

223 *Schnapp/Wigge*, Vertragsarztrecht, § 17 Rn. 15.

224 *Hellmann/Herffs*, Abrechnungsbetrug, Rn. 59.

überlassen. Dies ist insbesondere bei der Frage entscheidend, ob ein nach § 263 StGB vorausgesetzter Irrtum des Getäuschten vorliegt.[225] Eine Falschabrechnung fällt allerdings an der Stelle der Überprüfung oft deswegen nicht auf, da es sich beim Abrechnungsverfahren von vertragsärztlichen Leistungen um ein Massengeschäft handelt und eine manuelle Kontrolle der Einzelleistungen aus praktischen Gründen kaum möglich ist. Das vertragsärztliche Abrechnungssystem ist daher auf einem bemerkenswert hohen Maß an Vertrauen in die Richtigkeit der ärztlichen Abrechnung aufgebaut.

2. *Prüfung durch die Krankenkassen*

Auch die Krankenkassen sind gemäß § 106a Abs. 3 SGB V verpflichtet, die Abrechnungen der Vertragsärzte einer Prüfung zu unterziehen. Zentral geht es hier aber um Abrechnungsfehler, die systembedingt nur den Krankenkassen auffallen können. Beispielsweise wird überprüft, ob überhaupt ein Versicherungsverhältnis mit dem die Abrechnung betreffenden Patienten besteht.[226] Der Zweck der Überprüfung ist zudem die Beschaffung der für die Vereinbarung der Regelleistungsvolumina erforderlichen Angaben.[227] Soweit die Kasse unberechtigte Abrechnungen eines Arztes feststellt, nachdem sie die Gesamtvergütung bereits an die Kassenärztliche Vereinigung gezahlt hat, können neben strafrechtlichen Verfahren auch Disziplinarmaßnahmen eingeleitet werden.[228] Zudem kann die Kasse die überbezahlte Vergütung von der Kassenärztlichen Vereinigung nach § 53 BMV-Ä zurückfordern.[229] Geht es um die Prüfung einer Abrechnung von Sprechstundenbedarfsartikeln nach der Sprechstundenbedarfsvereinbarung, welche direkt bei der Krankenkasse abgerechnet werden[230], prüft die Krankenkasse selbständig die komplette Abrechnung.

3. *Honorarbescheid der Kassenärztlichen Vereinigung an den Arzt*

Die Kassenärztliche Vereinigung entscheidet über das Honorar des Arztes, indem sie ihm einen Honorarbescheid ausstellt. Bei dem Honorarbescheid handelt es sich um einen Verwaltungsakt im Sinne des § 35 VwVfG. Der Honorarbescheid

225 Zum Irrtum siehe § 263 StGB S. 100 in der vorliegenden Arbeit.
226 *Luig*, Abrechnungsbetrug, S. 18.
227 Siehe *Ulsenheimer*, Arztstrafrecht in der Praxis, Rn. 1090.
228 *Hellmann/Herffs*, Abrechnungsbetrug, Rn. 88.
229 *Hellmann/Herffs*, Abrechnungsbetrug, Rn. 88.
230 Siehe als Beispiel: *AOK Baden-Württemberg*, Vereinbarung über die vertragsärztliche Verordnung von Sprechstundenbedarf.

erfolgt nach Maßgabe des Honorarverteilungsmaßstabs und der beschriebenen Prüfungen.[231] Allerdings erfolgt er bereits, bevor die Wirtschaftlichkeitsprüfung oder die Plausibilitätsprüfung vollständig abgeschlossen ist.[232]Der Honorarbescheid ergeht deshalb unter Vorbehalt der Rücknahme.[233] Nach Ablauf von vier Jahren nach Erlass des Bescheids werden die Honorarbescheide bestandskräftig.[234] Von Relevanz ist hier, dass ein bestandskräftiger rechtswidriger begünstigender Verwaltungsakt nur unter den Voraussetzungen des § 45 Abs. 2 SGB X zurückgenommen werden kann.

Treffen diese Voraussetzungen zu, aber beruft sich der Begünstigte auf ein schutzwürdiges Vertrauen, ist dies nicht [mehr] möglich. Allerdings greift in diesen Fällen des Abrechnungsbetruges der Fall des § 45 Abs. 2 Satz 3 Nr. 1 SGB X, wonach der Begünstigte sich nicht auf Vertrauen berufen darf, wenn er arglistig getäuscht hat.

4. *Stellen zur Bekämpfung von Fehlverhalten im Gesundheitswesen*

Seit dem 01.01.2004 sind die Kassenärztlichen Vereinigungen nach § 81a SGB V und die Krankenkassen nach § 197a SGB V verpflichtet, Stellen zur Bekämpfung von Fehlverhalten im Gesundheitswesen einzurichten.[235] Dabei handelt es sich um speziell organisierte Einheiten, welche Unregelmäßigkeiten innerhalb des Abrechnungsprozesses aufdecken und ihnen nachgehen sollen.[236] Nach § 197a Abs. 4 SGB V bzw. § 81 Abs. 4 SGB V soll die Staatsanwaltschaft unverzüglich von der beauftragten Einheit unterrichtet werden, wenn die Überprüfung der ärztlichen Abrechnung ergeben hat, dass ein Anfangsverdacht auf strafbare Handlungen mit Bedeutung für die GKV bestehen könnte.[237] Den Kassenärztlichen Vereinigungen und den Krankenkassen ist somit gesetzlich die Verpflichtung auferlegt worden, beim Anschein einer rechtswidrigen oder zweckwidrigen Nutzung von Finanzmitteln selbständig Ermittlungen einzuleiten.[238] Bagatellfälle sollen dabei ausgenommen sein, damit kein allgemeines Misstrauen gegenüber

---

231 *Schnapp/Wigge*, Vertragsarztrecht, § 17 Rn. 40.

232 *Hellmann/Herffs*, Abrechnungsbetrug, Rn. 81.

233 BSGE 74, 44 (47).

234 *Hellmann/Herffs*, Abrechnungsbetrug, Rn. 83.

235 Siehe hierzu *Ulsenheimer*, Arztstrafrecht in der Praxis, Rn. 1083; *Kerber*, in: Lindemann/Ratzel (Hrsg.), Brennpunkte des Wirtschaftsstrafrechts im Gesundheitswesen, S. 70 f.

236 *Ellbogen*, MedR 2006, 457 (458).

237 *Steinhilper*, MedR 2005, S. 131 ff.; *Schnapp/Düring*, NJW 1988, 2913 f.

238 *Luig*, Abrechnungsbetrug, S. 12.

dem komplizierten Abrechnungssystem der gesetzlichen Krankenversicherung entsteht.[239] Weiter ausgeführt kann daraus geschlossen werden, dass eine gesetzlich auferlegte Verpflichtung zur Aufklärung auch mit strafrechtlichen Konsequenzen für denjenigen verbunden sein kann, dem diese Pflicht auferlegt wurde.

Denkbar wäre es, dass sich ein gemäß § 81a SGB V Beauftragter der Kassenärztlichen Vereinigung[240] wegen Strafvereitelung durch Unterlassen gemäß §§ 258 Abs. 1, 13 StGB strafbar macht.

IV. Privatärztliche Leistungsvergütung im Bereich der GKV

Wie bereits erwähnt, darf der Vertragsarzt bei der Behandlung eines GKV-Patienten nur Leistungen abrechnen, die im Einheitlichen Bewertungsmaßstab vorgesehen sind. Allerdings ist es möglich, von diesem Grundsatz unter gewissen Umständen abzuweichen.[241] Eine Direktvergütung nach Maßgabe der GOÄ kommt für GKV-Patienten regelmäßig dann in Betracht, wenn sie nach § 13 Abs. 3 SGB V die Leistungserbringung nach dem Kostenerstattungsprinzip gewählt haben. Diese Möglichkeit stellt allerdings eine eher seltene Konstellation dar. Regelmäßig erfolgt eine Leistungsvergütung nach der GOÄ für gesetzlich Versicherte dann, wenn diese eine ärztliche Leistung in Anspruch nehmen, die nicht im Leistungsspektrum der GKV enthalten ist (§ 18 Abs. 8 Satz 3 BMV-Ä). So verhält es sich mit den individuellen Gesundheitsleistungen (IGeL), welche meist von Vertragsärzten im Zuge einer GKV-Behandlung angeboten werden, deren Abrechnung aber ebenso nach privatärztlichen Maßstäben zu bewerten ist.[242] Einer aktuellen Studie der AOK zufolge gaben 29,9 % der befragten GKV-Patienten an, dass ihnen in den letzten zwölf Monaten beim niedergelassenen Arzt eine ärztliche Leistung als Privatleistung angeboten oder in Rechnung gestellt wurde.[243] Häufige iGeL sind dabei bestimmte Vorsorgeuntersuchungen (beispielsweise Ultraschalluntersuchungen oder Hautkrebsvorsorgeuntersuchungen), Laborleistungen, spezielle Hilfsmittel und Medikamente.[244] Der

239 Drucksachen des Deutschen Bundestages 15/1525.

240 Dies gilt in Bezug auf § 197a SGB V entsprechend.

241 Vgl. zu diesem Abschnitt *Kassenärztliche Vereinigung Bayern,* Informationen zur Privatliquidation bei GKV-Versicherten mit IGeL-Liste, S. 8 f.

242 Siehe zur Abrechnung nach GOÄ S. 40 f. der vorliegenden Arbeit.

243 Im Jahre 2001 bejahten dies gerade einmal 8,9 % der Befragten, vgl. *Zok,* Private Zusatzleistungen in der Arztpraxis, S. 1 ff.

244 *Zok,* Private Zusatzleistungen in der Arztpraxis, S. 4.

Vertragsarzt hat hierbei die Pflicht, den GKV-Patienten in Textform über die Kosten zu informieren (§ 630c Abs. 3 BGB[245]).

Weiter kann eine Vergütung nach den Vorschriften der GOÄ auch dann erfolgen, wenn es sich um eine sogenannte Wunschbehandlung handelt. Hierbei tritt der GKV-Patient als Privatpatient auf, der zwar einen Leistungsanspruch aus der GKV hat, aber im vollen Umfang als Privatpatient behandelt werden will. Dies ist auch dann der Fall, wenn die geforderte Leistung eigentlich Bestandteil des Leistungskataloges der GKV ist. Hierbei muss der Patient den ausdrücklichen Willen zur Wunschbehandlung äußern und ihn dem Arzt in Schriftform bestätigen (§ 18 Abs. 8 Satz 3 Nr. 2 BMV-Ä). Des Weiteren werden Leistungen stets nach den Grundsätzen der GOÄ entlohnt, die nicht unter die Kategorie der typischen Heilbehandlung fallen, wie es etwa bei rein kosmetischen Eingriffen der Fall ist.[246]

D. Zusammenfassung

Die Finanzierung von Behandlungskosten spielt sich in zwei gänzlich unterschiedlichen Systemen ab. Dem historischen Gedanken der Etablierung von hoheitlichen Krankenfürsorgeleistungen entspringend macht die GKV auch heute noch ein Herzstück der staatlichen Fürsorgepflicht aus. Obgleich einzelne Organe des Gesundheitswesens mit Verwaltungsbefugnissen ausgestattet sind, lässt es sich das Staatswesen nicht nehmen, in jegliche Bereiche der Gesundheitsleistungen einzugreifen und diese durch eine Vielzahl von Normen, Bestimmungen und Grundsätzen akribisch zu regeln. Die Vertragsärzte als Leistungserbringer und tragende Säulen des Konstrukts der GKV werden von einem derart dichten Geflecht aus Vorschriften (Ärzte-ZV, Einheitlicher Bewertungsmaßstab, SGB V) und Grundsätzen (Wirtschaftlichkeit der Leistungen, persönliche Leistungserbringung) überzogen, dass ihre freiberufliche Tätigkeit faktisch nur formellen Charakter hat.

---

245 Zu der Frage, ob es der Regelung des § 630c Abs. 3 BGB neben den bereits vorhandenen Vorschriften des BMV-Ä überhaupt bedarf, siehe *Montgomery/Brauer u. a.*, MedR 2013, 14953.

246 Nach Auffassung der Rechtsprechung sind die in der GOÄ vorgesehenen Regelungen selbst bei reinen Schönheitsoperationen unabdingbar. Die Vereinbarung einer Entgeltpauschale ist unzulässig, vgl. BGH, NJW 2006, 1879 = BGH, MedR 2006, 977 = BGH, VersR 2006, 935.

Anders ist der Bereich der PKV ausgestaltet. Getragen von dem Grundgedanken der Privatautonomie ergeben sich für Ärzte (und ebenso für Versicherungsträger) weite Ausgestaltungsspielräume in Bezug auf die Leistungserbringung und Leistungsvergütung. Jedoch hat es sich auch hier der Staat vorbehalten, Vorschriften zu treffen, die gewisse Teilaspekte regeln. Was die Vergütung seiner Leistungen angeht, ist dem Arzt mit der GOÄ eine hoheitliche Direktive auferlegt, die zumindest Grundvorgaben enthält. Im Unterschied zum Bereich der GVK besteht für den privatärztlich tätigen Arzt ein weiter Gestaltungsspielraum bei der Vergütungsausgestaltung seiner Leistungen. Eine ärztliche Tätigkeit, die weitestgehend ohne direkte staatliche Einwirkung auskommt und damit als wirkliche Freiheit in der Berufsausübung empfunden werden kann, ist lediglich im Bereich der PKV möglich.

Teil 2: Grundlagen eines rechtsstaatlichen Strafrechts

Um die gegenwärtige Rechtsprechung zur strafrechtlichen Bewertung von ärztlichem Fehlverhalten im Rahmen vertrags- und privatärztlicher Leistungsliquidation analysieren zu können und sie im Lichte eines rechtsstaatlichen Strafrechts zu bewerten, sind neben dem bereits dargelegten Konstrukt des Vertragsarztrechts und den Besonderheiten der Privatarztbehandlung ebenso die Grundlagen eines modernen rechtsstaatlichen Strafrechts zu skizzieren. Hierfür ist zuerst die Rolle des Strafrechts im Rechtsstaat zu erörtern, um, daran anknüpfend, die aus ihr resultierenden Rahmenbedingungen eines klassischen Strafrechts ableiten zu können. Zu diesem Zweck wird das für ein rechtsstaatliches Strafrecht essentielle Gesetzlichkeitsprinzip hergeleitet und seine hervorstechende Bedeutung bei der Ausgestaltung und insbesondere bei der Anwendung von Strafgesetzen aufgezeigt. Diesem Grundsatz der Strafgesetzlichkeit kommt im weiteren Verlauf der Arbeit eine zentrale Rolle zu.

A. Die Aufgabe des Strafrechts im Rechtsstaat

Die Frage, worin die Aufgabe des Strafrechts zu sehen ist, beschäftigt seit jeher die Jurisprudenz und hierbei vor allem den Zweig der Rechtsphilosophie.[247] Ausgangspunkt für eine Beantwortung dieser Frage ist zunächst die aus der Staatstheorie der Aufklärung[248] entwickelte Erkenntnis, dass dem Staat (und diesem allein) die Aufgabe obliegt, die Einhaltung der Regelungen des menschlichen Zusammenlebens zu garantieren[249]. Wird eine Verhaltensvorschrift verletzt, lässt sich dies nicht rückgängig machen, doch darf der Staat ihre Missachtung nicht ohne Weiteres ignorieren. Vielmehr ist er dazu verpflichtet, negative

---

247 Exemplarisch sei hier verwiesen auf: *Lesch*, JA 1994, S. 510 ff. und S. 590 ff.; zudem allgemein auf *Rengier*, Strafrecht Allgemeiner Teil, § 3; *Roxin*, Strafrecht AT 1, § 3; *Beulke/Satzger/Wessels, Strafrecht AT*, § 1 I.

248 Den Grundstein für die Überlegung des staatlichen Gewaltmonopols und damit das Verständnis eines rechtsstaatlichen Strafrechts legte Thomas Hobbes mit seinem Werk „*Leviathan*“; *vgl. hierzu Naucke, Kant und die psychologische Zwangstheorie Feuerbachs*, S. 7; *Schreiber*, Gesetz und Richter, S. 35.

249 Der Schutz von Werten wird weiter als Garantiefunktion bezogen auf die Aufrechterhaltung von Verhaltensnormen verstanden, vgl. *Krey/Esser u. a.*, Strafrecht AT, § 1 Rn. 5.

Konsequenzen an die Normverletzung zu knüpfen, um die Rechtsordnung als vertrauenswürdige Institution zu bewahren[250], der Selbstjustiz vorzubeugen und damit letztlich die Freiheit des Individuums zu gewährleisten. Das BVerfG sieht die Aufgabe des Strafrechts darin, „die elementaren Werte des Gemeinschaftslebens zu schützen"[251]. Diese „elementaren Werte" sind als Wertvorstellungen zu verstehen, die sich aus dem Grundgesetz ableiten lassen.[252] Sie werden auch als Rechtsgüter bezeichnet. Wegen seiner Wandelbarkeit ist es schwer, eine allgemeingültige Definition des Begriffs des Rechtsguts zu finden.[253] Indes fallen nach allgemeinem Verständnis hierunter die von der Gesellschaft anerkannten Interessen, Werte und anderweitigen Güter, die für den Einzelnen bzw. für die Allgemeinheit[254] wichtig sind und deswegen Schutz genießen.[255] Welches Rechtsgut schützenswert ist und welche Handlung letztendlich zu bestrafen ist, hängt in einem Rechtsstaat von der Gesellschaft und ihrer sozialethischen Anschauung ab.[256] Durch das demokratische Wahlsystem hat sie die Möglichkeit, auf die Gesetzgebung und somit auf die Veränderung des Strafrechts hinzuwirken. Folglich kann eine nach demokratischen Grundsätzen zustande gekommene Strafnorm, die den Schutz eines bestimmten Rechtsguts bezweckt, nur für sich Geltung beanspruchen, wenn sie den Wertentscheidungen des Grundgesetzes nicht widerspricht. Durch die strafrechtlichen Funktionen der Repression und Prävention[257] soll der Schutz von Rechtsgütern schließlich realisiert werden.[258]

Unterschiedlich wird die daran anknüpfende Frage beantwortet, wie der Rechtsgüterschutz gerade durch die Verhängung von Strafe zu erreichen ist. Die

---

250 Das BVerfG sieht die Funktion des Strafrechts in der „Sicherung des Rechtsfriedens", vgl. BVerfGE 51, 324 (365) = BVerfG NJW 1979, 2349 f.

251 BVerfGE 45, 187 (210).

252 BVerfGE 37, 201 (212).

253 Je nach Epoche und gesellschaftlicher Zielvorgabe können unterschiedliche Güter/Verhaltensnormen unter den Begriff des geschützten Rechtsgutes fallen.

254 Insoweit wird auch zwischen Rechtsgütern des Individuums und der Allgemeinheit unterschieden.

255 In Anlehnung an die Definition von *Roxin*, vgl. hierzu *Roxin*, Strafrecht AT, § 2 Rn. 7; eine ähnliche Formulierung findet sich zudem bei *Krey/Esser u. a.*, Strafrecht AT, § 1 Rn. 7.

256 Siehe hierzu ausführlich: *Günther*, JuS 1978, 8 f.

257 Vgl. hierzu *Hassemer*, JuS 1987, 257 f.

258 Zur Aufgabe des Strafrechts in Form des Rechtsgüterschutzes: vgl. *Amelung*, Rechtsgüterschutz und Schutz der Gesellschaft, passim; *Roxin*, Strafrecht AT, § 2 Rn. 7 ff.; *Krey/Esser u. a.*, Strafrecht AT, § 1, Rn. 5; *Weber/Mitsch u. a.*, Strafrecht AT, § 3 Rn. 10; kritisch: *Kindhäuser*, Strafrecht AT. S. 29 f.; *Jakobs*, Strafrecht AT, Rn. 22.

Diskussion über Strafzwecke ist ein weites Feld[259]; an dieser Stelle sei deswegen lediglich erwähnt, wie Strafzwecke kategorisiert werden können und welche Relevanz ihnen für das rechtsstaatliche Strafrecht zukommt. Was die Festlegung des Sinns, respektive des Ziels der Strafe, angeht, wird im strafrechtswissenschaftlichen Diskurs zwischen sogenannten absoluten und relativen Straftheorien unterschieden.[260] Komprimiert lässt sich sagen, dass die absoluten[261] Straftheorien auf den Schuldausgleich und die Wiederherstellung der Gerechtigkeit abzielen. Das Prinzip des Schuldausgleichs (*nulla poena sine culpa*[262]) ist auch heute noch Fundament eines rechtsstaatlichen Strafens. Gesetzlich verankert ist es in § 46 Abs. 1 Satz 1 StGB. Danach bildet die Schuld des Täters die Grundlage für die Strafzumessung. Sie steht insbesondere dann im Fokus, wenn der Zweck des Strafens im Schuldausgleich gesehen wird. Nach Kant – auf dessen rechtsphilosophischen Arbeiten diese Theorien gründen[263] – soll weder der Staat noch der Mensch im Vordergrund stehen, sondern allein das Recht.[264] Strafe muss seiner Auffassung nach „gerecht" sein, was voraussetzt, dass sie in ihrer Härte und Dauer der Schwere der begangenen Rechtsgutsverletzung entspricht und diese ausgleicht.[265] Indem das Strafrecht allein zum Ausspruch einer gerechten Strafe befugt ist, dient es nach dem Verständnis von Kant zudem als Mittel der Begrenzung staatlicher Strafgewalt.[266]

Die relativen[267] Straftheorien verfolgen einen anderen Ansatz. Sie sehen den Zweck des Strafrechts in der Verhinderung künftiger, noch nicht begangener

---

259 *Prittwitz* spricht (wohl ironisierend) von der „unendlichen Geschichte" der Strafziel- und Strafzweckdiskussion, *Prittwitz*, KritV 1991, 435 (436).

260 Auf eine Vertiefung dieser Theorien wird an dieser Stelle verzichtet und stattdessen verwiesen auf: *Albrecht*, Kriminologie, § 4 A und *Naucke*, Strafrecht, S. 32 f.

261 Latein: absolutus = uneingeschränkt, unbedingt.

262 Zu Deutsch: Keine Strafe ohne Schuld.

263 *Fornauf*, KritV 2013, 217; *ders.*, Die Marginalisierung der Unabhängigkeit der Dritten Gewalt im System des Strafrechts, S. 23 f.

264 *Fornauf*, Die Marginalisierung der Unabhängigkeit der Dritten Gewalt im System des Strafrechts, S. 23.

265 „Es soll einem jeden das widerfahren, was seine Taten wert sind", *Kant*, Die Metaphysik der Sitten, S. 161; „Denn, wenn die Gerechtigkeit untergeht, so hat es keinen Wert mehr, dass Menschen auf Erden leben", *ders.*, Die Metaphysik der Sitten, S. 455.

266 *Naucke*, ZStW 1982, 525, (564).

267 Der Begriff „relativus" leitet sich von dem lateinischen „relatus", dem Partizip Perfekt Passiv von „referre" („sich beziehen auf", „beurteilen nach" – wörtlich: „zurücktragen") ab, wovon sich wiederum das Adjektiv relativus („sich beziehend auf etwas, bezüglich") ableitet.

Straftaten. Diese präventive Wirkung entfaltet das Strafrecht in Bezug auf die Allgemeinheit, indem durch das Vorhandensein von Sanktionsmöglichkeiten das Rechtsempfinden der Gesellschaft gestärkt (positive Generalprävention[268]) und die Allgemeinheit hierdurch gleichzeitig von der Begehung von Straftaten abgeschreckt wird (negative Generalprävention[269]). Auf das Individuum abstellend[270] soll das Strafrecht zur Resozialisierung des jeweiligen Täters beitragen (positive Spezialprävention) und gleichzeitig den Effekt haben, die Bevölkerung vor diesem zu schützen (negative Spezialprävention).

Das BVerfG beschränkt den Zweck des Strafrechts nicht auf eine dieser genannten Richtungen. Vielmehr fallen hierunter nach der sogenannten „Vereinigungstheorie“ des BVerfG unterschiedliche Aspekte.[271] Das BVerfG[272] nennt in diesem Zusammenhang exemplarisch: Schuldausgleich, Prävention, Resozialisierung des Täters, Sühne und Vergeltung. Somit bekennt sich das BVerfG weder bedingungslos zu den absoluten noch zu den relativen Straftheorien, sondern lässt mit dieser allumfassenden Ansicht unterschiedliche Strafzwecke gelten.[273] Welcher Strafzweck am adäquatesten ist bzw. welche Zielrichtung das Strafrecht einschlagen sollte, braucht an dieser Stelle nicht beantwortet zu werden. Allen Strafzwecken gemein muss sein, dass sie erst dann Legitimität beanspruchen können, wenn sie Rechtssicherheit und Gesetzesbindung umsetzen. Von einem rechtsstaatlichen Strafrecht kann folglich erst dann gesprochen werden, wenn das Strafrecht seine Aufgabe, liegt sie nun im Gerechtigkeitsausgleich oder in der Prävention von Straftaten, im Rahmen rechtsstaatlicher Rahmenbedingungen und mit strikter Bindung[274] an das Gesetz erfüllt. Dies garantiert ein Strafrecht, welches staatliche Machtausübung an unterschiedliche Bedingungen knüpft, die allesamt staatsmachtbegrenzend wirken. Damit ist ein rechtsstaatliches Strafrecht als ein Instrumentarium im Staatsgefüge bzw. im Recht zu verstehen,

---

268 Vgl. hierzu *Jakobs,* Strafrecht, Allgemeiner Teil, S. 5 ff.

269 Die Idee der negativen Generalprävention findet sich vor allem in der „Theorie des psychologischen Zwanges“ von *Paul Johann Anselm von Feuerbach* wieder.

270 Die spezialpräventiven Ansätze gehen auf Franz von Liszt zurück, siehe *Liszt,* Der Zweckgedanke im Strafrecht, vgl. hierzu *Albrecht,* Kriminologie, § 4 II; *Roxin,* Strafrecht AT, § 3 Rn. 12.

271 Vgl. BVerfGE 45, 187 (253 f.).

272 BVerfGE 32, 98 (109); 28, 264 (278).

273 *Albrecht* bezeichnet die Vereinigungstheorie des BVerfG daher zutreffend als „Argumentationswunderwaffe“, vgl. *Albrecht,* ZStW 1985, 831; *Albrecht,* Kriminologie, § 4, IV.

274 Vgl. hierzu *Hassemer,* Einführung in die Grundlagen des Strafrechts, S. 316 f.

welches als „Verbrechensbekämpfungsbegrenzungsrecht“[275] dem Staat Grenzen bei der Beschränkung der Freiheit des Einzelnen setzt und damit freiheitsschützend wirkt.

Allgemeiner Konsens besteht daher darin, dass das Institut der Strafe[276] die am stärksten ausgeprägte Form hoheitlicher Gewalt darstellt. An seine Legitimation sind daher besonders hohe Anforderungen zu stellen.[277] Zweckentfremdet und losgelöst von jeglicher Kontrolle eröffnet die staatlich verordnete Sanktionierung erhebliche Missbrauchsmöglichkeiten. Als außerordentliches Beispiel des Verlustes rechtsstaatlicher Kontrolle dient die dunkle Epoche des NS-Regimes im letzten Jahrhundert.[278] Die Rechtsordnung ist nicht nur daran gehalten, geeignete Methoden und Mittel der Prävention, Repression und Sanktionierung von Delinquenz zur Verfügung zu stellen, sondern ebenso, sich selbst Schranken zur Selbstbegrenzung[279] zu setzen, um Willkür vorzubeugen und exzessive bzw. illegitime Eingriffe zu verhindern.[280] *Roxin* beschreibt diesen Punkt wie folgt: „Dem Rechtsstaat obliegt es nicht nur, das Individuum *durch* das Strafrecht, sondern ebenso *vor* dem Strafrecht zu schützen“.[281] Diesem Schutz dienen Instrumente, welche in ihrer Gesamtheit die Rahmenbedingungen eines rechtsstaatlichen Strafrechts darstellen. Hierzu gehört neben dem Schuldprinzip[282], den Garantien des Verhältnismäßigkeitsgrundsatzes[283] und den Prinzipien des

275 *Naucke*, ZStW 1982, 525 (564).

276 An dieser Stelle sind mit dem Begriff „Strafe“ sowohl die als Hauptstrafe bezeichnete Freiheits- und Geldstrafe als auch die Maßregeln der Besserung und Sicherung gemeint. Letztere setzen kein schuldhaftes Verhalten des Täters voraus, sondern knüpfen ihre Folge an die Gefährlichkeit des Täters. Zur Unterscheidung sei verwiesen auf *Meier*, Strafrechtliche Sanktionen, S. 269 f.

277 Vgl. *Grünwald*, ZStW 1964, 1, S. 14.

278 Zur Entwicklung der Strafrechtspraxis des Dritten Reiches vgl. *Gribbohm*, NJW 1988, 2842.

279 *Albrecht*, Die vergessene Freiheit, S. 57.

280 *Roxin*, Strafrecht AT, § 5 Rn. 1.

281 So *Roxin*, Strafrecht AT, § 5 Rn. 1, vgl. auch *Ehret*, Franz von Liszt und das Gesetzlichkeitsprinzip, S. 15.

282 In der Literatur grundlegend zum Schuldprinzip: *Kaufmann*, Das Schuldprinzip S. 115 ff.; *Roxin*, Strafrecht AT, § 3 Rn. 48; *Appel*, Verfassung und Strafe, S. 109 ff. Zur Ableitung aus dem Rechtsstaatsprinzip, vgl. BVerfGE 20, 323 (331). Zur schuldangemessenen Strafe in der Rechtsprechung, vgl. BGHSt 20, 264 (266).

283 Vgl. BVerfGE 19, 348; 23, 133; 61, 134. Zum Verhältnis zwischen Schuldprinzip und dem Verhältnismäßigkeitsgrundsatz, siehe *Frisch*, NStZ 2013, 249 f.

fairen Verfahrens[284] insbesondere das Prinzip der Strafgesetzlichkeit. Sein Ziel besteht im Schutz der individuellen Freiheit[285] durch staatliche Machtbegrenzung. Es obliegt dem Staat, für ausreichend bestimmte Normen zu sorgen, aus denen jedermann erkennt, welches Verhalten durch welche Strafe geahndet wird. Zweifel an der Reichweite und Bedeutung des gesetzlich Gemeinten können aufgrund der freiheitssichernden Funktion der genannten Prinzipien nur zugunsten des Individuums berücksichtigt werden.

B. Strafgesetzlichkeit als Begrenzung des staatlichen Machtmonopols

„*Nullum crimen, nulla poena sine lege*"[286] lautet die Formel des Gesetzlichkeitsprinzips. Sie gilt als die oberste Maxime eines rechtsstaatlichen Strafrechts. *Binding*[287] bezeichnete den Grundsatz bereits 1885 als eine „Selbstverständlichkeit" und seine Formulierung als „uralte Überlieferung", deren Konsequenzen sich „Gesetzgebung und Doktrin unterworfen haben".[288] *Arthur Kaufmann*[289] sieht in „*nulla poena sine lege*" einen „konkreten Naturrechtssatz", der bereits „Kraft seiner Evidenz" gelte.

Sein Zweck liegt in der vorherigen Erkennbarkeit der strafrechtlichen Bewertung einer Handlung aus dem Gesetz und in dem Verbot einer willkürlichen oder rückwirkenden Bestrafung. Wer im Rechtsstaat eine bestimmte Handlung vornehmen will, muss in der Lage sein, die strafrechtliche Bewertung seines Vorhabens zu erkennen. Unterdessen gilt, dass nicht nur der Umstand, dass ein bestimmtes Verhalten überhaupt strafbar ist, sondern auch die Art und Höhe der Strafe vor der Tat gesetzlich festgelegt sein muss.[290] Dem Gesetzlichkeitsprinzip kommt damit neben einer Schutzfunktion vor staatlicher Willkür gleichzeitig eine freiheitssichernde Funktion zu, denn der Bürger darf darauf vertrauen, straffrei zu bleiben, solange er sich rechtskonform verhält.[291] Doch woher leitet

---

284 Zur Bedeutung des Rechts des Beschuldigten auf ein faires Strafverfahren, siehe *Rzepka*, Zur Fairness im deutschen Strafverfahren, S. 1 f.

285 Hierzu *Albrecht*, Die vergessene Freiheit, S. 57 f.

286 Zu Deutsch: „Kein Verbrechen, keine Strafe ohne Gesetz".

287 *Binding*, Handbuch des Strafrechts, S. 19.

288 Vgl. hierzu *Schreiber*, Gesetz und Richter, S. 13.

289 *Kaufmann*, Das Schuldprinzip, S. 92, Rn. 31.

290 Der Satz „Kein Verbrechen ohne Gesetz" (nullum crimen sine lege) wird daher ergänzt durch die Formel „Keine Strafe ohne Gesetz" (nulla poena sine lege), so *Roxin*, Strafrecht AT, § 5 Rn. 4.

291 Vgl. BVerfG, wistra 2010, 380 (386).

sich dieses grundlegende Postulat ab, und worin liegt seine Bedeutung für ein rechtsstaatliches Strafrecht?

I. Feuerbach und die Einführung der Strafgesetzlichkeit ins deutsche Recht

Es ist umstritten, ob der Ausspruch „*nullum crimen, nulla poena sine lege*", welcher das Prinzip der Strafgesetzlichkeit zusammenfasst, in seiner heutigen Ausprägung ein Produkt der Aufklärung[292] ist. Zunächst hat der Grundsatz Eingang in die Lehre und Gesetzgebung zahlreicher Staaten gefunden[293], galt dort aber primär der Beschränkung und Teilung des staatlichen Gewaltmonopols. In Deutschland wurde die Strafgesetzlichkeit insbesondere durch *Feuerbach* und seine *Theorie vom psychologischen Zwang* zu einem Grundpfeiler des rechtsstaatlichen Strafrechts.[294] Die lateinische Formulierung des Satzes fand sich erstmals in Feuerbachs Lehrbuch aus dem Jahre 1801 und liest sich wie folgt[295]:

> *„I. Jede Zufügung einer Strafe setzt ein Strafgesetz voraus (nulla poena sine lege).*
>
> *II. Die Zufügung einer Strafe ist bedingt durch die Existenz der bedrohten Handlung (nulla poena sine crimine).*
>
> *III. Das gesetzlich bedrohte Factum (die gesetzliche Voraussetzung) ist bedingt durch die gesetzliche Strafe (nullum crimen sine poena legali).*"

Feuerbachs Verdienst liegt aber nicht allein in der Urheberschaft der Formel, vielmehr hat er maßgeblich zur Anerkennung der Funktion des Gesetzlichkeitsgrundsatzes beigetragen. Der von *Feuerbach* entwickelte „Mechanismus des psychologischen Zwanges"[296] entfaltet seine Wirkung dann, wenn die Bürger die Konsequenzen kennen, die mit einer Rechtsverletzung verbunden sind. Strafgesetze müssen, der Theorie *Feuerbachs* folgend, absolute Geltung beanspruchen und von Bedingungen unabhängig sein.[297] Politisch gesehen ging es Feuerbach

---

292 Zur Geschichte der Strafgesetzlichkeit ausführlich: *Schreiber,* Gesetz und Richter, S. 1 f; *Elvers,* Die Bedeutung des Satzes Nulla poena sine lege in seiner historischen Entwicklung, S. 24 f.

293 Vgl. *Schreiber,* Gesetz und Richter, S. 102.

294 *Elvers,* Die Bedeutung des Satzes Nulla poena sine lege in seiner historischen Entwicklung, S. 24.

295 *Feuerbach,* Lehrbuch des gemeinen in Deutschland gültigen peinlichen Rechts, § 24, S. 20.

296 *Feuerbach,* Lehrbuch des gemeinen in Deutschland gültigen peinlichen Rechts; *Feuerbach,* Revision der Grundsätze und Grundbegriffe des positiven peinlichen Rechts, S. 145 ff.

297 Vgl. *Naucke,* Kant und die psychologische Zwangstheorie Feuerbachs, S. 54 f.

um den Schutz der Bürger vor richterlicher Willkür[298], welche durch eine strikte Bindung der Rechtsprechung an das Gesetz erreicht werden sollte.

Der *nulla poena sine lege*-Grundsatz fand seine erste einfachgesetzliche Realisierung im bayerischen StGB von 1813:

> *„Wer eine unerlaubte Handlung oder Unterlassung verschuldet, für welche ein Gesetz ein gewisses Übel gedroht hat, ist diesem gesetzlichen Übel als seiner Strafe unterworfen."*

Im StGB für die Preußischen Staaten von 1851, welches die Formulierung des *code pénal* kopierte[299], wurde „nullum crimen, nulla poena sine lege" in § 2 mit einer dem heutigen Vorbild ähnlichen Formulierung kodifiziert:

> *„Kein Verbrechen, kein Vergehen und keine Übertretung kann mit einer Strafe belegt werden, die nicht gesetzlich bestimmt war, bevor die Handlung begangen wurde."*

Das preußische StGB von 1851 stellte das entscheidende Vorbild für das Strafgesetzbuch des Deutschen Reiches (RStGB) von 1871 dar[300]. Im RStGB findet sich das Postulat ebenfalls in § 2 wieder:

> *„Eine Handlung kann nur dann mit einer Strafe belegt werden, wenn diese Strafe gesetzlich bestimmt war, bevor die Handlung begangen wurde …"*

Aber auch dadurch unterschied sich das Gesetzlichkeitsprinzip noch nicht von den anderen einfachgesetzlichen Normen des Strafgesetzbuches. Erst Art. 116 der Weimarer Reichsverfassung (1919) erhob es mit den Worten

> *„Eine Handlung kann nur dann mit einer Strafe belegt werden, wenn die Strafbarkeit gesetzlich bestimmt war, bevor die Handlung begangen wurde"*[301]

in den besonderen Rang eines Verfassungsgrundsatzes"[302] und verlieh ihm die größtmögliche Wirksamkeit, den der Gedanke *Feuerbachs* haben kann.[303]

---

298 Vgl. *Krey*, Keine Strafe ohne Gesetz, S. 19; *Schreiber*, Gesetz und Richter, S. 110 f.; Naucke ZStW 1975, 881 f.

299 Vgl. *Schünemann*, Nulla poena sine lege?, S. 3.

300 *Schünemann*, Nulla poena sine lege?, S. 3; *Schreiber*, Gesetz und Richter, S. 164, 167 f.

301 In ihrer Formulierung unterscheiden sich § 2 des RStGB und Art. 116 der Weimarer Reichsverfassung dadurch, dass § 2 die Bestimmtheit der Strafe an sich und Art. 116 nur die Bestimmtheit der Strafbarkeit fordert. Es herrschte folglich Streit darüber, ob sich Art. 116 nur auf den Straftatbestand, nicht aber auf die Strafandrohung bezog. Nach der damals h. L. garantierte Art. 116 auch den Satz „nulla poena sine lege", vgl. *Krey*, Keine Strafe ohne Gesetz, S. 26.

302 *Schünemann*, Nulla poena sine lege?, S. 3.

303 *Krey*, Keine Strafe ohne Gesetz, S. 25.

II. Der Verlust der Strafgesetzlichkeit während des Nationalsozialismus

Die Machtübernahme der Nationalsozialisten bewirkte in ihrer Folge praktisch eine vollständige Preisgabe aller rechtsstaatlichen und demokratischen Errungenschaften, die sich in Deutschland seit der Aufklärung bis zur Weimarer Verfassung durchgesetzt hatten.[304] Die Auflösung des strafrechtlichen Gesetzlichkeitsprinzips[305] durch die Gesetzgebung des Dritten Reichs wurde primär durch das am 23.03.1933 erlassene „Ermächtigungsgesetz" durchgesetzt, in dem der Vorrang des Verfassungsrechts aufgehoben wurde[306]. Das Verbot der Wirkung von Strafgesetzen[307] für die Vergangenheit wurde durch die rechtshistorisch prominente „Lex van der Lubbe" vom 29.03.1933 umgangen,[308] indem die Tathandlung - in Form des Reichstagsbrandes - rückwirkende strafrechtliche Relevanz entfaltete und ebenso rückwirkend mit der Todesstrafe sanktioniert wurde.[309] Zur Aufhebung des Rückwirkungsverbotes trug außerdem das Gesetz zur Änderung des Reichsstrafgesetzbuchs vom 04.09.1941 bei, dessen §§ 1 und 10 anordneten:

§ 1 „Der gefährliche Gewohnheitsverbrecher und der Sittlichkeitsverbrecher verfallen der Todesstrafe, wenn der Schutz der Volksgemeinschaft oder das Bedürfnis nach gerechter Sühne es erfordert."

§ 10 „Dieses Gesetz tritt eine Woche nach der Verkündung in Kraft. Es gilt auch für Straftaten, die vor seinem Inkrafttreten begangen sind."

---

304 *Krey*, Keine Strafe ohne Gesetz, S. 27.

305 Vgl. hierzu *Gribbohm*, NJW 1988, 2842.

306 Artikel 2 des „Ermächtigungsgesetzes" lautete: „Die von der Reichsregierung beschlossenen Gesetze können von der Reichsverfassung abweichen, soweit sie nicht die Einrichtung des Reichstages und des Reichsrates als solche zum Gegenstand haben. Die Rechte des Reichspräsidenten bleiben unberührt."

307 Zur modernen Ausgestaltung des Rückwirkungsverbotes siehe S. 87 in der vorliegenden Arbeit.

308 „Demjenigen, der in der Sache gerecht denkt, liegt daran, dass kein Verbrechen ohne Sühne bleibt. Ich setze diesem rechtsstaatlichen ‚nulla poena sine lege' den Gerechtigkeitssatz ‚nullum crimen sine poene' entgegen", so *Schmitt*, Juristische Woche (JW) 1934, 713 (714), bezogen auf die „Lex van der Lubbe", mit dem die Strafgesetzlichkeit unter der NS-Herrschaft abgeschafft wurde.

309 Siehe hierzu *Naucke*, Strafrecht, S. 78; *Albrecht*, Die vergessene Freiheit, S. 62.

Neben die Preisgabe des Rückwirkungsverbotes trat die Aufhebung des Analogieverbots. Fortan konnten untaugliche Strafgesetze auch in Form von analoger Anwendung zur Strafbegründung oder Strafschärfung angewandt werden. Die nationalsozialistische Neuregelung des StGB vom 28.06.1935 führte zu folgender Neufassung des § 2 StGB.[310]

> *„Bestraft wird, wer eine Tat begeht, die das Gesetz für strafbar erklärt oder die nach dem Grundgedanken eines Strafgesetzes und nach gesundem Volksempfinden Bestrafung verdient. Findet auf die Tat kein bestimmtes Strafgesetz unmittelbar Anwendung, so wird die Tat nach dem Gesetz bestraft, dessen Grundgedanken auf sie am besten zutrifft."*

Neben der Aufhebung strafgesetzlicher Verbote wurde auch das Gebot der Bestimmtheit von Strafgesetzen faktisch abgeschafft. Vage Generalklauseln und sehr unbestimmte, normative Rechtsbegriffe wurden eingeführt, um Strafbarkeiten zu begründen.[311] Die Zeit des Nationalsozialismus wird daher auch als Zeit der „Rechtsstaatsfinsternis"[312] bezeichnet, dessen Zustand erst nach Ende des Zweiten Weltkrieges beendet wurde[313].

III. (Wieder-)Einführung der Strafgesetzlichkeit durch das Grundgesetz

Mit dem Inkrafttreten des Grundgesetzes am 23.05.1949 wurde das Gesetzlichkeitsprinzip schließlich in Art. 103 Abs. 2 GG mit der Formulierung

> *„Eine Tat kann nur bestraft werden, wenn die Strafbarkeit gesetzlich bestimmt war, bevor die Tat begangen wurde"*

---

310 Von der „Analogieermächtigung" des § 2 StGB machte das Reichsgericht auch Gebrauch, vgl. RGSt, 70, 355, 356; RGSt 71,112,113.

311 Beispielsweise in § 4 Volksschädlings-VO: „Wer vorsätzlich unter Ausnutzung der durch den Kriegszustand verursachten außergewöhnlichen Verhältnisse eine sonstige Straftat begeht, wird unter Überschreitung des regelmäßigen Strafrahmens mit Zuchthaus bis zu 15 Jahren, mit lebenslangem Zuchthaus oder mit dem Tode bestraft, wenn dies das gesunde Volksempfinden wegen der besonderen Verwerflichkeit der Straftat erfordert."

312 So *Schünemann*, Nulla poena sine lege?, S. 3.

313 Die Wiederherstellung der Rechtsstaatlichkeit erfolgte im amerikanischen Kontrollgebiet durch die Proklamation Nr. 3 vom 20.10.1945, „Grundsätze für die Wiederherstellung der Rechtspflege".

wieder als fester Grundsatz in der Verfassung verankert.[314] Die Verbürgung des Prinzips der Strafgesetzlichkeit in einer Vorschrift mit Verfassungsrang hebt das gewichtige Anliegen hervor, staatliches Strafen in ein enges rechtliches Korsett zu stecken. Der Grundsatz wird darüber hinaus einfachgesetzlich in § 1 des Strafgesetzbuches[315] allen Paragrafen des StGB als Leitgedanke[316] vorangestellt.

C. Ausprägungen des Gesetzlichkeitsprinzips

Die Ausprägungen und der Umfang des Gesetzlichkeitsprinzips sind seit der Zeit Feuerbachs unberührt geblieben.[317] Es ist auch nicht ersichtlich, dass der Grundgesetzgeber eine Reduktion der Garantiefunktion des Nulla-poena-Prinzips beabsichtigt hatte[318]. Folglich kann auf die bereits von Feuerbach beschriebenen Einschränkungen richterlicher Gesetzesanwendung, die sich zum Nachteil des Angeklagten auswirkt, zurückgegriffen werden.[319] Darunter fällt jedwede Normschöpfung oder Normanwendung, soweit sie durch Analogie, durch Gewohnheitsrecht oder mit Rückwirkung erfolgt oder inhaltlich so unbestimmt ist, dass die eigentliche Entscheidung über die Strafbarkeit richterlicher Willkür überlassen bleibt. Im Folgenden soll auf die vier Kernbereiche des Gesetzlichkeitsprinzips eingegangen werden, wobei der Schwerpunkt auf dem Bestimmtheitsgebot und dem Analogieverbot liegt, da diese für den weiteren Verlauf der Untersuchung von zentraler Bedeutung sind.

I. Bestimmtheitsgebot – nullum crimen, nulla poena sine lege certa

Als eine Ausprägung der Strafgesetzlichkeit des Art 103. Abs. 2 GG verpflichtet das Bestimmtheitsgebot den Gesetzgeber dazu, die Grenzen der Strafbarkeit

314 *Schünemann,* Nulla poena sine lege?, S. 3; siehe hierzu ebenso *Fornauf,* Die Marginalisierung der Unabhängigkeit der Dritten Gewalt im System des Strafrechts, S. 53.

315 Das geltende Strafgesetzbuch der Bundesrepublik geht auf das am 01.01.1872 in Kraft getretene Reichsstrafgesetzbuch zurück. Bereits damals war der Satz in § 2 RStGB zu finden; vgl. auch in gering abweichender Formulierung Art. 7 Abs. 1 Satz 1 EMRK.

316 *Ehret,* Franz von Liszt und das Gesetzlichkeitsprinzip, S. 15.

317 *Eser,* in: Schönke-Schröder StGB, § 1 Rn. 1 ff.; *Schmitz,* in: MüKo-StGB, § 1 Rn. 23 ff.; vgl. *Schreiber,* Gesetz und Richter, S. 108 ff.

318 *Schünemann,* Nulla poena sine lege?, S. 9; *Lemmel,* Unbestimmte Strafbarkeitsvoraussetzungen im besonderen Teil des Strafrechts und der Grundsatz nullum crimen sine lege, S. 131 ff.

319 *Schünemann,* Nulla poena sine lege?, S. 2.

exakt festzulegen und ebenso die Rechtsfolge[320] der Strafnorm genau[321] zu beschreiben[322]. Bezweckt wird hiermit einerseits der Schutz vor willkürlicher Bestrafung[323] und andererseits die Garantie der Möglichkeit für den Bürger, anhand des Strafgesetzes die Grenzen des Erlaubten erkennen zu können[324]. Es ist ihm etwa nicht möglich, sich an unbestimmten Normen zu orientieren[325], was dazu führte, dass der damit verbundene generalpräventive Strafzweck verloren ginge.[326] Von einer sanktionsfähigen und ebenso sanktionstauglichen Straftat kann folglich nur gesprochen werden, wenn der Gesetzgeber die Handlung in einer Regelung explizit für strafbar erklärt hat.[327] Allerdings liegt es auf der Hand, dass die Legislative bei der Ausgestaltung einer Strafnorm nicht nur Begriffe verwenden kann, die keinerlei Auslegung durch die Judikative zulassen. Dies wäre bereits sprachlich nicht zu bewerkstelligen. Daher ist das Bestimmtheitsgebot so zu verstehen, dass der Gesetzgeber zumindest dazu verpflichtet ist, Tatbestandsmerkmale so weit wie möglich zu konkretisieren. Dieser Verpflichtung kann er nur vollständig nachkommen, wenn er bei der Formulierung von Strafnormen die bestmögliche Präzision anwendet, damit dem Gesetzesanwender eine

---

320 Das Bestimmtheitsgebot bezieht sich unstreitig auch auf die Folge, also die Strafe, mit der ein Täter rechnen muss. Das BVerfG formulierte hierzu: „Strafe als missbilligende hoheitliche Reaktion auf schuldhaftes kriminelles Unrecht muss in Art und Maß durch den Gesetzgeber normativ bestimmt werden, die für eine Zuwiderhandlung gegen eine Strafnorm drohende Sanktion muss für den Normadressaten vorhersehbar sein“, siehe BVerfGE 105, 135.

321 *Naucke* bezeichnet das Bestimmtheitsgebot als „Genauigkeitsgarantie“, siehe *ders.*, Strafrecht - Eine Einführung, § 2 Rn. 11.

322 Allgemeine Ansicht, vgl. BVerfG, wistra 2010, 380 (386); BVerfGE 105, 135 (152 f.), BGHSt 18, 136 (140); *Roxin,* Strafrecht AT, § 5 Rn 80 f.; *Albrecht,* Die vergessene Freiheit, S. 59 f.

323 Vgl. BVerfGE 73, 206 (234 ff.); BVerfG, NJW 2010, 754 (755); *Hassemer/Kargl*, in: NK-StGB, § 1 Rn. 3.

324 „Jedermann soll vorhersehen können, welches Verhalten verboten und mit Strafe bedroht ist“, BVerfGE 78, 374; vgl. hierzu auch BGH HRRS 2014 Nr. 1065, Rn. 7; vgl. *Jarass/Pieroth,* Grundgesetz, Kommentar, Art. 103 Rn. 43.

325 Vgl. *Schmitz,* in: MüKo-StGB, § 1 Rn. 39.

326 Ob unbestimmte Normen doch generalpräventiv wirken, da sich der Normadressat aufgrund der unklaren Formulierung im Zweifel gegen die in Frage stehende Handlung entscheidet (*Jahn*) oder ob aufgrund der Unbestimmtheit der generalpräventive Effekt verloren geht (*Feuerbach*), wird unterschiedlich beurteilt, vgl. *Feuerbach,* Lehrbuch des gemeinen in Deutschland gültigen peinlichen Rechts; *Jahn,* Das Strafrecht des Staatsnotstandes, S. 129.

327 *Naucke,* Strafrecht, § 2 Rn. 11, *Albrecht,* Kriminologie, § 91 A II.

Abgrenzbarkeit unschwer möglich ist und der Schutzbereich bzw. das geschützte Rechtsgut eindeutig aus der Norm hervorgeht. Gleichzeitig muss der Gesetzgeber darauf achten, dass die Verständlichkeit für den Laien gewahrt bleibt, um die Erkennbarkeit für den Normadressaten zu gewährleisten.[328] Auf Generalklauseln[329] und wertausfüllende Begriffe hat er zu verzichten.[330] Strafnormen, die diesen Erfordernissen nicht genügen, sind als mit Art. 103 Abs. 2 GG unvereinbar anzusehen und daher von den Gerichten nicht anzuwenden und vom BVerfG als verfassungswidrig aufzuheben. Somit verpflichtet das Bestimmtheitsgebot in seiner Funktion auch den Rechtsanwender, obgleich er nicht unmittelbarer Adressat der Norm ist, Verurteilungen allein auf ein hinreichend bestimmtes Strafgesetz zu stützen.[331] Über diese Schutzfunktionen des Bestimmtheitsgebotes herrscht weitgehend Einigkeit.[332]

Das BVerfG stellt jedoch keine allzu hohen Anforderungen mehr an das Bestimmtheitsgebot.[333] Eine wesentliche Reduktion erfährt der Grundsatz dadurch, dass das BVerfG[334] in ständiger Rechtsprechung auch weit gefasste Vorschriften dadurch dem „Verdikt der Verfassungswidrigkeit entzieht", dass es eine nachträgliche Bestimmbarkeit durch Auslegung als zulässig erachtet.[335] Dabei wird mit der subjektiven Voraussehbarkeit und Berechenbarkeit des Rechts durch den Staatsbürger argumentiert.[336] Die Rechtsprechung konstatiert zunehmend ein Bedürfnis nach Vagheit, wertausfüllungsbedürftigen Begriffen und Generalklauseln[337] und sieht hierin sogar einen Vorzug gegenüber eindeutigen Regelungen.[338] Dies führt zu einer unzulässigen Subjektivierung der objektiven Garantien des Bestimmtheitsgebotes. Der Ansatz wird vom BVerfG als „Legitimation für eine

328 Vgl. BVerfGE 45, 363 (371 f.), BVerfGE 92, 1 (12).

329 Nicht jeder unbestimmte oder normative Begriff stellt aber bereits zwingend eine Generalklausel dar, vgl. *Lencker*, JuS 1968, 249 (250).

330 *Naucke*, Über Generalklauseln und Rechtsanwendung im Strafrecht, S. 3.

331 Vgl. *Schmitz*, in: MüKo § 1 Rn. 39; Kuhlen, FS Otto, 2007, S. 89 (91 f.).

332 Vgl. etwa *Eser/Hecker*, in: Schönke/Schröder StGB, § 1 Rn. 20; *Hassemer/Kargel*, in: NK-StGB, § 1 Rn 41; Schmitz, in: MüKo-StGB, § 1 Rn. 41.

333 Beispielsweise § 360 Abs. 1 Nr. 11 StGB a. F: „Grober Unfug", der vom BVerfG in den 1960er Jahren im Hinblick auf das Gesetzlichkeitsprinzip für unbedenklich gehalten wurde, siehe BVerfGE 26, 41.

334 Vgl. etwa BVerfGE 48, 48 (56 f.); zu Recht kritisch *Rengier* (Fn. 18), § 4 Rn. 28; Rotsch, ZJS 2008, 132 (134 f.); Tiedemann (Fn. 18), S. 41 f.

335 So *Bott/Krell*, ZJS 2010, 694.

336 Vgl. hierzu BVerfGE 13, 271; 14, 297; 15, 324; 25, 285; 26, 42; 37, 207.

337 Vgl. *Lencker*, JuS 1968, 249 (255 ff.); Sachs/Degenhart Art. 103 GG Rn. 68.

338 Vgl. *Hassemer/Kargel*, in: NK-StGB, § 1 Rn. 40.

zunehmende Aushöhlung des Nulla-poena-Prinzips" verwendet.[339] In jüngster Zeit ist jedoch wiederum der Gegentrend erkennbar, nämlich dass das BVerfG zunehmend Gesetze als verfassungswidrig für nichtig erklärt, die nicht ausreichend bestimmt sind.[340]

Verschärft wird die Problematik durch die immer komplexer werdende Rechtswirklichkeit. Stetiger technischer Fortschritt, die Erkenntnisse moderner Wissenschaft und die zunehmende Europäisierung des Strafrechts stellen den Gesetzgeber mitunter vor außergewöhnlich hohe Schwierigkeiten. Dies führt letztlich zu Straftatbeständen, die sich auch ausgebildeten Juristen nur schwer erschließen.[341]

Darüber hinaus finden im Wirtschaftsstrafrecht zudem sogenannte Blankettnormen und Verwaltungsrechtsbestimmungen Einzug ins Strafrecht. Die Tatbestandsmäßigkeit resultiert hierbei nicht allein aus der Strafnorm selbst, sondern wird erst durch den Rekurs auf andere Rechtsquellen begründet. Dies wird bei den im Laufe der Arbeit zu untersuchenden Normen des Sozialrechts besonders hervorgehoben werden. Wenn sich die Strafbarkeit lediglich vor dem Hintergrund komplizierter Mehrfachverweisungen ergibt, kann keine Rede mehr davon sein, dass jedermann vorhersehen kann, welches Verhalten mit Strafe bzw. welcher Strafhöhe bedroht ist. Von der durch das Bestimmtheitsgebot geforderten Transparenz für den Bürger kann mithin nicht gesprochen werden.

II. Analogieverbot – nullum crimen, nulla poena sine lege stricta

Unter einer Analogie in der Rechtsanwendung versteht man die Übertragung einer rechtlichen Regel auf einen im Gesetz nicht geregelten Fall im Wege eines Ähnlichkeitsschlusses.[342] Anders als in anderen Rechtsgebieten[343], in denen ein

---

339 So *Schünemann*, Nulla poena sine lege?, S. 16.

340 Vgl. *Mosfer*, Fragilitäten des Rechtsstaates seit dem 11. September 2001 im Spiegel der Rechtsprechung des Bundesverfassungsgerichts, C. III. 3 m. w. N.

341 Bedenklich im Hinblick auf das Bestimmtheitsgebot beispielsweise § 261 StGB, vgl. *Fülbier*, DStR 1994, 827; auch bestehen ähnliche Bedenken bei den aktuellen Entwürfen zum Korruptionstatbestand für Ärzte nach § 299a-E StGB, vgl. *Schneider*, HRRS 2013, 473 f.

342 *Roxin*, Strafrecht AT, § 5 Rn. 8.

343 Im Zivilrecht dient die Analogie als Werkzeug, um Rechtssicherheit durch die Schließung von Regelungslücken zu schaffen. Auch in anderen Gebieten des öffentlichen Rechts findet das Prinzip der Analogie zulässigerweise Anwendung. Zu den Grenzen der Analogie im Verwaltungsrecht siehe *Konzak*, NVwZ 1997, 872.

Analogieschluss zu den üblichen Mitteln der Rechtsfindung gehört[344], ist dies im Strafrecht aufgrund der *ratio legis* des Art. 103 Abs. 2 GG untersagt. Dies gilt jedenfalls in den Fällen, in denen sich die Analogie zu Lasten des Täters auswirkt. Eine analoge Anwendung einer Norm des StGB zum Vorteil des Täters verbietet das Prinzip der Strafgesetzlichkeit in seiner Funktion als Machtbegrenzungsinstrument der Staatsgewalt gerade nicht.[345] Konkret richtet sich das Analogieverbot an den Gesetzesanwender und verwehrt diesem, eine Handlung für strafbar zu erklären, die nicht ausdrücklich im Gesetz geregelt ist, auch wenn sie einer anderen in einem Strafgesetz beschriebenen Handlung ähnelt.[346] Das Analogieverbot umfasst allerdings nicht ausschließlich das Verbot der analogen Anwendung von Strafnormen[347] in ihrer Gesamtheit, sondern ebenso die „tatbestandsausweitende Interpretation" von einzelnen Tatbestandsmerkmalen.

Das BVerfG führt hierzu in seiner hervorzuhebenden Entscheidung zum Gewaltbegriff des § 240 StGB aus:

> *„Art. 103 Abs. 2 GG setzt […] nicht nur der Tatbestandsergänzung, sondern auch der tatbestandsausweitenden Interpretation Grenzen. Die Auslegung der Begriffe, mit denen der Gesetzgeber die pönalisierten Mittel bezeichnet hat, darf nicht dazu führen, dass die dadurch bewirkte Eingrenzung der Strafbarkeit im Ergebnis wieder aufgehoben wird."*[348]

Die Macht der strafrechtlichen Judikative ist folglich durch den Wortlaut begrenzt, den die Legislative vorgegeben hat. Aufgrund der Vielschichtigkeit unterschiedlicher Lebenssachverhalte erscheint die Auslegung einer Strafnorm indes oftmals notwendig.[349] Erst im Wege der richterlichen Subsumtion kann erfasst werden, ob der konkrete Sachverhalt von der Norm erfasst wird oder nicht. Dies

---

344 Vgl. *Grünwald*, ZStW 1964, 1, S. 13.

345 Als Beispiel sei hier die analoge Anwendung des § 16 Abs. 1 StGB in der Fallkonstellation des Erlaubnistatbestandsirrtums genannt, die keinen Verstoß gegen Art. 103 Abs. 2 GG darstellt, siehe *Sternberg-Lieben/Schuster*, in: Schönke/Schröder StGB, § 16 Rn. 14.

346 *Albrecht*, Die vergessene Freiheit, S. 60.

347 Inwieweit das Analogieverbot auch im Bereich des Allgemeinen Teils des Strafgesetzbuches Geltung beansprucht, ist umstritten, vgl. hierzu ausführlich *Kirsch*, Zur Geltung des Gesetzlichkeitsprinzips im Allgemeinen Teil des Strafgesetzbuchs.

348 Sitzblockade-Entscheidung, vgl. BVerfGE 92, 1, 58: In der Entscheidung ging es um die Auslegung des Gewaltbegriffes im Rahmen des § 240 StGB. Das BVerfG hat ausgeführt, dass der rein psychisch wirkende Zwang nicht ausreicht, um den Begriff der „Gewalt" i. S. d § 240 StGB zu erfüllen. Für die strafrechtlich relevante Gewalt bedarf es zumindest eines Minimums an körperlicher Kraftentfaltung, vgl. hierzu *Albrecht*, Die vergessene Freiheit, S. 60.

349 Vgl. *Weber/Mitsch u. a.*, Strafrecht AT, § 9 Rn. 57 f.

stellt im Strafrecht eine durchaus anspruchsvolle und in bestimmten Konstellationen auch schwierige Aufgabe für die Rechtsprechung dar, denn oftmals kann nicht bereits auf den ersten Blick zwischen einer zulässigen Auslegung und einer unzulässigen Analogie differenziert werden. Bei der Beantwortung von Auslegungsfragen kann die Grenze zur verbotenen Analogie dementsprechend leicht überschritten werden.

Aus diesem Grund müssen Bedingungen ersichtlich sein, die eine Trennung zwischen erlaubter Auslegung und verbotener Analogie ermöglichen. Nach allgemeiner Auffassung gilt der Wortlaut einer Strafnorm als äußerste Grenze der Auslegung.[350] Da das Analogieverbot – wie das Bestimmtheitsgebot – dem Schutz des Bürgers vor richterlicher Willkür dient[351], ist das, was unter dem Wortlaut eines Straftatbestandes zu verstehen ist, aus der Sicht des Bürgers zu bestimmen[352]. Dies erfolgt in der Praxis durch eine grammatikalische Auslegung der jeweiligen Strafnorm und ihrer Tatbestandsmerkmale. Ergibt sich bereits aus der Perspektive der Laiensphäre, dass die Norm für den Sachverhalt unpassend ist, ist der Bereich einer unzulässigen Analogie unzweifelhaft zu bejahen.[353] Bietet selbst die Wortlautauslegung keinen passenden Anknüpfungspunkt, um die Grenze des Anwendungsbereichs erfassen zu können, was bei Blankettnormen[354] und unbestimmten Rechtsbegriffen[355] der Fall sein kann, hat sich der Rechtsanwender

---

350 BVerfG, NStZ 1998, 506; *Roxin*, Strafrecht AT, § 5 Rn. 26 f.

351 *Krey/Esser u. a.*, Strafrecht AT, Rn. 79; *Krey*, Keine Strafe ohne Gesetz, Rn. 130.

352 „Der Gesetzgeber muss sich bei dem Wort nehmen lassen, das er mit der Bestimmung des strafwürdigen Verhaltens gegeben hat“, vgl. *Albrecht*, Die vergessene Freiheit, S. 60.

353 Als Beispiel aus der Rechtshistorie soll hier der „Diebstahl von elektrischer Energie“ dienen, welchen das Reichsgericht als nicht unter § 242 StGB subsumierbar deklariert hat, da Strom das Tatbestandsmerkmal der „Sache“ nicht erfüllt, denn nach dem allgemeinen Sprachgebrauch setze eine Sache „Körperlichkeit“ voraus, vgl. RGSt, 32, 165.

354 Als weiteres Beispiel sei hier die Steuerhinterziehung gemäß § 370 Abs. 1 AO genannt, welche die Angabe von unrichtigen oder unvollständigen steuerlich erheblichen Tatsachen unter Strafe stellt. Was eine „steuerlich erhebliche“ Tatsache ist, lässt sich aus dem Wortlaut allein nicht ableiten. Das BVerfG sieht, bezogen auf die Bestimmtheit der Norm, allerdings keinen Verstoß gegen Art. 103 Abs. 2 GG, vgl. BVerfG, 23.06.1994, 2 BvR 1084/94 = BVerfG, NJW 1995, 1883.

355 Nach Ansicht des BVerfG stellt die Verwendung unbestimmter Rechtsbegriffe durch den Gesetzgeber für sich genommen noch keinen Verstoß gegen Art. 103 Abs. 2 GG dar, vgl. hierzu BVerfG, wistra 2010, 380 (386); BVerfG, wistra 2010, 396 (400).

– im Sinne einer teleologischen Auslegung – zugunsten des Bürgers auf den Sinn der in Frage kommenden Strafnorm zu beschränken.

In Anbetracht dessen liegt die Ratio des Analogieverbotes in der Machtbegrenzung der Judikative und ist damit als eine besondere Ausprägung des Prinzips der Gewaltenteilung zu verstehen.[356] Der Rechtsanwender darf seinen Kompetenzbereich insbesondere nicht dadurch erweitern, indem er den von der jeweiligen Strafnorm verfolgten Zweck erweitert. Im Hinblick auf die Funktion des Strafrechts[357] als Institut der Freiheitssicherung und dessen ihm zukommenden Aufgabe des Rechtsgüterschutzes hat der Rechtsanwender bei der Auslegung von Strafnormen ausschließlich die Intention des Gesetzgebers zu beachten.[358] Dieser Aufgabe kann er nur dann gerecht werden, wenn er sich vorbehaltlos an den Wortlaut der Norm und an ihren Schutzbereich hält. Den vom Gesetzgeber bestimmten Schutzzweck zu erweitern, um vermeintliche Strafbarkeitslücken zu schließen, ist nicht Aufgabe des Anwenders, sondern die der gesetzgebenden Gewalt. Lediglich der demokratisch gewählte parlamentarische Gesetzgeber ist hierzu befugt, da ihn die Gesellschaft dazu unmittelbar ermächtigt hat.

Das Gegenstück zur Analogie stellt die teleologische Reduktion dar. Darunter versteht man eine Unterschreitung des Wortsinns eines Gesetzes.[359] Bei der teleologischen Reduktion handelt es sich um die Einschränkung einer zu weit gefassten Norm auf den ihr nach der *ratio legis* zukommenden Anwendungsbereich. Jene Reduktion dient der gesetzesergänzenden Lückenfüllung, also der Füllung sogenannter verborgener Lücken. Von ihnen spricht man, wenn die Norm nach ihrem klaren Wortlaut Fälle erfasst, die sie nach der *ratio legis* nicht erfassen dürfte. Die Regelungslücke besteht dabei darin, dass eine Ausnahmevorschrift für solche Fälle fehlt.[360]

Hinsichtlich der teleologischen Reduktion einer Strafnorm durch die Rechtsprechung zu Gunsten des Täters bestehen keine Bedenken. Hierin liegt gerade kein Verstoß gegen das Analogieverbot vor, da keine unzulässige Strafbarkeitserweiterung durch die Rechtsprechung erfolgt. Vielmehr ist diese Reduktion dahingehend zu verstehen, dass sich die Rechtsprechung der vom Gesetzgeber

---

356 *Albrecht*, Kriminologie, § 9 II a.

357 Siehe hierzu S. 69 f. in der vorliegenden Arbeit.

358 „Er hat ausschließlich den Befehl des Gesetzgebers zu befolgen“, siehe *Grünwald*, ZStW 1964, 1 S. 13.

359 *Hassemer/Kargl* in: NK-StGB, § 1 Rn. 109b.

360 Der Begriff der „verdeckten Lücke“ wurde von *Larenz* geprägt, siehe *Larenz*, Methodenlehre der Rechtswissenschaft, S. 279 ff.

vorgegebenen Zweckzuweisung und folglich des Gesetzlichkeitsprinzips des Art. 103 Abs. 2 GG besinnt.[361]

III. Gewohnheitsrechtsverbot – nullum crimen, nulla poena sine lege scripta

Unter dem Begriff des Gewohnheitsrechts versteht man einen anerkannten Rechtssatz, der durch gleichmäßige, langdauernde Rechtsausübung geschaffen wurde.[362] Das Gewohnheitsrecht ist, wie der Name schon sagt, normativ nicht fixiert. Es handelt sich demnach um ungeschriebenes Recht, das nicht durch das Gesetzgebungsorgan zustande gekommen ist. In anderen Rechtsgebieten ist das (ungeschriebene) Gewohnheitsrecht als selbständige Rechtsquelle anerkannt. Im Strafrecht ergibt sich aus der Ratio des Art. 103 Abs. 2 GG jedoch ein zwingendes Verbot der Anwendung von Gewohnheitsrecht, die eine Strafe begründet oder verschärft, da ein gewohnheitsrechtlicher Rechtssatz nicht gesetzlich bestimmt ist.[363] Eine Ausnahme besteht daher auch hier in der Anwendung von Gewohnheitsrecht zu Gunsten des Täters.[364] Das Erfordernis des Gewohnheitsrechtsverbotes verwirklicht insbesondere zwei Ziele der Strafgesetzlichkeit: Zum einen wird hierdurch unterstrichen[365], dass ausschließlich der Gesetzgeber, als parlamentarisch gewähltes und unmittelbar legitimiertes Organ einer rechtsstaatlichen Ordnung, Sanktionsvorschriften erlassen darf. Zum anderen wird damit klargestellt, dass es der Judikative untersagt ist, Sanktionsvorschriften im Wege der „Rechtsfortbildung“ zu ergänzen. Sonst könnte das Strafrecht seine edukativen bzw. generalpräventiven Funktionen nicht erfüllen, wodurch der

---

361 Als Beispiel sei hier der Beschluss des BGH zur Strafbarkeit von Vertragsärzten nach § 299 StGB genannt. Der Bundesgerichtshof hat sich hier entsprechend dem Wortlaut des § 299 StGB gerade gegen die Auffassung in der Literatur gestellt, dass Vertragsärzte „Beauftragte“ i. S. d. § 299 StGB der Krankenkassen sind, vgl. BGH GSSt 2/11 Beschluss v. 29.03.2012. Hierauf wird noch detaillierter Bezug genommen, siehe S. 149 f. in der vorliegenden Arbeit.

362 Vgl. hierzu *Jescheck/Weigend*, Lehrbuch des Strafrechts, § 12 IV 1; *Schmitz*, in: MüKo-StGB, § 1 Rn. 24.

363 *Roxin*, Strafrecht AT, § 5 Rn. 9.

364 Als Beispiel hierfür sei die rechtfertigende (oder auch mutmaßliche) Einwilligung als gewohnheitsrechtlich anerkannter Rechtfertigungsgrund genannt.

365 Dies garantieren bereits das Prinzip der Gewaltenteilung des Art. 20 Abs. 2 GG und das Rechtsstaatsprinzip aus Art. 20 Abs. 3 GG.

entsprechende Strafzweck[366] verloren ginge.[367] Dem Grunde nach genießt das Gewohnheitsrechtsverbot der Strafgesetzlichkeit ebenfalls allgemeine Gültigkeit.

Allerdings macht die Rechtsprechung davon auch Ausnahmen. Als Beispiel sei die Rechtsfigur der *actio libera in causa* erwähnt, welche eine Abweichung von dem Grundsatz, dass die Schuldfähigkeit des Täters im Zeitpunkt der Tatausführung vorhanden sein muss, darstellt.[368] Die Fallkonstellation der *actio libera in causa* bezeichnet die Konstellation, in der sich der Täter vor der Begehung der Tat bewusst[369] in einen Zustand der Schuldunfähigkeit im Sinne des § 20 StGB versetzt, um die Tat sozusagen „schuldlos" begehen zu können. In diesen Fällen wird die auf Gewohnheitsrecht basierende Rechtsfigur der *actio libera in causa* genutzt, um eine Bestrafung des Täters entgegen der Rechtsfolge des § 20 StGB zu ermöglichen.[370] Bei diesem „Konstrukt" der Rechtsprechung, welches auf eine langjährige Anwendungspraxis[371] zurückgreifen kann und als „allgemeine Regel" Anerkenntnis für sich beansprucht, handelt es sich um eine unzulässige Ausdehnung von strafbarem Verhalten im Wege unzulässigen Richterrechts und in seiner Folge um eine Umgehung der alleinigen Befugnisse des Gesetzgebers.[372] Gerade im Hinblick auf Art. 103 Abs. 2 GG ist dies in keiner Weise als zulässig zu erachten.

IV. Rückwirkungsverbot – nullum crimen, nulla poena sine lege praevia

Unter einer Rückwirkung wird im Strafrecht die nachträgliche Auferlegung einer Sanktion für eine in der Vergangenheit liegende und bereits abgeschlossene Tathandlung verstanden, welche zum Zeitpunkt ihrer Durchführung von dieser

---

366 Vgl. zur Aufgabe des Strafrecht S. 69 f. in der vorliegenden Arbeit.

367 Die negative Generalprävention würde mangels der Vorhersehbarkeit für den Adressaten unter Willkür leiden und die positive Generalprävention daran, dass kodifizierte Normen an Relevanz verlören, wenn Gewohnheitsrecht neben sie träte.

368 Zur Rechtsprechung bezüglich der *actio libera in causa*: BGHSt 17, 259 f.; BGHSt 21, 381 f., BGH, NStZ 1997, 230 f. = BGH, JR 1997, 391 f.

369 Dies ist der Fall bei einer vorsätzlichen *actio libera in causa*. Ebenso werden auch Fälle diskutiert, in denen der Täter im schuldunfähigen Zustand den deliktischen Erfolg fahrlässig herbeiführt.

370 Die Begründung verfolgt allerdings unterschiedliche Ansätze, vgl. hierzu *Jescheck/Weigend*, Lehrbuch des Strafrechts, § 40 VI.; *Schmidhäuser*, Die actio libera in causa, ein symptomatisches Problem der deutschen Strafrechtswissenschaft, S. 27 f.

371 Bereits das Reichsgericht kannte die *actio libera in causa*, vgl. RGSt 22, 413; 73, 177.

372 Zur Unvereinbarkeit der *actio libera in causa* mit dem Prinzip der Strafgesetzlichkeit, vgl. *Hettinger*, GA 1989, 1 ff.; *Salger/Mutzbauer*, NStZ, 561 ff.; *Ambos*, NJW 1997, 2296 ff.

Sanktionsfolge unberührt war. Das Rückwirkungsverbot der Strafgesetzlichkeit richtet sich sowohl an den Gesetzgeber als auch an die Strafjustiz. Neben der Formulierung des Art. 103 Abs. 2 GG – „Bevor die Tat begangen wurde“ – ist das Rückwirkungsverbot weiterhin in § 2 StGB einfachgesetzlich ausgestaltet.[373] § 2 Abs. 3 StGB verlangt zudem die Geltung des mildesten Gesetzes, falls sich die Rechtslage im Zeitraum zwischen Tatbegehung und Urteil verändert hat[374]. Änderungen in der Rechtsprechung sind dagegen nicht vom Rückwirkungsverbot erfasst und zulässig[375], da ansonsten der Kompetenzbereich der Rechtsprechung und speziell die richterliche Unabhängigkeit aus Art. 97 Abs. 1 GG unterlaufen würden.

V. Zusammenfassung

Aus dem bisher Gesagten wird deutlich, dass der Strafgesetzlichkeit als wesentlichem Stützpfeiler eines rechtsstaatlichen Strafrechts eine absolute Funktion zukommt. Ein Verstoß gegen die Strafgesetzlichkeit, auch wenn er möglicherweise aus legitimen Gründen erfolgt, führt zwangsläufig zu einem Vertrauensverlust in die Freiheitsgarantie der Strafgesetzlichkeit, der nicht wiedergutzumachen ist.

Die besprochenen Prinzipien sind somit der kritische Maßstab, vor dem sich Gesetzgeber, Gesetzesanwender, Strafrechtswissenschaft und Kriminologie verantworten müssen.[376] Auch wenn der Richter bei der von ihm zu leistenden Normenkonkretisierung einen Entscheidungsspielraum hat, der ihm aufgrund der „semantisch porösen Struktur“ der vom Gesetzgeber benutzen Gebrauchssprache nicht genommen werden darf[377], stellt sich gerade heute die bereits von Montesquieu angesprochene Frage[378] nach der Begrenzung richterlicher Gewalt.[379] Jedes staatliche Handeln, welches einen Eingriff in die Freiheitssphäre des Bürgers darstellt, bedarf einer rechtlichen Legitimation durch den Gemeinwillen.[380] Strafnormen, die den Staat ermächtigen und gleichzeitig die Freiheit des Einzelnen beschränken, können folglich nur Legitimität für sich

---

373 Gemäß § 2 Abs. 1 StGB richtet sich die Rechtslage nach dem Zeitpunkt der Tat.

374 Sogenannte *lex mitior*, zur Bedeutung des Grundsatzes im Steuerstrafrecht vgl. *Rüping*, NStZ 1984, 450.

375 *Schmitz*, in: MüKo-StGB, § 1 Rn. 50; *Rengier*, Strafrecht Allgemeiner Teil, § 4 Rn. 17.

376 *Albrecht*, Kriminologie, § 9, vor A.

377 *Schünemann*, Nulla poena sine lege?, S. 10.

378 „… unter Menschen so schreckliche richterliche Gewalt“, *Montesquieu*, Esprit XI, S. 217.

379 *Schünemann*, Nulla poena sine lege?, S. 10.

380 *Schöbener/Knauff*, Allgemeine Staatslehre, § 5 Rn. 41.

beanspruchen, wenn sie allein vom demokratisch unmittelbar legitimierten parlamentarischen Gesetzgeber diskutiert und verabschiedet wurden.[381] Ihre Anwendung obliegt dann dem Gesetzesanwender, der sich strikt an den Ausdruck der Strafnorm halten muss. Nur so gelangt, im Hinblick auf die Lehre Rousseaus, die „*volonté générale*" tatsächlich zur Geltung.[382] Geht die Anwendung schließlich über diesen Willen hinaus, „so straft der Anwender an einem anderem, was der Gesetzgeber versäumt hat". Gesetzlichkeit schafft Garantien, setzt Grenzen und ermöglicht den größtmöglichen Gebrauch der Freiheit.[383] So betrachtet stiftet die Strafgesetzlichkeit auch Sicherheit.[384] Nichtsdestoweniger – und vor diesem Hintergrund eigentlich erstaunlicherweise – ist in der Strafrechtspraxis mitunter eine Tendenz zur extensiven Auslegung von Straftatbeständen festzustellen[385].

Begrenzt wird sie vom in Art. 103 Abs. 2 GG fixierten Gesetzlichkeitsprinzip und damit letztlich vom Bundesverfassungsgericht. [386]

D. Ultima ratio und der fragmentarische Charakter des Strafrechts

Der Begriff des rechtsstaatlichen Strafrechts ist, nach dem hier dargelegten Verständnis, nicht allein durch das Prinzip der Strafgesetzlichkeit, sondern durch zwei weitere wesentliche Merkmale charakterisiert: Der durch das Strafrecht bezweckte Rechtsgüterschutz ist einerseits subsidiär und andererseits fragmentarisch.

I. Die Subsidiarität des Strafrechts

Das Strafrecht ist als intensivste Form hoheitlicher Gewalt zu verstehen und stellt, bezogen auf die Grundrechte des Einzelnen, dasjenige Mittel mit dem schwerstmöglichen Eingriffscharakter dar. Es ist die „schärfste Waffe"[387] des

381 *Albrecht*, Die vergessene Freiheit, S. 58; nach *Albrecht* muss die Kurzformel präziser „Keine Strafe ohne parlamentarisches Gesetz" lauten.

382 Gemeinwillen des Volkes.

383 *Albrecht*, Die vergessene Freiheit, S. 63.

384 *Albrecht*, Die vergessene Freiheit, S. 63.

385 *Bott/Krell*, ZJS 2010, 694 (694).

386 *Hassemer/Kargl*, in: NK-StGB, § 1 Rn. 124.

387 Die Bezeichnung „schärfste Waffe" findet sich in einer Formulierung des Bundesverfassungsgerichts, siehe BVerfGE 39, 1, Rn. 155.

„Leviathans"[388]. Das Subsidiaritätsprinzip besagt, dass die Verwendung dieser Waffe lediglich dann gestattet ist, wenn ihm (dem Leviathan) keine Handlungsalternative zur Freiheitssicherung mehr bleibt. Praktisch darf die Kriminalstrafe im Rechtsstaat ausschließlich als *ultima ratio*[389] zur Anwendung kommen.[390] Sofern andere Möglichkeiten bestehen, den erstrebten Rechtsgüterschutz zu gewährleisten, sind sie von der Staatsgewalt vorrangig zu bemühen. Das Subsidiaritätsprinzip verfolgt allerdings noch einen anderen Zweck. Eingesetzt werden darf nach *Arthur Kaufmann* das Strafrecht ausschließlich „zum Schutze derjenigen Rechtsgüter, die für das Leben der Menschen im Mitsein mit den anderen unentbehrlich sind und die auf andere Weise, als durch das Strafrecht, nicht wirksam geschützt werden können"[391]. Nur die für die Gesellschaft wesentlichen Rechtsgüter, die „für ein geordnetes Zusammenleben unumgänglich sind"[392] (Leib, Leben und Freiheit), müssen daher durch das Strafrecht geschützt werden. Das BVerfG[393] stellt diesbezüglich Folgendes fest:

> *„Strafe (darf) niemals Selbstzweck sein. Ihr Einsatz unterliegt grundsätzlich der Entscheidung des Gesetzgebers. […] Nach dem das ganze öffentliche Recht einschließlich des Verfassungsrechts beherrschenden rechtsstaatlichen Prinzip der Verhältnismäßigkeit darf er von diesem Mittel nur behutsam und zurückhaltend Gebrauch machen. […] Es handelt sich dann nicht um eine ‚absolute' Pflicht zu strafen, sondern um die aus der Einsicht in die Unzulänglichkeit aller anderen Mittel erwachsende ‚relative' Verpflichtung zur Benutzung der Strafdrohung."*[394]

Der Verhältnismäßigkeitsgrundsatz gilt für jede hoheitliche „Betätigung" und für das Strafrecht – weil dieses die schwerstmögliche staatliche Sanktionshandlung darstellt – in besonderem Maße. Daran zeigt sich, dass das Subsidiaritätsprinzip mit dem verfassungsrechtlich geschützten Grundsatz der Verhältnismäßigkeit korreliert.[395] Die Verhältnismäßigkeit spielt für die Beschränkung der staatlichen

---

388 Die Bezeichnung des Staates als „Leviathan", an den die Gesellschaft die Strafgewalt abtritt, geht auf Thomas Hobbes und dessen gleichnamiges Werk zurück, *Hobbes*, Leviathan, S. 155. Zum geschichtlichen Hintergrund vgl. *Willoweit*, Reich und Staat, § 22, S. 201.

389 Zu Deutsch: das letzte (anzuwendende) Mittel.

390 *Naucke*, Strafrecht, § 1, S. 166; *Roxin*, Strafrecht AT, § 2 Rn. 38 ff.; *Albrecht*, Strafrecht - ultima ratio, passim.

391 *Kaufmann*, in: FS-Henkel, S. 102.

392 So *Roxin*, JuS 1966, 377 (382).

393 BVerfGE 39, 1.

394 BVerfGE 39, 1, siehe dort unter Rn. 158.

395 Vgl. *Roxin*, Strafrecht AT, § 2 Rn. 86 und 98.

Strafgewalt in zwei Bereichen eine Rolle: zum einen bei der Auswahl der durch eine Strafnorm zu schützenden Rechtsgüter und zum anderen bei der Auswahl der zur Verfügung stehenden Sanktionsmittel.[396] Was die Mittel angeht, ist, als *prima ratio*,[397] der Bereich des öffentlichen Rechts und hierbei insbesondere der des Verwaltungsrechts auszuschöpfen, bevor auf die *ultima ratio* – also das Strafrecht – zurückgegriffen werden darf. Das Verwaltungsrecht bietet beispielsweise in Form von Bußgeldern oder (befehlenden) Verwaltungsakten[398] ebenfalls Maßnahmen mit Sanktionscharakter, welchen allerdings nicht der Stigmatisierungseffekt einer strafrechtlichen Sanktion zukommt. Außerhalb des unmittelbaren staatlichen Einflusses gewährleistet überdies das Zivilrecht Instrumentarien, mit denen Konflikte ohne hoheitliches Tätigwerden gelöst werden können. Als Beispiele hierfür seien Mediation, Schiedsgerichte oder Schadensersatz- und Unterlassungsansprüche genannt. Zu bedenken bleibt hierbei jedoch, dass durch eine Ausgliederung von Konfliktlösungsmethoden aus dem Strafrecht zwar dem Verhältnismäßigkeitsgrundsatz Rechnung getragen wird, gleichzeitig der Verzicht auf hoheitliche Konfliktregelung aber zu einem (zumindest anteiligen) Verlust der Monopolstellung staatlicher Gewalt führt, was im Hinblick auf den Zweck der Offizialmaxime nicht gänzlich unbedenklich ist.

II. Bewusste Schutzlücken des Strafrechts

Nach dem bisher Gesagten[399] besteht der Zweck des Strafrechts im Schutz von Rechtsgütern. Anderweitige Aufgaben, wie etwa die Aufrechterhaltung von Ethik, Religion, Moral oder Sittlichkeit[400], sind durch das Strafrecht nicht wahrzunehmen. Das Prinzip des fragmentarischen Charakters[401] des Strafrechts besagt, dass nicht jedes anstößige bzw. sozialschädliche Verhalten das Erfordernis

---

396 So *Feltes*, Der staatliche Strafanspruch. Überlegungen zur Struktur, Begründung und Realisierung staatlichen Strafens, Kapitel 10.2.

397 Zu Deutsch: erste Möglichkeit.

398 Bezüglich des Arztrechts sei hier exemplarisch § 6 Abs. 1 BÄO genannt, welcher das Ruhen der Approbation vorsieht. Dies stellt einen weniger erheblichen Eingriff in die Berufsfreiheit des Arztes dar als ein strafgerichtlich auferlegtes Berufsverbot i. S. d. § 70 StGB.

399 Siehe hierzu Teil 2, A.

400 *Welzel* sieht die Aufgabe des Strafrechts primär im Schutz „der elementaren sozialethischen Gesinnungswerte“ und der darin enthaltenen Rechtsgüter, *Welzel*, Das deutsche Strafrecht, S. 3 f.

401 Die Bezeichnung geht auf *Binding* zurück. Siehe erstmals in: *Binding*, Lehrbuch des Gemeinen Deutschen Strafrechts, S. 20.

mit sich bringt, darauf mit einer Kriminalisierung zu reagieren. Lediglich einzelne Fragmente, sprich besonders schädliche oder gefährliche Verhaltensweisen, sollen vom Strafgesetz erfasst werden. Dies zwingt den Gesetzgeber zur Zurückhaltung bei der Strafgesetzgebung, denn er ist dazu angehalten, genau zu überlegen, welche Handlung die Ahndung mit einer Kriminalstrafe rechtfertigt und welche nicht.[402] Dass dies eine anspruchsvolle Aufgabe darstellt, steht außer Frage. Der Gesetzgeber darf sich die Selektion aber keineswegs dadurch vereinfachen, indem er argumentiert, es bestünden „Strafbarkeitslücken“ oder es existiere ein „allgemeines Bedürfnis nach Sicherheit“, denn dann erweiterte er den Inhalt des Strafgesetzbuches willkürlich. Dies liefe der Fragmentarität des Strafrechts und damit dem Gedanken eines rechtsstaatlichen Strafrechts zuwider. Dass in diesem Zusammenhang Lücken in der Sanktionierung von „unmoralischem“ Verhalten entstehen können, ist nicht als Systemfehler zu betrachten, sondern ist die zwingende Folge eines rechtsstaatlichen Strafrechts. In einem Satz gesagt: „Vieles ist unmoralisch, aber nicht alles Unmoralische ist auch rechtswidrig.“ [403]

Aus der Perspektive eines rechtsstaatlich-liberalen Verständnisses ist es nicht nur nötig, die Fragmentarität des Strafrechts aufrechtzuerhalten. Vielmehr ist die Rechtsordnung auch daran gehalten, diese durch „Entkriminalisierung“ voranzutreiben. Mangelt es an gesellschaftlicher Akzeptanz[404] oder besteht kein Bedarf (mehr) am Schutz des betreffenden Rechtsgutes[405], ist die betreffende Strafnorm aufzuheben. Bleibt eine strafrechtliche Ahndung weiterhin geboten, ist – angesichts des Verhältnismäßigkeitsgrundsatzes – zumindest zu prüfen[406], ob die Einwirkung auf den Betroffenen mit weniger

402 *Naucke,* Strafrecht, § 2 Rn. 13.

403 Ich lehne mich hier an folgenden Ausspruch *Walters* an: „Vieles ist rechtswidrig, aber nicht alles Rechtswidrige ist auch strafbar“, siehe *Walter,* JA 2013, 727 (728).

404 Exemplarisch sei hier die ersatzlose Streichung des Straftatbestandes der „Unzucht zwischen Männern“ nach § 175 StGB (aufgehoben durch das 29. Strafrechtsänderungsgesetz vom 31.05.1994) oder des Privilegierungstatbestandes der „Kindstötung“ nach § 217 StGB a. F. (aufgehoben durch das Sechste Gesetz zur Reform des Strafrechts vom 01.04.1998) genannt.

405 Der „Ehebruch“ war bis zum 1. StRRG von 1969 gemäß § 172 a. F. StGB strafbar.

406 Dabei geht es darum, den Umfang der jeweiligen Strafnorm zu analysieren und bei einschlägiger Unverhältnismäßigkeit zu modifizieren, *Albrecht,* Strafrecht – ultima ratio, S. 13.

grundrechtsintensiven Maßnahmen zu erreichen ist.[407] Nur hierdurch kann der Freiheitsgarantie des Strafrechts bestmöglich Genüge getan werden.

E. Zusammenfassung

Der Begriff eines rechtsstaatlichen Strafrechts lässt sich nach der dargelegten Auffassung wie folgt zusammenfassen: Dem Strafrecht kommt im Rechtsstaat die Rolle zu, den Schutz von Rechtsgütern zu gewährleisten. Diese extensivste hoheitliche Handlungsmöglichkeit darf nur als letztmögliche Alternative bei Rechtsgutverletzungen in Betracht kommen. Nur wenn der angestrebte Rechtsgüterschutz nicht anderweitig sichergestellt werden kann, ist das Strafrecht zu bemühen. Sein Anwendungsbereich wird dann wiederum durch das verfassungsrechtlich garantierte Prinzip der Strafgesetzlichkeit begrenzt. Dieses verpflichtet den Strafgesetzgeber dazu, klare und unmissverständliche Sanktionsregeln aufzustellen. Den Strafgesetzanwender bindet das Prinzip daran, das Strafrecht im Rahmen absoluter Gesetzestreue anzuwenden. Nur solange der Rechtsstaat an diesen seinen eigenen Grundsätzen festhält, ist die Freiheit des Einzelnen garantiert.

---

407 Zu diesem Abschnitt vgl. *Albrecht*, Strafrecht - ultima ratio, S. 13; *Albrecht*, KritV 1996, 330, (330).

Teil 3. Abrechnungsmanipulationen im Vertragsarztbereich

Welche Rolle das Strafrecht im Hinblick auf die Manipulation ärztlicher Abrechnungen im Bereich der GKV spielt, wird im folgenden Kapitel beleuchtet werden. Die Fallgestaltung des Abrechnungsbetruges stellt die häufigste Form strafrechtlich relevanten Abrechnungsverhaltens dar. Dieser stellt in der strafrechtlichen Praxis ein vergleichsweise junges Phänomen dar[408]. Einen nennenswerten Bekanntheitsgrad erreichte er erstmals in den 1980er-Jahren.[409] Seitdem hat der Abrechnungsbetrug rechtlich erheblich an Bedeutung gewonnen.[410] Die Staatsanwaltschaften in Deutschland haben bereits in Tausenden von Verfahren gegen Ärzte ermittelt.[411]

Der Delikttypus ist auch deshalb von besonderer Bedeutung, weil dem Arzt im Falle einer Verurteilung erhebliche Folgen drohen, welche sogar existenzgefährdend sein können, denn die festgestellte Strafbarkeit kann nicht nur zu einer Verurteilung des Arzt zu einer Haft- oder Geldstrafe führen, sondern auch zum Verlust der kassenärztlichen Zulassung und der Approbation.[412] Auch in den Fällen, in denen sich letztendlich herausstellt, dass die gegen den Vertragsarzt erhobenen Vorwürfe nicht berechtigt sind, kann dies dennoch mit erheblichen Konsequenzen für den betroffenen Arzt verbunden sein. Die mit der Ermittlung der Staatsanwaltschaft im Vorfeld einhergehenden „Begleitumstände“, wie Praxisdurchsuchungen und Beschlagnahmungen von Patientenakten, können das Ansehen des Arztes erheblich schädigen.[413] Wer als Arzt einmal in den Verdacht des Missbrauchs geraten ist, kann seinen Ruf nur schwer wiederherstellen. Aber wie kommt ein Arzt überhaupt dazu, seine Abrechnungserklärungen zu manipulieren? In einigen Fällen mag dies daran liegen, dass er sich schlicht aus Gier einen Vermögensvorteil verschaffen möchte. In anderen

408 *Ries/Schnieder* u. a., Arztrecht, S. 120.

409 *Ulsenheimer*, in: Laufs/Kern, Handbuch des Arztrechts, § 151 Rn. 1.

410 *Ratzel/Luxenburger*, Handbuch Medizinrecht, § 14 Rn. 147.

411 *Steinhilper*, Abrechnungsbetrug, S. 71; *Laufs*, in: Das Bild des Arztes im 21. Jahrhundert, S. 15.

412 *Roxin/Schroth*, Handbuch des Medizinstrafrechts, S. 181; *Ulsenheimer*, Arztstrafrecht in der Praxis, Rn. 1092.

413 Zu den Auswirkungen und Konsequenzen einer Praxisdurchsuchung aus der Sicht der Staatsanwaltschaft siehe ausführlich *Welke*, MedR 2008, 732.

Fällen kann der Grund in einer unzureichenden Vergütung des Vertragsarztes liegen, welche diesem angesichts des von ihm betriebenen Aufwands nicht als gerecht erscheint. Das dabei geltende budgetierte Vergütungsprinzip im Gesundheitswesen ist ein Faktor, der Ärzte in vielen Fällen dazu bewegt, den vorgegebenen Leistungsrahmen mit manipulierten Abrechnungen vollständig auszuschöpfen.[414] Falsche Abrechnungen einzureichen ist dem Vertragsarzt relativ leicht möglich[415], da er die Bewertung seiner Leistung selbst und ohne jegliche Fremdkontrolle vornimmt[416]. Aufgrund dessen werden die Fehlberechnungen im komplizierten vertragsärztlichen Abrechnungssystem zum Teil auch als dem System immanent angesehen.[417] Die Verantwortlichkeit für die Vielzahl der Fälle falscher ärztlicher Abrechnungen wird deshalb von Vertretern der einschlägigen Literatur auch nicht dem Arzt selbst, sondern dem Gesetzgeber zugerechnet.[418]

Allerdings kann nicht jede falsche Abrechnung, sondern nur die vorsätzlich rechtswidrig manipulierte nach § 15 StGB eine Strafbarkeit wegen Betruges gemäß § 263 StGB oder Untreue nach § 266 StGB begründen. Durch komplizierte, unübersichtliche und ständig wechselnde gesetzlich geregelte Abrechnungssysteme werden falsche Honorarabrechnungen in vielen Fällen auch unvorsätzlich eingereicht. Fahrlässige Fehlabrechnungen und rechtliche Fehlbewertungen, die angesichts des diffizilen Abrechnungssystems sehr oft auftauchen, gehören somit nicht zum strafrechtlichen Bereich des Abrechnungsbetrugs oder der Untreue.[419] In den folgenden Kapiteln der Arbeit werden die gängigen Fallgruppen der Abrechnungsmanipulation von Kassenärzten dargestellt und die hierzu einschlägige Rechtsprechung diskutiert. Insbesondere wird auf die Rechtsfigur der sogenannten streng formalen Betrachtungsweise des Sozialversicherungsrechts eingegangen werden.

---

414 *Roxin/Schroth*, Handbuch des Medizinstrafrechts, S. 181.

415 *Hancok*, Abrechnungsbetrug durch Vertragsärzte, S. 119 f.

416 Zur Bewertung von Leistungen nach dem Einheitlichen Bewertungsmaßstab siehe S. 58 f. der vorliegenden Arbeit.

417 *Ellbogen/Wichmann*, MedR 2007, 10, S. 10/11; *Ellbogen*, MedR 2006, 457 f.; *Ulsenheimer* in: *Laufs/Kern*, Handbuch des Arztrechts, § 151 Rn. 2.

418 Steinhilper, in: FS-Schwind, S. 168.

419 *Ulsenheimer*, Arztstrafrecht in der Praxis, Rn. 1079; *Erlinger/Warntjen/Bock*, in: MAH Strafverteidigung, § 50 Rn. 143.

A. Typische Begehungsweisen der Abrechnungsmanipulation

Die möglichen Erscheinungsformen der Abrechnungsmanipulationen sind sehr vielgestaltig und können im Hinblick auf das komplizierte vertragsärztliche Abrechnungssystem nicht enumerativ aufgezählt werden.[420] Im Folgenden soll aber ein Überblick über die typischen Fallgestaltungen in Bezug auf die Strafbarkeit von Vertragsärzten bei der Abrechnungsmanipulation gegeben werden. Die hier dargelegten besonderen Erkenntnisse aus Rechtsprechung und Literatur werden speziell auf den Bereich des Vertragsarztes angewendet werden.

I. Grundfall: Abrechnungsbetrug durch fingierte Leistungen

Unzulässig und somit als strafwürdig zu bewerten ist die Abrechnung fingierter Leistungen, die im Fachjargon auch als „Luftleistungen" bezeichnet werden[421]. Hierunter fällt die Abrechnung von Leistungen, die vom abrechnenden Vertragsarzt überhaupt nicht, nicht vollständig oder in einem anderen Abrechnungszeitraum erbracht wurden.[422] Vertragsärzte fügen ihrer Abrechnungserklärung beispielsweise falsche Diagnosen und zusätzliche Gebührenziffern hinzu.[423] Oder sie rechnen Behandlungen für Patienten ab, die ihre Praxis nie aufgesucht haben[424], dort von einem anderen Arzt behandelt wurden[425] oder sogar bereits verstorben sind[426]. Die bewusste Abrechnung nicht erbrachter Leistungen kann aufgrund ihrer Häufigkeit als Grundfall des Abrechnungsbetruges bezeichnet werden.[427] Am folgenden Beispiel soll der Tatbestand des Betruges nach § 263 StGB von seiner Dogmatik her erläutert und die Thematik des Abrechnungsbetruges nähergebracht werden, wobei auf die Eigenheiten des Abrechnungsbetruges speziell im GKV-Bereich hingewiesen wird:

---

420 *Ellbogen/Wichmann*, MedR 2007, 10; *Ulsenheimer*, Arztstrafrecht in der Praxis, Rn. 1098.

421 *Hancok*, Abrechnungsbetrug durch Vertragsärzte, S. 131; *Herffs*, Der Abrechnungsbetrug des Vertragsarztes, S. 43.

422 *Hellmann/Herffs*, Abrechnungsbetrug, Rn. 113.

423 *Ulsenheimer*, in: Laufs/Kern, Handbuch des Arztrechts, § 151 Rn. 7; *Ulsenheimer*, Arztstrafrecht in der Praxis, Rn. 1099.

424 Beispielsweise durch das Verwenden gestohlener Gesundheitskarten oder einbehaltener Karten von verstorbenen Patienten.

425 In einer Praxisgemeinschaft mit zentraler Rezeption besteht die Möglichkeit, die GKV-Karte des Versicherten ohne dessen Wissen für alle beteiligten Ärzte einzulesen, *Hellmann/Herffs*, Abrechnungsbetrug, Rn. 115.

426 *Schmitt-Homann*, ZRP 2001, 485.

427 *Volk*, NJW 2000, 3385.

Fall 1 (Grundfall):
Der niedergelassene Vertragsarzt darf nach dem geltenden EBM im Quartal zehn Behandlungen einer Art, die unter die morbiditätsbedingte Gesamtvergütung fällt, pro Patient durchführen und über seine Kassenärztliche Vereinigung abrechnen. Der betreffende Patient erscheint aber nur viermal im Quartal, daher fügt der Arzt der Abrechnungserklärung zusätzliche Gebührenziffern für ambulante Tätigkeiten hinzu, die er tatsächlich nie erbracht hat, um auf das Pensum von zehn Behandlungen im Quartal zu kommen. Da zehn Behandlungen durchaus möglich sind, bleibt die Abrechnung bei der Überprüfung unauffällig. Eine Behandlung wird jeweils mit 100,00 EUR vergütet.

1. Objektive Voraussetzungen des § 263 StGB

a) Täuschung über Tatsachen

Zunächst setzt der Tatbestand des Betruges als Tathandlung ein Täuschen über Tatsachen voraus. Eine Täuschung im Sinne von § 263 Abs. 1 StGB ist ein Verhalten, durch das im Wege der Einwirkung auf das intellektuelle Vorstellungsbild eines anderen eine Fehlvorstellung von Realitäten erzeugt wird.[428] Tatsachen sind dabei konkrete Vorgänge oder Zustände der Vergangenheit oder Gegenwart, die dem Beweis zugänglich sind. Das Vorspiegeln falscher Tatsachen bedeutet, einen in Wirklichkeit nicht vorliegenden Umstand tatsächlicher Art einem anderen gegenüber als vorhanden oder gegeben hinzustellen. Es kommt nicht darauf an, ob dies ausdrücklich oder im Wege schlüssigen (konkludenten) Handelns erfolgt. Eine konkludente Täuschung liegt in einem Verhalten des Täters, das nach der Verkehrsanschauung als implizite (falsche) Behauptung einer Tatsache aufzufassen ist.[429] Wesentlich ist, dass auf die Vorstellung des Betroffenen eingewirkt wird und dass dem Verhalten des Täters ein bestimmter Erklärungswert zukommt. Maßgebend dafür ist, wie der Empfänger dieses Verhalten versteht und bei objektiver Beurteilung verstehen darf.[430]

Als Täuschungshandlung des Vertragsarztes kommt das Einreichen der Abrechnungserklärung in Frage. Durch das Erstellen der Abrechnungserklärung und deren Einreichung bei der Kassenärztlichen Vereinigung gibt der Arzt zwar nicht ausdrücklich zu verstehen, dass die konkrete Behandlung auch wirklich durchgeführt wurde. Allerdings beinhaltet die Quartalsmeldung auch sämtliche

428 Bezüglich der Tatbestandsmerkmale des § 263 StGB sei allgemein verwiesen auf *Fischer*, StGB, § 263 Rn. 5 f.; *Kühl*, in: L/K-StGB, § 263 Rn. 3 f.; *Perron*, in: Schönke/Schröder StGB, § 263 Rn. 5 f.; *Hefendehl*, in: MüKo-StGB, § 263 Rn. 53 ff.

429 BGHSt 47, 1 (3); 51, 165 f.; *Perron*, in: Schönke/Schröder StGB, § 263 Rn. 14 f.

430 *Perron*, in: Schönke/Schröder StGB, § 263 Rn. 14 f.; Eine Auflistung von Beispielsfällen findet sich bei: *Fischer*, StGB, § 263 Rn. 24 f.

Behandlungsumstände (Tag der Behandlung, Gebührenziffer usw.). Miterklärte Umstände sind somit, dass der Arzt abrechnungsberechtigt und die aufgeführte Behandlung abrechnungsfähig ist.[431] Die Grundlage für die Rechnungsstellung ist der Behandlungsvertrag zwischen dem Arzt und dem Patienten. Damit die Behandlung abrechnungsfähig ist, muss sie somit auch durchgeführt worden sein. Dies ist bei der erfundenen „Luftleistung" aber nicht der Fall. Ob die Behandlung auch tatsächlich durchgeführt wurde, kann bewiesen werden und ist mithin auch eine Tatsache. Demgemäß teilt der Vertragsarzt der Kassenärztlichen Vereinigung zumindest konkludent mit, dass die bezeichneten Leistungen auch erbracht worden sind und die Abrechnung sachlich richtig und vollständig ist. Es sei an dieser Stelle noch erwähnt, dass dem GKV-Patienten beim Abrechnungsbetrug im Bereich der gesetzlichen Krankenversicherung keine Rolle zukommt. Er ist lediglich Begünstigter der ärztlichen Behandlungsleistung und nicht Schuldner.[432] Da er üblicherweise auch keine Rechnung vom Vertragsarzt erhält, scheidet er als zusätzliche Kontrollinstanz sogar völlig aus.[433]

Exkurs: Tatbestand des Computerbetruges, § 263a StGB

An dieser Stelle bedarf es der Feststellung, wer der Empfänger einer manipulierten und damit einer unrichtigen Abrechnungserklärung ist. Wie eingangs bereits erläutert, reicht die Mehrheit der Vertragsärzte ihre Quartalsabrechnung regelmäßig auf elektronischem Wege ein.[434] Wird die Quartalsmeldung ausschließlich von einem Computerprogramm geprüft und daraufhin die Auszahlung veranlasst, erscheint es fraglich, ob überhaupt ein Irrtum gegeben ist, denn ein solcher kann lediglich bei einem Menschen, aber nicht bei einer Maschine hervorgerufen werden.[435] Zu denken ist hier an den (Auffang-)Tatbestand des Computerbetruges gemäß § 263a StGB. Die Tathandlung liegt, vereinfacht dargestellt, in einer Inputmanipulation an der Computersoftware. Der Unterschied zum Betrug besteht darin, dass kein Mensch getäuscht und zu einer irrtumsbedingten Vermögensverfügung veranlasst wird, sondern der Schaden durch die Manipulation eines Datenverarbeitungssystems herbeigeführt wird.[436] Der Tatbestand

---

431 *Sommer/Tsambikakis*, in: MAH MedR, § 3 Rn. 123 f.

432 Zur Rolle des GKV-Patienten siehe S. 45 in der vorliegenden Arbeit.

433 *Hellmann/Herffs*, Abrechnungsbetrug, Rn. 113.

434 Siehe S. 58 in der vorliegenden Arbeit.

435 Dass eine Maschine nicht im Sinne des § 263 StGB „getäuscht" werden kann, hat bereits das Reichsgericht in seiner Entscheidung zum *Telefonautomatenbetrug* festgestellt, RGSt 68, 65 (66).

436 *Wessels/Hillenkamp*, Strafrecht BT 2, § 13 Rn. 599.

wurde vom Gesetzgeber nachträglich eingefügt[437], um dort Strafbarkeitslücken zu schließen, wo Computer anstelle von Menschen eingesetzt werden.[438] Die Schlussfolgerung, dass hierbei in der obigen Konstellation der Tatbestand des Computerbetruges nach § 263a StGB erfüllt sein könnte, erscheint zunächst plausibel. Der Computerbetrug kommt aber lediglich dann in Betracht, wenn die Vermögensverfügung ausschließlich und unmittelbar vom Computer vorgenommen wird.[439]

Wie eingangs erläutert, unterbreitet das Computerprogramm der Kassenärztlichen Vereinigung (Regelwerk) bei Unstimmigkeiten lediglich Vorschläge, die vom zuständigen Sachbearbeiter geprüft und entschieden werden müssen.[440] Im Ergebnis ist es aber allein die Aufgabe des Sachbearbeiters, die Abrechnung des Vertragsarztes zu prüfen, um damit den Erlass des Honorarbescheides vorzubereiten.[441] Der Sachbearbeiter allein trägt, wenn auch mit Hilfe des EDV-Systems, die Sorge dafür, was mit der Abrechnung passiert. Nach Ansicht der Literatur liegt regelmäßig nicht § 263a StGB, sondern § 263 StGB vor, wenn eine Kontrollperson eingeschaltet ist, die nicht nur den technischen Vorgang der Prüfung, sondern auch Einfluss auf das inhaltliche Ergebnis nimmt.[442] Dieser Auffassung ist zuzustimmen. Aufgrund seiner Auffangfunktion soll § 263a StGB nur dann Anwendung finden, wenn der Tatbestand des § 263 StGB eine vom Gesetzgeber unbeabsichtigte Lücke aufweist. Demgemäß wäre § 263a StGB nur in solchen Konstellationen anwendbar, in denen keine „manuelle" Überprüfung der Abrechnungserklärung erfolgt.

b) Irrtum

Aufgrund[443] der Täuschungshandlung muss beim Getäuschten ein Irrtum entstanden sein. Unter einem Irrtum versteht man das Auseinanderfallen der Vorstellung des Getäuschten und der Wirklichkeit.[444] Aus der Täuschungshandlung

---

437 Zweites Gesetz zur Bekämpfung von Wirtschaftskriminalität v. 15.05.1986.

438 *Wessels/Hillenkamp*, Strafrecht BT 2, § 13 Rn. 598.

439 *Perron*, in: Schönke/Schröder StGB, § 263a Rn. 21; *Heger*, in: L/K-StGB, § 263a Rn. 17.

440 Siehe S. 61 in der vorliegenden Arbeit.

441 Einige Kassenärztliche Vereinigungen überprüfen Abrechnungen anteilig auch manuell beispielsweise darauf, ob die ärztliche Diagnose mit der abgerechneten Leistung übereinstimmt und etwaig erforderliche Begründungen angegeben sind.

442 *Perron*, in: Schönke/Schröder StGB, § 263a Rn. 21.

443 Der Irrtum muss hierbei kausal auf der Täuschungshandlung beruhen, vgl. *Kühl*, in: L/K-StGB, § 263 Rn. 20, *Fischer*, StGB, § 263 Rn. 63.

444 *Perron*, in: Schönke/Schröder StGB, § 263 Rn. 33; *Fischer*, StGB, § 263 Rn. 54.

des Vertragsarztes resultiert in der Regel ein Irrtum beim Sachbearbeiter der Kassenärztlichen Vereinigung (bzw. der Krankenkasse[445]), welcher die Abrechnung einer computergestützten Überprüfung gemäß § 106a SGB V unterzieht[446]. Nach Auffassung des BGH ist es beim Prüfungsverfahren einer vertragsärztlichen Abrechnung durch den Sachbearbeiter der Kassenärztlichen Vereinigung nicht erforderlich, dass sich dieser über jede einzelnen geltend gemachte Gebührenposition Gedanken macht und die positive Vorstellung hat, diese sei der Höhe nach berechtigt. Es genügt vielmehr die Annahme, die ihm vorliegende Abrechnung sei insgesamt „in Ordnung".[447] Daher setzt der Irrtum nicht voraus, dass tatsächlich eine einzelfallbezogene Überprüfung der Abrechnungen durchgeführt wurde.

Das Überprüfungsverfahren der Abrechnung gibt Anlass dafür, sich mit der Frage auseinanderzusetzen, welchen Intensitätsgrad die Fehlvorstellung des Getäuschten erreicht haben muss, um einen Irrtum annehmen zu können. Zeigt das Regelwerk bei der Prüfung der Abrechnung keine Fehlermeldung an, so vertraut der Sachbearbeiter der Kassenärztlichen Vereinigung in den meisten Fällen auf das Ergebnis der Software.[448] Nach allgemeiner Auffassung liegt jedoch kein Irrtum vor, wenn sich der Getäuschte keine Gedanken macht.[449] Dies stellt die Rechtsfigur der sogenannten *ignorantia facti* dar. Es kommt dann lediglich das versuchte Betrugsdelikt nach § 263 Abs. 2 StGB i. V. m. §§ 22, 23 Abs. 1 StGB in Betracht. Der Angestellte der Kassenärztlichen Vereinigung ignoriert in der Regel keine Tatsachen, sondern bildet sich aufgrund des anerkannten sozialrechtlichen Rahmens eine Grundvorstellung.[450] Zumindest kann somit unterstellt werden, dass der Sachbearbeiter von einer allgemeinen Richtigkeit der eingereichten Abrechnung ausgeht, wenn die Überprüfungssoftware keinerlei Fehler auswirft.[451] Dieses allgemeine positive Begleitwissen des Sachbearbeiters ist folglich ausreichend dafür, hier den Fall der *ignorantia facti* auszuschließen. Was ist

445 Bei direkter Abrechnung über die Krankenkasse und Überprüfung gemäß § 106a Abs. 3 SGB V, beispielsweise bei Sprechstundenbedarfsartikeln, vgl. S. 63 in der vorliegenden Arbeit.

446 Zur Überprüfung durch die KV siehe S. 62 in der vorliegenden Arbeit.

447 BGH NStZ 2007, 213 (215).

448 *Luig*, Abrechnungsbetrug, S. 47.

449 *Fischer*, StGB, Rn. 57 f.; *Kühl*, in: L/K-StGB, § 263 Rn. 18; *Perron*, in: Schönke/Schröder StGB, § 263 Rn. 5 f.; *Hefendehl*, in: MüKo-StGB, § 263 Rn. 53 ff.; *Wessels/Hillenkamp*, Strafrecht BT 2, § 13 Rn. 510.

450 *Hellmann/Herffs*, Abrechnungsbetrug, Rn. 156.

451 *Luig*, Abrechnungsbetrug, S. 50.

aber, wenn der Sachbearbeiter sich durchaus Gedanken über die Korrektheit der Abrechnung macht, die Zahlung schlussendlich auch ausführt, aber aufgrund von Unstimmigkeiten Zweifel an der Richtigkeit der Abrechnungserklärung hat? Nach Ansicht der Lehre liegt ein Irrtum auch dann vor, wenn das Opfer zweifelt, gleichwohl aber die Vermögensverfügung vornimmt. Als Argument wird vorgebracht, dass ein Opfer nicht weniger schutzwürdig sein darf, wenn es sich mit den Angaben des Täters kritisch auseinandersetzt.[452] Auch der BGH hat Stellung zu der viel diskutierten Zweifelsproblematik bezogen. In einer Entscheidung speziell zum vertragsärztlichen Abrechnungsbetrug[453] bestätigte der BGH seine ständige Rechtsprechung[454] zur Unbeachtlichkeit von Zweifeln bei der Feststellung eines betrugsrelevanten Irrtums.[455] Demnach besteht ein Irrtum selbst dann, wenn der Sachbearbeiter Zweifel an der Richtigkeit der Abrechnung hat und die Auszahlung veranlasst.[456]

c) *Vermögensverfügung*

Der Irrtum muss kausal[457] zu einer Vermögensverfügung führen. Dieses Merkmal des Betruges findet sich nicht im Gesetzestext, ist jedoch nach einstimmiger Ansicht erforderlich, um den Kausalzusammenhang zwischen Irrtum und Vermögensschaden herzustellen.[458] Ausschlaggebend für diese Auffassung ist insbesondere der Charakter des Betruges als Selbstschädigungsdelikt, weshalb die Verfügung zudem freiwillig erfolgen muss.[459] Eine Vermögensverfügung im Sinne des § 263 StGB ist jedes Handeln, Dulden oder Unterlassen, das eine Vermögensminderung unmittelbar herbeiführt.[460] Als tatbestandsmäßige Vermögensverfügung kommt vorliegend der Honorarbescheid bzw. die Auszahlung des Honorars an den Vertragsarzt durch die Kassenärztliche Vereinigung in Betracht. Zunächst stellt sich die Frage, über welches Vermögen die Kassenärztliche Vereinigung verfügt, wenn sie das vertragsärztliche Honorar auszahlt. Es kann sich dabei sowohl um das eigene Vermögen als auch um das Vermögen der Ärzte, die an

---

452 *Perron*, in: Schönke/Schröder StGB, § 263 Rn. 40.
453 BGH NStZ 2003, 313f = BGH NJW 2003, 1198 f. = BGH StV 2003, 276 f.
454 BGHSt 2, 325 (326); BGH wistra 1990, 305 f.
455 BGH NJW 2003, 1198 (1199).
456 *Ulsenheimer*, Arztstrafrecht in der Praxis, Rn. 1104.
457 Siehe hierzu *Perron*, in: Schönke/Schröder StGB, § 263 Rn. 77;
458 *Perron*, in: Schönke/Schröder StGB, § 263 Rn. 54.
459 *Hefendehl*, in: MüKo-StGB, § 263 Rn. 283.
460 BGHSt 14, 170 (171).

der vertragsärztlichen Versorgung teilnehmen, handeln.[461] Zu betrachten ist zunächst die Ausgangslage. Die gesetzlichen Krankenkassen haben, entsprechend ihrem Gesundheitsauftrag, eine Gesamtvergütung an die Kassenärztlichen Vereinigungen gezahlt. Juristisch betrachtet erlangt die Kassenärztliche Vereinigung durch den Überweisungsauftrag der Krankenkasse einen Auszahlungsanspruch gegenüber ihrer Bank. Folglich könnte somit angenommen werden, dass die erhaltene Gesamtvergütung Teil des Vermögens der Kassenärztlichen Vereinigung geworden ist. Dies ist aber zweifelhaft. Die Kassenärztliche Vereinigung hat aus § 85 Abs. 4 S. 1 SGB V die gesetzliche Pflicht, die Gesamtvergütung an die teilnehmenden Vertragsärzte zu verteilen. Aufgrund dieser Pflicht ist die Funktion der Kassenärztlichen Vereinigung mit der eines Treuhänders zu vergleichen.[462] Sie steht im Außenverhältnis zwar als alleinige Berechtigte der Forderung dar, im Innenverhältnis hat sie das Geld der Krankenkassen aber nur für ihre Mitglieder zu verwalten und an diese zu verteilen.[463] Mithin liegt hier eine Verfügung der Kassenärztlichen Vereinigung nicht über das eigene, sondern über fremdes Vermögen vor.[464]

aa) Dreiecksbetrug

Des Weiteren müsste ein von § 263 Abs. 1 StGB vorausgesetzter Vermögensschaden vorliegen. Anhand des oben genannten Beispiels wurde dargelegt, wie der Vermögensschaden nach den dogmatischen Grundsätzen des § 263 StGB ermittelt wird. Der Vermögensschaden ist im Rahmen des § 263 StGB anhand eines objektiv individualisierenden Beurteilungsmaßstabes nach dem Prinzip der Gesamtsaldierung unter Berücksichtigung einer etwaigen unmittelbaren Schadenskompensation festzustellen.[465] Durch einen Vergleich zwischen dem Vermögensstand vor und nach der Vermögensverfügung ist zu ermitteln, ob eine nachteilige Vermögensdifferenz eingetreten ist, ohne dass diese Einbuße durch ein unmittelbar aus der Vermögensverfügung fließendes Äquivalent wirtschaftlich voll ausgeglichen wird. § 263 StGB schützt ausschließlich das Vermögen,

---

461 *Ellbogen/Wichmann*, MedR 2007, 10 (13); *Hellmann/Herffs*, Abrechnungsbetrug, Rn. 161.

462 *Ellbogen/Wichmann*, MedR 2007, 10 (13).

463 OLG Koblenz, MedR 2001, S. 145.

464 Vgl. *Ulsenheimer*, Arztstrafrecht in der Praxis, Rn. 1105 f.

465 Zur Dogmatik des Vermögensschadens in der Literatur siehe *Fischer*, StGB, § 263 Rn. 111 f.; *Schuhr*, in: Spickhoff, Medizinrecht, § 263 Rn. 36 f.; *Kühl*, in: L/K-StGB, § 263 Rn. 32 f.; *Perron*, in: Schönke/Schröder StGB, § 263 Rn. 99 f.; *Hefendehl*, in: MüKo-StGB, § 263 Rn. 336 f.; *Naucke*, Zur Lehre vom strafbaren Betrug.

nicht die Dispositionsfreiheit. Daher genügt es grundsätzlich nicht, wenn sich das Opfer aufgrund der Täuschung nur geschädigt fühlt, objektiv aber keine Werteinbuße erleidet. Der dafür maßgebliche Zeitpunkt ist der Verfügungszeitpunkt. Mit anderen Worten besteht nach der allgemeinen Lehre vom Vermögensschaden dann ein Schaden, wenn nach der Vermögensverfügung eine Differenz beim Vermögen des Geschädigten festzustellen ist und dafür kein äquivalenter Ausgleich erfolgt ist.

Im Grundfall hat der Arzt den Patienten viermal behandelt, aber zehn Behandlungen im Quartal abgerechnet. Nach der allgemeinen Lehre zum Vermögensschaden besteht zunächst eine Differenz am durch die Kassenärztliche Vereinigung verwalteten Vermögen der Vertragsärzte von zehn Behandlungen in Höhe von 1.000,- EUR. Der Arbeitskraft eines Menschen wird durch die von ihm erbrachten Leistungen ein Vermögenswert beigemessen, falls und soweit diese üblicherweise gegen Entgelt erfolgen.[466] Dadurch, dass der Arzt hier tatsächlich vier Behandlungen vorgenommen hat, die weder aus medizinischen noch sozialrechtlichen Gesichtspunkten zu beanstanden sind, wird die Kassenärztliche Vereinigung und somit die Gemeinschaft der Vertragsärzte von dem Anspruch des GKV-Patienten auf Heilbehandlungen im Rahmen der erbrachten Leistung befreit. Hier ist der Vermögensschaden daher evident in Höhe von 600,- Euro eingetreten, da diesen Kosten keine äquivalente Leistung des Arztes gegenübersteht.

bb) Konkrete Durchführung der Vermögensverfügung

Konkret durchgeführt wird die Auszahlung in der Regel von dem getäuschten Sachbearbeiter der Kassenärztlichen Vereinigung, welcher die Abrechnung überprüft und dann die Zahlung veranlasst. Der Einfachheit halber wird aber darauf verzichtet, zwischen diesem und der Kassenärztlichen Vereinigung als solche zu unterscheiden. Der Mitarbeiter hat eine durch den Arbeitsvertrag mit der Kassenärztlichen Vereinigung eingeräumte Dispositionsbefugnis über das Vermögen. Zudem steht er als Angestellter auch unverkennbar im Lager der Kassenärztlichen Vereinigung, folglich ist er auch dieser zuzuordnen.

cc) Zusammenfassung

Die Beurteilung der Vermögensverfügung in den Fällen des Abrechnungsbetruges hängt maßgeblich davon ab, über welches Vermögen verfügt wird. Wie festgestellt wurde, wird die Vermögensverfügung hier durch die Kassenärztliche

---

466 *Perron*, in: Schönke/Schröder StGB, § 263 Rn. 96.

Vereinigung (bzw. durch ihre Mitarbeiter) durchgeführt.[467] Eine Vermögensminderung kommt aber nur in Bezug auf das Vermögen der ordnungsgemäß abrechnenden Ärzte in Betracht.

d) Vermögensschaden

Des Weiteren müsste ein von § 263 Abs. 1 StGB vorausgesetzter Vermögensschaden vorliegen. Besonderheiten bei der Thematik des Abrechnungsbetruges von Vertragsärzten spielen sich vornehmlich beim Tatbestandsmerkmal des Vermögensschadens ab.[468] Anhand des Beispiels wird dargelegt, wie der Vermögensschaden nach den dogmatischen Grundsätzen des § 263 StGB ermittelt wird. Der Vermögensschaden ist im Rahmen des § 263 StGB anhand eines objektiv individualisierenden Beurteilungsmaßstabes nach dem Prinzip der Gesamtsaldierung unter Berücksichtigung einer etwaigen unmittelbaren Schadenskompensation festzustellen.[469] Durch einen Vergleich zwischen dem Vermögensstand vor und nach der Vermögensverfügung ist zu ermitteln, ob eine nachteilige Vermögensdifferenz eingetreten ist, ohne dass diese Einbuße durch ein unmittelbar aus der Vermögensverfügung fließendes Äquivalent wirtschaftlich voll ausgeglichen wird. § 263 StGB schützt ausschließlich das Vermögen, nicht die Dispositionsfreiheit. Daher genügt es grundsätzlich nicht, wenn sich das Opfer aufgrund der Täuschung nur geschädigt fühlt, objektiv aber keine Werteinbuße erleidet. Der dafür maßgebliche Zeitpunkt ist der Verfügungszeitpunkt.

Mit anderen Worten besteht nach der allgemeinen Lehre vom Vermögensschaden dann ein Schaden, wenn nach der Vermögensverfügung eine Differenz beim Vermögen des Geschädigten festzustellen ist und dafür kein äquivalenter Ausgleich erfolgt ist. Im vorliegenden Fall hat der Arzt den Patienten viermal behandelt, aber zehn Behandlungen im Quartal abgerechnet. Nach der allgemeinen Lehre zum Vermögensschaden besteht zunächst eine Differenz am durch die Kassenärztliche Vereinigung verwalteten Vermögen der Vertragsärzte von zehn Behandlungen in Höhe von 1.000,- EUR. Der Arbeitskraft eines Menschen wird durch die von ihm erbrachten Leistungen ein Vermögenswert beigemessen, falls und soweit diese üblicherweise gegen Entgelt erfolgen.[470] Dadurch, dass der

467 Siehe zur Konstellation des Dreiecksbetrugs im Bereich der GKV: *Sommer/Tsambikakis*, in: MAH MedR, § 3 Rn. 139.

468 *Sommer/Tsambikakis*, in: MAH MedR, § 3 Rn. 140.

469 *Fischer*, StGB, § 263 Rn. 111 f.; *Schuhr*, in: Spickhoff, Medizinrecht, § 263 Rn. 36 f.; *Kühl*, in: L/K-StGB, § 263 Rn. 32 f.; *Perron*, in: Schönke/Schröder StGB, § 263 Rn. 99 f.; *Hefendehl*, in: MüKo-StGB, § 263 Rn. 336 f.

470 *Perron*, in: Schönke/Schröder StGB, § 263 Rn. 96.

Arzt hier tatsächlich vier Behandlungen vorgenommen hat, die weder aus medizinischen noch sozialrechtlichen Gesichtspunkten zu beanstanden sind, wird die Kassenärztliche Vereinigung und somit die Gemeinschaft der Vertragsärzte von dem Anspruch des GKV-Patienten auf Heilbehandlungen im Rahmen der erbrachten Leistung befreit. Hier ist der Vermögensschaden daher evident.

2. *Subjektive Voraussetzungen des § 263 StGB*

Der sich wegen Betruges strafbar machende Arzt muss nach § 15 StGB zudem vorsätzlich handeln. Vorsatz ist nach allgemeiner juristischer Definition das Wissen um die und das Wollen der Tatbestandsverwirklichung.[471] Vorsatz bezüglich der objektiven Tatbestandsmerkmale in Form eines „*dolus eventualis*" liegt bereits dann vor, wenn der Täter die Möglichkeit der Tatbestandsverwirklichung erkannt hat und sie billigend in Kauf nimmt. Ein Arzt handelt folglich vorsätzlich, wenn er zumindest mit der Möglichkeit rechnet (Wissen) und es billigend in Kauf nimmt (Wollen), dass die Einreichung seiner Abrechnungserklärung zu einem durch eine Täuschung hervorgerufenen Irrtum des Sachbearbeiters führt und dieser daraufhin eine Auszahlung veranlasst, welche zu einem Schaden führt. Der Arzt muss beim Erstellen einer strafbaren Abrechnung folglich keinen zielgerichteten Schädigungswillen haben. Es reicht aus, wenn er lediglich die schadensbegründenden Merkmale der Tat kennt.[472]

Als besonderes subjektives Merkmal verlangt der Tatbestand des Betruges des Weiteren eine Bereicherungsabsicht. Damit ist gemeint, dass es dem Täter explizit darauf ankommen muss, sich (Eigenbereicherungsabsicht) oder einen Dritten (Drittbereicherungsabsicht) rechtswidrig zu bereichern.[473] Rechtswidrig ist diese Bereicherung dann, wenn der Täter keinen fälligen und einredefreien Anspruch auf die Zahlung hat.[474] Im Fall des Abrechnungsbetruges geht es dem abrechnenden Arzt in der Regel darum, sich einen Vermögensvorteil zu verschaffen. Der Arzt hat zwar einen einklagbaren Anspruch auf die Auszahlung seiner Vergütung, allerdings nur im Rahmen einer rechtmäßigen Abrechnung, die aus erbrachten Leistungen besteht. Auf die Bezahlung von abgerechneten, aber nicht durchgeführten Leistungen hat der Arzt keinen Anspruch.

---

471 BGHSt 7, 363 (368); *Kühl*, Strafrecht AT, § 5 Rn. 28; *Frister*, Strafrecht AT, S. 130, Rn. 21.

472 BGH, Wistra 1992, S. 97.

473 BGHSt 4, 107 (108); BGHSt 16, 1 (2); *Fischer*, § 263 Rn. 110.

474 *Rengier*, Strafrecht BT, § 13 Rn. 110.

3. *Ergebnis und Zusammenfassung*

Soweit der Arzt im dargestellten Beispielsfall auch rechtswidrig und schuldhaft handelt, ist eine Strafbarkeit wegen Betruges gemäß § 263 StGB anzunehmen. Die vorgestellte Fallkonstellation der Abrechnung von Luftleistungen ist im Hinblick auf die Dogmatik des Betrugstatbestandes unproblematisch. Durch die Manipulation der Abrechnung und deren Einreichung erfolgt eine täuschungsbedingte Auszahlung an den täuschenden Vertragsarzt für Leistungen, die nicht existieren. Das rechtswidrig verschobene Vermögen steht der Kassenärztlichen Vereinigung nicht weiter zur Verfügung und kann daher nicht anderweitig verteilt werden. Da bei fingierten Leistungen auch kein GKV-Patient behandelt wurde, ist die KV bzw. Krankenkasse auch nicht von einem etwaigen Behandlungsanspruch des Patienten befreit worden, welcher den Schaden gegebenenfalls kompensiert hätte. Auch aus rechtsstaatlichen Gesichtspunkten ergeben sich insoweit keine Bedenken. Der Zweck des § 263 StGB liegt ausschließlich im Schutz des Rechtsgutes des Vermögens[475], welches beeinträchtigt wurde. Gerade dies wollte der Gesetzgeber mit dem Tatbestand erreichen. Der Gesetzesanwender bleibt daher innerhalb seiner Befugnisse. Der Wortlaut des § 263 Abs. 1 StGB lässt zu, dass der betreffende Vertragsarzt als Normadressat unmittelbar nachvollziehen kann, dass seine Handlung mit Strafe bedroht ist.

II. Abrechnung von nicht persönlich erbrachten Leistungen

Eine andere typische Fallgruppe[476] der Abrechnungsmanipulation ist diejenige der Delegation von vertragsärztlichen Leistungen an das Praxispersonal.

> *Fall 2 (unzulässige Delegation):*
> *Vertragsarzt und Radiologe A gibt eine generelle Anweisung an sein medizinisches Hilfspersonal, bei GKV-Patienten Blutentnahmen, Injektionen und Infusionen vorzunehmen, bevor diese von ihm untersucht werden. Diese Behandlungen rechnet er als persönlich erbrachte Leistungen bei der Kassenärztlichen Vereinigung ab.*[477]

475 RGSt 74, 168 f.; RGSt 40, 246 f.; BGHSt 3, 99 f., BGHSt 16, 220, (221); BGHSt 16, 325, (372); *Perron*, in: Schönke/Schröder StGB, § 263 Rn. 1; *Kühl*, in: L/K-StGB, § 263 Rn. 2; zur Beeinträchtigung der Dispositionsbefugnis: *Kindhäuser*, ZStW 1991, 398 f.

476 Nach *Homann* ist die Abrechnung von Luftleistungen die häufigste Fallkonstellation (27,8 %), gefolgt von der Abrechnung von nicht persönlich erbrachten Leistungen, vgl. *Homann*, Betrug in der gesetzlichen Krankenversicherung.

477 Darstellung des Beispiels nach zutreffender Darlegung durch *Volk*: ders., NJW 2000, 3385 f.

Der 4. Strafsenat des BGH hatte 1994 einen solchen Fall zu entscheiden.[478] In erster Instanz wurde der Vertragsarzt vom Landgericht wegen Betruges in zehn Fällen zu einer Gesamtheitsstrafe von vier Jahren und sechs Monaten verurteilt.[479] Auf den ersten Blick mag die Durchführung von simplen Praxistätigkeiten, wie die Entnahme von Blut durch ärztliches Hilfspersonal, nicht unbedingt ungewöhnlich erscheinen. Zwar ist der Arzt grundsätzlich verpflichtet, die vertragsärztlichen Leistungen persönlich zu erbringen,[480] eine Delegation an das Praxispersonal ist aber durchaus möglich. In dem vorgelegten Fall richtete sich die Delegationsmöglichkeit nach § 15 Abs. 3 der damals gültigen Richtlinie der Kassenärztlichen Bundesvereinigung für Radiologie und Nuklearmedizin. Diese sah vor, dass Leistungen von Hilfskräften nur dann der nach dem jeweiligen Stand der ärztlichen Wissenschaft zu fordernden Qualität genügen und folglich abrechnungsfähig sind, wenn der Vertragsarzt die im Einzelfall erforderliche Anweisung gibt.[481] In der vorliegenden Konstellation hatte der Arzt nur eine generelle Anweisung an sein Personal gegeben, alle Patienten entsprechend zu behandeln. Er hatte nicht, wie es die Richtlinie vorsieht, eine jeweilige Einzelanordnung erteilt und sich auch nicht selbst vom Gesundheitszustand der Patienten überzeugt. Der Honoraranspruch bestand folglich aus sozialrechtlichen Gesichtspunkten nicht. Das Landgericht führte aus, dass in Bezug auf den eingetretenen Vermögensverlust daher keine Kompensation entsteht. Nach der streng formalen Betrachtungsweise des Sozialversicherungsrechts ist eine Leistung insgesamt nicht erstattungsfähig, wenn sie in Teilbereichen nicht den gestellten Anforderungen genügt. Nach Ansicht des Landgerichts, und zustimmend auch des BGH, war die komplette Abrechnung damit nicht abrechnungsfähig, was eine Strafbarkeit wegen Betruges begründete.

1. Unterschied zum Grundfall

Eine Gemeinsamkeit der Entscheidung mit dem Ausgangsfall lässt sich zumindest darin sehen, dass der Vertragsarzt den zuständigen Sachbearbeiter der Kassenärztlichen Vereinigung getäuscht hatte, indem er eine Abrechnungserklärung übermittelte, die unzutreffende Behauptungen enthielt. Werden Vertragsarztleistungen, die höchstpersönlich erbracht werden müssen oder nur einer

478 BGH, NStZ 1995, S. 85, 86 = BGH, StV 1995, S. 254 f.= BGH, wistra 1995, 29 f.

479 LG Frankenthal 1993, nicht veröffentlicht.

480 Zur persönlichen Leistungserbringungspflicht des Vertragsarztes vgl. S. 48 f. in der vorliegenden Arbeit.

481 BGH, NStZ 1995, S. 85, 86. = BGH, StV 1995, S. 254 f. = BGH, wistra 1995, 29 f.

eingeschränkten Delegierungsmöglichkeit unterliegen, in der Abrechnung nicht entsprechend bezeichnet, ist dies als Täuschungshandlung zu werten, denn der Vertragsarzt teilt in seiner Abrechnungserklärung der Kassenärztlichen Vereinigung schlüssig mit, dass die aufgeführten Leistungen persönlich erbracht worden sind.[482]

Dass hierdurch eine irrtumsbedingte Vermögensverfügung durch die Kassenärztliche Vereinigung erwirkt wird und dies vorsätzlich geschieht, ist ebenfalls anzunehmen. Jedoch erfüllt sie, für sich allein genommen, noch nicht den Tatbestand des Betruges nach § 263 Abs. 1 StGB, denn dessen wesentliches Merkmal liegt im Vorhandensein eines Vermögensschadens. Im Unterschied zum Grundfall wurde in der Konstellation der sozialrechtswidrigen Delegation die Heilbehandlungsleistung nicht vom Vertragsarzt selbst, sondern von seinem medizinischen Personal erbracht. Eine Kompensation der Vermögensminderung durch die Arbeitskraft der Mitarbeiter wird nach der Rechtsprechung allerdings abgelehnt, obwohl sie aus medizinischen Gesichtspunkten nicht zu beanstanden war[483]. Das Entstehen eines Vermögensschadens erfolgt hierbei nicht nach den allgemeinen Grundsätzen der Saldierungslehre.

2. *Streng formale Betrachtungsweise des Sozialversicherungsrechts*

Der Verstoß gegen das Gebot der persönlichen Leistungserbringung durch den Vertragsarzt führt nach Ansicht der Rechtsprechung des BGH zur Anwendung der streng formalen Betrachtungsweise des Sozialversicherungsrechts.[484] Nach der Rechtsprechung des Bundessozialgerichts[485] ist eine vertragsärztliche Leistung insgesamt nicht erstattungsfähig, wenn sie in Teilbereichen nicht den gestellten Anforderungen genügt. Was den Bereich der Abrechnungsmanipulation betrifft, hat dies der BGH für die strafrechtliche Schadensbestimmung übernommen.[486] Wörtlich führte der BGH hierzu in der genannten Entscheidung aus:

> *„Bei der Berechnung des Schadensumfanges [...] steht nicht entgegen, dass Leistungen sowohl von dem Angeklagten als auch von dem von ihm beauftragten Hilfspersonal (Infusionen, Durchführung von Blutentnahmen) in weitem Umfang erbracht worden sind. Diese beruht auf einer für den Bereich des Sozialversicherungsrechts geltenden streng formalen Betrachtungsweise, nach der eine Leistung insgesamt nicht erstattungsfähig ist, wenn sie in*

482 *Hellmann/Herffs*, Abrechnungsbetrug, Rn. 202.

483 Hierfür bestanden in der Entscheidung keinerlei Hinweise.

484 BGH, NStZ 1995, 85, 86; dem zustimmend: *Hellmann*, NStZ 1995, 232, 233.

485 BSGE 39, 288, 290.

486 BGH, NStZ 1995, 85, 86.

Teilbereichen nicht den gestellten Anforderungen genügt. [...] Auch eine Kompensation in der Form, dass die Krankenkassen infolge der von dem Angeklagten bzw. seinen Helferinnen erbrachten Leistungen Aufwendungen erspart haben, die ihnen bei Inanspruchnahme eines anderen Arztes durch die vom Angekl. behandelten Patienten entstanden wären, findet im Rahmen der Schadensberechnung nicht statt.“

Folglich ist die Abrechnung des Vertragsarztes als „sozialrechtswidrig“ anzusehen, so dass für den Vertragsarzt kein Leistungsanspruch für die delegierte Behandlungsleistung besteht.[487] Nach der streng formalen Betrachtungsweise des Sozialversicherungsrechts tritt folglich keine Kompensation des Vermögensschadens trotz einer tatsächlich und *de lege artis* durchgeführten Leistung ein.[488] Die erbrachten Leistungen sind allerdings zumindest im Rahmen der Strafzumessung zu berücksichtigen.[489]

III. Abrechnung unwirtschaftlicher Leistungen

Ähnlich wie bei der Fallgruppe der Luftleistungen verhält es sich mit der Abrechnung von unwirtschaftlichen Leistungen. Das Wirtschaftlichkeitsgebot nach § 12 SGB V verpflichtet den Vertragsarzt dazu, nur solche Behandlungen abzurechnen, welche zur Behandlung des Patienten notwendig, zweckmäßig und wirtschaftlich sind.[490] Leistungen, die diesem Erfordernis nicht entsprechen, sind folglich nicht abrechenbar.[491] Rechnet der Arzt beispielsweise Behandlungen ab, die zwar der Genesung des Patienten förderlich, aber nach dem Einheitlichen Bewertungsmaßstab nicht für die einschlägige Diagnose vorgesehen sind, handelt es sich um unwirtschaftliche Leistungen.[492] Ob es sich um solche handelt,

---

487 BGH, NStZ 1995, 85, 86.

488 Vgl. zur streng formalen Betrachtungsweise: *Ulsenheimer,* Arztstrafrecht in der Praxis, Rn. 1120; *Roxin/Schroth,* Handbuch des Medizinstrafrechts, S. 195; *Brockhaus,* in: Wirtschaftsstrafrecht in der Praxis, Kapitel 12, Rn. 34; kritisch: *Volk,* NJW 2000, 3385 (3386); ebenso *Schneider,* Plädoyer für die Abkehr von der „streng formalen Betrachtungsweise“ im Bereich des Abrechnungsbetruges, in: Wienke/Janke u. a., Der Arzt im Wirtschaftsstrafrecht, S. 57 f.; *Singelnstein,* wistra 2012, 417 (422).

489 BGH, NStZ 1995, 85, 86.

490 Zum Wirtschaftlichkeitsgebot im System der GKV siehe S. 49 in der vorliegenden Arbeit; das Wirtschaftlichkeitsgebot gilt auch in Bezug auf Leistungen, die direkt bei der Krankenkasse abgerechnet werden (70 Abs. 1 SGB V).

491 *Roxin/Schroth,* Handbuch des Medizinstrafrechts, S. 197.

492 BSGE 76, 120, (121 f.); BSG, NZS 1996, 133 f.; zu einer „Übertherapierung“ vgl. zum Beispiel *Krüger/Burgert,* ZWG 2012, 213 (216).

wird in der Abrechnungsüberprüfung durch die Kassenärztliche Vereinigung im Rahmen des § 106 SGB V festgestellt.

Fall 3 (Abrechnung „unwirtschaftlicher" Leistungen):
Der Vertragsarzt A erbringt eine EBM-Leistung[493] *mit hohen Punkten, obwohl im konkreten Fall auch eine andere EBM-Leistung mit geringeren Punkten zum entsprechenden Behandlungsziel geführt hätte. Diese teurere Leistung* fügt er seiner Abrechnungserklärung *hinzu und rechnet sie bei der Kassenärztlichen Vereinigung entsprechend ab.*

Rechtlich betrachtet stellt die Abrechnung einer erbrachten, aber nicht wirtschaftlichen Leistung auch eine Tatsache im Sinne des § 263 Abs. 1 StGB dar, da es sich um ein tatsächliches Ereignis handelt, das objektiv festgestellt werden kann.[494] Da die Wirtschaftlichkeit des § 12 SGB V ein eminentes Prinzip der GKV darstellt, gehört es zur Geschäftsgrundlage, und seine Beachtung wird bei der Abrechnungserklärung konkludent miterklärt.[495]

Im Unterschied zu den Luftleistungen scheitert eine Strafbarkeit des Arztes wegen Betruges hier aber regelmäßig am fehlenden Vorsatz.[496] Der Nachweis, dass der Arzt vorsätzlich unwirtschaftliche Behandlungen durchgeführt hat, um die Genesung des Patienten bewerkstelligen zu können, ist in der Praxis schwer zu erbringen.[497] Dem Arzt muss neben einer vorsätzlichen Täuschung noch bewiesen werden, dass er sich oder einen anderen absichtlich bereichern wollte. Der Arzt kann sich aber regelmäßig darauf berufen, dass er die entsprechende unwirtschaftliche Behandlung durchgeführt hat, da er die bestmöglichen Möglichkeiten zur Genesung seines Patienten ausschöpfen wollte. Bestehen für die ermittelnde Staatsanwaltschaft in dieser Hinsicht Zweifel, gilt im Strafprozess *der in dubio pro reo*-Grundsatz[498], welcher aus dem Grundgesetz und Art. 6 Abs. 2 EMRK abgeleitet wird. Allerdings kann eine dauerhafte unwirtschaftliche Abrechnung von Leistungen zu Regressansprüchen der Kassenärztlichen Vereinigung und zu Disziplinarmaßnahmen führen.[499]

---

493 Zur Vertragsarztvergütung nach dem Einheitlichen Bewertungsmaßstab siehe S. 54 f. in der vorliegenden Arbeit.

494 *Hellmann/Herffs*, Abrechnungsbetrug, Rn. 276.

495 *Hellmann/Herffs*, Abrechnungsbetrug, Rn. 280.

496 *Ulsenheimer*, Arztstrafrecht in der Praxis, Rn. 1135; *ders.*, in: Laufs/Kern, Handbuch des Arztrechts, § 131 Rn. 30.

497 *Steinhilper*, Abrechnungsbetrug, S. 135.

498 Zu Deutsch: im Zweifel für den Angeklagten.

499 *Ulsenheimer*, in: Laufs/Kern, Handbuch des Arztrechts, § 131 Rn. 30.

IV. Abrechnung im verdeckten Anstellungsverhältnis

Eine weitere Konstellation der Abrechnungsmanipulation ist die des verdeckten Anstellungsverhältnisses. Diese Fallgruppe ist auch unter dem Stichwort „Strohmann“ bzw. „verkapptes Anstellungsverhältnis“ bekannt.[500] Einen prominenten Fall zu diesem Thema hatte das OLG Koblenz zu entscheiden.[501]

1. *Verdecktes Anstellungsverhältnis*

Fall 4 (Verdecktes Anstellungsverhältnis):
Vertragsarzt A stellt Vertragsarzt B in seiner Praxis als Mitarbeiter ein. Nach außen hin erbringen die beiden Ärzte ihre Dienste in Form einer Praxisgemeinschaft und schicken jeweils eine eigene Abrechnungserklärung an die Kassenärztliche Vereinigung.

Bei Praxisgemeinschaften rechnet jeder Arzt selbständig gegenüber der Kassenärztlichen Vereinigung ab. Um die mit einer Gemeinschaftspraxis verbundene strengere Budgetierung umgehen zu können, rechnen die Vertragsärzte hier als Praxisgemeinschaft ab, denn dort rechnet jeder Vertragsarzt einzeln gegenüber der Kassenärztliche Vereinigung ab.[502]

Ärzte können zwar grundsätzlich gemeinsam eine Praxisgemeinschaft betreiben, doch müssen sie jeweils eine vertragsärztliche Zulassung besitzen. Nach §§ 98 Abs. 2 Nr. 13 SGB V, 20, 32 Abs. 1 Satz 1 Ärzte-ZV darf ein Arzt aber nur dann als Vertragsarzt zugelassen werden, wenn er seinen Beruf frei ausübt, also Freiberufler ist. Dies ist dann nicht der Fall, wenn der Arzt in einem Arbeitsverhältnis als Arbeitnehmer angestellt ist. Der Hauptunterschied zwischen Arbeitnehmern und Freiberuflern besteht darin, dass der Arbeitnehmer weisungsgebunden[503] ist und nicht dasselbe wirtschaftliche Risiko trägt wie ein Freiberufler.[504]

Nach Auffassung des OLG hatte sich Arzt B seine vertragsärztliche Zulassung durch die Vorlage von Scheinverträgen erschlichen, welche fingierten, dass er Freiberufler in einer Gemeinschaftspraxis sei.[505] Die Täuschungshandlung liegt

500 *Tsambikakis*, in *Terbille/Adolphsen*, Münchener Anwaltshandbuch Medizinrecht, § 2 Rn. 127.

501 OLG Koblenz, Beschluss v. 02.03.2000 – 2 Ws 92-94/00 = OLG Koblenz, MedR 2001, 144 f.

502 Zum Begriff der Praxisgemeinschaft siehe S. 59 f. in der vorliegenden Arbeit.

503 BAG, NJOZ 2002, 1075 f.

504 *Steinhilper*, in: Laufs/Kern, Handbuch des Arztrechts, § 25 Rn. 1.

505 OLG Koblenz, Beschluss v. 02.03.2000 – 2 Ws 92-94/00 = OLG Koblenz, MedR 2001, 144 f.; weitestgehend zustimmend *Stein*, MedR 2001, 124 (125).

demgemäß bereits in der Beantragung der vertragsärztlichen Zulassung unter der Vorspiegelung der erforderlichen Anforderungen.

Das OLG[506] führt hierzu aus:

> *Durch die Beantragung der Vertragsarztzulassung für die jeweiligen Ärzte in Verbindung mit der Vorlage der als verdeckte Angestelltenverträge zu wertenden Kooperations- und Gemeinschaftspraxisverträge bei dem Zulassungsausschuss für Ärzte hat der Beschuldigte diesem vorgespiegelt, die Betroffenen seien als Gesellschafter in die Gemeinschaftspraxis aufgenommen und dort als freiberuflich praktizierende Ärzte tätig. Diese Vorspiegelung ist auch in den Fällen, in denen der jeweilige Arzt selbst den Antrag auf Vertragsarztzulassung gestellt hat, dem Beschuldigten zuzurechnen, da die Antragstellung nicht nur mit seinem Willen, sondern auf seine Veranlassung erfolgte, wie sich aus einer entsprechenden Erklärung in einigen der vorbezeichneten Verträge ergibt. Selbst wenn im Einzelfall die Vertragsvorlage – mangels entsprechender Anforderung des Zulassungsausschusses – unterblieb, war mit der Beantragung der Vertragsarztzulassung die konkludente Erklärung verbunden, dass die Zulassungsvoraussetzungen gegeben seien. Aufgrund dieses Irrtums hat der Zulassungsausschuss die jeweilige Vertragsarztzulassung und Genehmigung der Gemeinschaftspraxis erteilt.*[507]

Ferner sieht das OLG in der Erteilung der Zulassung des Arztes als Vertragsarzt eine schadensgleiche Vermögensgefährdung, da „bereits eine Gefährdung der verwalteten Gelder“ vorliegt.[508] Diese Vorverlagerung des Anknüpfungspunktes des Vermögensschadens ist allerdings kritikwürdig. Für eine Vermögensverfügung i. S. d. § 263 Abs. 1 StGB ist es erforderlich, dass der Vermögensschaden unmittelbar herbeigeführt wird.[509] Es genügt nicht, wenn der Getäuschte dem Täter lediglich die tatsächliche Möglichkeit gibt, den Schaden durch eine weitere deliktische Handlung herbeizuführen.[510] Bei einer rechtswidrig erlangten Zulassung zum Vertragsarztbereich ergibt sich für den Arzt zwar die Möglichkeit, auf das Vermögen der Kassenärztlichen Vereinigung zugreifen zu dürfen, indem er seinen Honoraranspruch im Wege der Abrechnung verwirklicht, allerdings muss die Kassenärztliche Vereinigung jede einzelne Quartalsabrechnung zunächst umfangreich überprüfen[511] und ihr stattgeben, bevor eine Auszahlung veranlasst

506 OLG Koblenz, Beschluss vom 2.3.2000 – 2 Ws 92-94/00 = OLG Koblenz, MedR 2001, 144 f.

507 OLG Koblenz, Beschluss vom 2.3.2000 – 2 Ws 92-94/00 = OLG Koblenz, MedR 2001, S. 144.

508 OLG Koblenz, Beschluss vom 2.3.2000 – 2 Ws 92-94/00 = OLG Koblenz, MedR 2001, S. 144.

509 BGHSt 14, 170, 171; *Fischer*, StGB, § 263 Rn. 76.

510 *Perron*, in: Schönke/Schröder StGB, § 263 Rn. 61.

511 Zur Prüfung der Abrechnungserklärung siehe S. 60 f. in der vorliegenden Arbeit.

werden kann.[512] Allein durch die eröffnete „Abrechnungsmöglichkeit" entsteht mithin noch keine irrtumsbedingte Beeinträchtigung des Vermögens. Nach *Grunst* liegt aufgrund des umfangreichen Prüfungsvorbehaltes der Kassenärztlichen Vereinigung auch kein Fall[513] vor, in dem das Opfer (die Kassenärztliche Vereinigung) den Irrtum vor Erfüllung nicht hätte entdecken können.[514] Eine schadensgleiche Vermögensgefährdung müsse, entgegen der Auffassung des OLG Koblenz, ausscheiden.

Da es in dem betreffenden Fall letztendlich zur Einreichung von Abrechnungserklärungen und zur Auszahlung durch die Kassenärztliche Vereinigung gekommen war, bedarf es der Rechtsfigur der schadensgleichen Vermögensgefährdung nicht. So wie in der Fallgestaltung der Delegation vertragsärztlicher Leistungen ist allerdings zu fragen, ob eine Kompensation des Vermögensschadens vorliegen kann, wenn eine tatsächliche Behandlungsleistung erbracht wurde. Im Unterschied zu den Delegationsfällen wird im Strohmannfall die medizinisch indizierte Leistung nicht durch Hilfspersonal, sondern durch einen ausgebildeten und approbierten Arzt fachgerecht erbracht. Nach Ansicht des OLG sind die Leistungen des angestellten Arztes dennoch insgesamt nicht erstattungsfähig, da die materiellen Voraussetzungen einer Zulassung nicht vorliegen. Das Gericht führte hierzu in Bezugnahme auf den BGH[515] aus:

> *„Dabei steht der Annahme eines Schadens nicht entgegen, dass die Honorare für tatsächlich erbrachte ärztliche Leistungen berechnet wurden und auch dann zu zahlen gewesen wären, wenn die Behandlung der Patienten durch ordnungsgemäß zugelassene Vertragsärzte erfolgt wäre. Dies beruht auf einer für den Bereich des Sozialversicherungsrechts geltenden streng formalen Betrachtungsweise, nach der eine Leistung insgesamt nicht erstattungsfähig ist, wenn sie in Teilbereichen nicht den gestellten Anforderungen genügt. Daher findet auch eine Kompensation in der Form, dass die Krankenkassen infolge der tatsächlich erbrachten Leistungen Aufwendungen erspart haben, die ihnen bei Inanspruchnahme eines anderen Arztes durch die behandelten Patienten entstanden wären, im Rahmen der Schadensberechnung nicht statt. Dieser beachtliche Umstand muss jedoch im Rahmen der Strafzumessung in angemessener Weise zugunsten des Angeklagten berücksichtigt werden."*[516]

Aufgrund der erneut einschlägigen, streng formalen Betrachtungsweise des Sozialversicherungsrechts tritt auch in den sogenannten Strohmannfällen keine Kompensation des Schadens ein, auch wenn ärztliche Leistungen medizinisch

512 Zur Vergütung des Vertragsarztes siehe S. 51 f. in der vorliegenden Arbeit.
513 Vgl. hierzu beispielsweise BGHSt 23, 300, 303.
514 *Grunst*, NStZ 2004, 533, 534.
515 BGH, NStZ 1995, 85, 86.
516 BGH, NStZ 1995, 85, 86.

einwandfrei erbracht worden sind.[517] Es ist dabei unerheblich, ob die Leistung des Arztes tatsächlich durchgeführt wurde und ihr Geld wert ist. Entscheidend soll vielmehr sein, dass aufgrund der vertragsärztlichen Rechtslage kein Honoraranspruch entstanden ist und dass die Kassenärztliche Vereinigung aufgrund der erschlichenen Zulassung nicht hätte zahlen müssen.[518] Demzufolge führt die abgerechnete Vertragsarztleistung des betreffenden Arztes zu einem Vermögensschaden der Kassenärztlichen Vereinigung.[519]

2. Strohmannfall

Der BGH hat die Anwendung der streng formalen Betrachtungsweise in Fällen verdeckter Anstellungsverhältnisse ebenfalls bestätigt.[520] In einer ähnlich gelagerten Konstellation stellte der Inhaber einer Zahnarztpraxis einen Mittelsmann ein, um dessen Zulassung als Vertragsarzt für die Abrechnung von GKV-Patienten nutzen zu können. Der Inhaber der Praxis selbst besaß keine vertragsärztliche Zulassung, behandelte aber gesetzlich versicherte Patienten und rechnete die Leistungen über seinen Strohmann bei der zuständigen KZV[521] ab. Hierzu formulierte der BGH:

> *„Nach der für den Bereich des Sozialversicherungsrechts geltenden streng formalen Betrachtungsweise genügt hierfür bereits der Umstand, dass der Angeklagte ohne kassenärztliche Zulassung nicht berechtigt ist, an der durch die Kassenärztliche Vereinigung erfolgten Verteilung der von den Kassen bezahlten Honorare teilzunehmen. Dabei spielt es keine Rolle, dass den Kassen infolge der Behandlung ihrer Patienten durch den Angekl. Aufwendungen in möglicherweise gleicher Höhe erspart blieben, die ihnen durch die Behandlung durch einen anderen, bei der Kasse zugelassenen Arzt entstanden wären. Denn eine solche Kompensation findet bei der Schadensberechnung nicht statt, zumal ein anderer hypothetischer Sachverhalt zu Grunde gelegt wird und offen bleiben muss, ob ein anderer Arzt die gleiche Behandlungsweise gewählt hätte."*

Obwohl der BGH[522] die Rechtsauffassung des OLG im Grunde teilt, lässt er zumindest Zweifel daran erkennen, ob der fehlende „Vertragsarztstatus" eines

517 BGH, NStZ 1995, 85, 86.

518 *Roxin*, Handbuch des Medizinstrafrechts, S. 196.

519 Ob dieses Ergebnis haltbar ist, wird im nächsten Kapitel begutachtet werden (siehe hierzu S. 105 f.).

520 BGH 3 StR 161/02 = BGH, NJW 2003, 1198 f. = BGH, NStZ 2003, 313 f.

521 Kassenzahnärztliche Vereinigung; zu den Besonderheiten im Bereich der zahnärztlichen Abrechnungsmanipulation vgl. *Freitag*, Ärztlicher und zahnärztlicher Abrechnungsbetrug im deutschen Gesundheitswesen.

522 *Ulsenheimer*, Arztstrafrecht in der Praxis, Rn. 1126.

behandelnden Arztes den Vermögensschaden begründen kann. Der BGH lässt dabei ausdrücklich offen, ob nicht doch Einschränkungen angebracht sind:

> *„In solchen Fällen mag tatsächlich zweifelhaft sein, ob der Irrtum der Verantwortlichen bei der Kassenärztlichen Vereinigung nicht allein eine ‚Statusfrage', nicht aber die Abrechnungsvoraussetzungen betrifft und ob nicht die Auszahlung des Honorars deswegen auch keinen Vermögensschaden begründet."*

B. Die streng formale Betrachtungsweise auf dem dogmatischen Prüfstand

In diesem Kapitel erfolgt eine rechtliche Bewertung der streng formalen Betrachtungsweise. Wie anhand der Beispiele im vorherigen Abschnitt aufgezeigt wurde, kommt dieser Betrachtungsweise bei der Begründung der Strafbarkeit vertragsärztlicher Abrechnungsmanipulation eine erhebliche Rolle zu. Nach den Grundlagen der Schadensdogmatik[523] ist der Vermögensschaden im Rahmen des § 263 StGB anhand eines objektiv individualisierenden Beurteilungsmaßstabes nach dem Prinzip der Gesamtsaldierung unter Berücksichtigung einer etwaigen unmittelbaren Schadenskompensation festzustellen. Vereinfacht gesagt: Ein Vermögensschaden ist dann gegeben, wenn die Einbuße größer ist als der zugeflossene Wert. Der Minderwert ist dabei unter wirtschaftlicher Betrachtungsweise zu bestimmen.[524] Der Rechtsprechung des BVerfG entsprechend ist er zudem präzise festzustellen und in seiner Höhe genau zu beziffern.[525]

I. Ansicht der Rechtsprechung

Wie in der Fallkonstellation der Abrechnung nicht persönlich erbrachter Leistungen dargelegt wurde[526], richtet sich die Bestimmung des Vermögensschadens bei Abrechnungsmanipulationen[527] im GKV-Bereich der höchstrichterlichen

---

523 *Wessels/Hillenkamp*, Strafrecht BT 2, § 13 Rn. 538.; *Kühl*, in: L/K-StGB, § 263 Rn. 36 f.; *Fischer*, StGB, § 263 Rn. 111 f.; *Perron*, in: Schönke/Schröder StGB, § 263 Rn. 99 f.

524 BGH Beschl. v. 23.10.2012 – 5 StR 307/12; BGH Beschl. v. 13.04.2012 – 5 StR 442/11 = NStZ 2012, 698, 699; BGH, NStZ 2011, 638, 639; BGHSt 53, 198, 202 f.

525 BGH Beschl. v. 23.06.2010 – 2 BvR 2559/08 u. a., BVerfGE 126, 170, 229; und v. 07.12.2011 – 2 BvR 2500/09 u. a., BVerfGE 130, 1, 47.

526 Siehe hierzu S. 107 in der vorliegenden Arbeit.

527 Die streng formale Betrachtungsweise kommt nicht nur bei der Abrechnung von Vertragsärzten, sondern auch im Bereich der ambulanten Pflege zum Einsatz, siehe hierzu ausführlich *Welke*, GuP 2011, 139.

Auffassung[528] folgend nach den Vorgaben des Sozialversicherungsrechts[529]. Eine vertragsärztliche Leistung ist dann nicht erstattungsfähig, wenn sie den gestellten Anforderungen ärztlicher Abrechnungsbestimmungen bereits in Teilbereichen nicht genügt.[530] Die an die manipulierenden Vertragsärzte ausgezahlten Honorare entsprechen in voller Höhe dem Schaden der Krankenkassen bzw. Kassenärztlichen Vereinigungen.[531] Eine Schadenskompensation durch den Umstand, dass den Kassen Aufwendungen in gleicher Höhe bei anderweitiger Behandlung der Patienten erspart geblieben sind, kommt nach Ansicht der Rechtsprechung nicht in Betracht.

Dieser heute noch immer geltenden Auffassung des BGH[532] ist auch die übrige Rechtsprechung gefolgt, wie am Beispiel des OLG Koblenz[533] und anderen Entscheidungen unterschiedlicher Landgerichte[534] zu sehen ist. In betrugsdogmatischer Hinsicht folgt aus der Anwendung der streng formalen Betrachtungsweise, dass im Gegensatz zur gebräuchlichen Schadensbestimmung selbst dann keine Kompensation der Vermögenseinbuße anzunehmen ist, wenn die Behandlungsleistung *de lege artis* erbracht wurde.[535] Eine Betrachtung nicht nur der abgehenden Vermögensflüsse, sondern auch der eingehenden Vermögensflüsse, wie es sonst der ständigen Rechtsprechung des BGH entspricht[536], wird nicht vorgenommen.[537]

II. Meinungsstand in der Literatur

Die streng formale Betrachtungsweise des Sozialversicherungsrechts wird in der Literatur unterschiedlich bewertet. Im Folgenden soll das heterogene Meinungsbild anhand einer Auswahl von Standpunkten wiedergegeben werden.

---

528 BGH, NStZ 1995, 85, 86 und BGHSt 49, 17, 19.

529 BSGE 39, 288, 290.

530 BGH NStZ 1995, 85, 86.ebenso BGH JR 2003, S. 384.

531 BGH NStZ 1995, 85, 86.

532 BGH NStZ 2003, 313.

533 OLG Koblenz, MedR 2001, S. 144.

534 Zur Anwendung der streng formalen Betrachtungsweise in der Rechtsprechung siehe auszugsweise: LG Hagen, Urteil v. 24.06.2013, Az. 46 KLs 3812; LG Berlin, Urteil v. 13.01.2011, Az. (574) 5 Wi Js 2272–08 (169/10); LG Saarbrücken, Urteil v. 19.05.2011, Az. 4 KLs 11/09; LG Frankfurt am Main, Urteil v. 24.10.2013, Az.: 5/26 KLs 5280 Js 214943/09; LG Görlitz, Urteil v. 20.05.2011, Az. 8 KLs 340 Js 11423/08.

535 BGH, NStZ 1995, 85, 86; BGH JR 2003, 384 f.

536 BHGSt 3, 99, 102.

537 Vgl. *Luig*, Abrechnungsbetrug, S. 98.

1. *Befürworter der Anwendung der streng formalen Betrachtungsweise*

Beckemper und Wegner[538] stimmen der Auffassung des BGH in den entscheidenden Punkten zu.[539] Trotz faktisch erbrachter Heilbehandlungsleistung komme es durch die Auszahlung des vertragsärztlichen Honorars (durch die Kassenärztliche Vereinigung) zu einem Vermögensschaden bei den Krankenkassen, da die in der Abrechnungserklärung aufgeführten Behandlungsleistungen grundsätzlich nicht erstattungsfähig seien. Die Krankenkassen leisteten somit (durch die Kassenärztliche Vereinigung) an den Vertragsarzt, ohne hierfür verpflichtet zu sein.[540] Der Betrugsschaden entfiele auch deshalb nicht, weil den Krankenkassen Aufwendungen für die Behandlung der Patienten erspart geblieben sind.[541] Denn der Wert der Behandlungsleistung richte sich nach den Vorschriften des SGB V. Da die Behandlungsleistungen nicht den Vorgaben des SGB V entsprächen, dürften sie folglich auch nicht abgerechnet werden und sind im System der GKV als wertlos zu betrachten.[542]

Auch in den Stellvertreterfällen sehen *Beckemper und Wegner*[543], wie es der BGH vorgibt, keinen Raum für eine Schadenskompensation durch die Behandlungsleistung eines nicht vertragsärztlich zugelassenen Arztes, der sich eines „Strohmannes“[544] bedient. Hier würde sonst ein hypothetischer Sachverhalt zugrunde gelegt, und es müsste offen bleiben, ob ein anderer Arzt die gleiche Behandlungsmethode gewählt hätte.[545] Außerdem würden diese ersparten Aufwendungen kein unmittelbar aus der Verfügung fließendes Äquivalent darstellen.[546]

2. *Kritiker der Anwendung der streng formalen Betrachtungsweise*

Im Gegensatz hierzu lehnt *Volk*[547] die Anwendbarkeit der streng formalen Betrachtungsweise bei der Bestimmung des Vermögensschadens ab. Nach seinem

---

538 *Beckemper/Wegner*, NStZ 2003, 313 (316).
539 Ebenfalls zustimmend, *Hellmann*, NStZ 1995, 232 (233).
540 *Beckemper/Wegner*, NStZ 2003, 313 (316).
541 *Beckemper/Wegner*, NStZ 2003, 313 (316); *Hellmann*, NStZ 1995, 232, 233.
542 *Beckemper/Wegner*, NStZ 2003, 313 (316).
543 *Beckemper/Wegner*, NStZ 2003, 313 (316); dem zustimmend *Grunst*, NStZ 2004, 533, 535.
544 Siehe hierzu S. 115 in der vorliegenden Arbeit.
545 BGH NStZ 2003, 313 (315); so auch *Ellbogen/Wichmann*, MedR 2007, 10 (14).
546 *Gaidzik*, wistra 1998, 329 (331).
547 *Volk*, NJW 2000, 3385f.

Verständnis ist lediglich hinsichtlich der Fallgruppe der Abrechnung von nicht leistungsbezogenen Abrechnungspositionen, beispielsweise der Abrechnung von Luftleistungen oder nicht vollständig erbrachter Leistungen, ein Vermögensschaden anzunehmen. In anderen Fallkonstellationen[548], wie etwa bei der Leistungsdelegation persönlich zu erbringender Leistung oder der „Auswechslung"[549] von Gebührenpositionen des Einheitlichen Bewertungsmaßstabes, sei ein Vermögensschaden nicht allein deshalb anzunehmen, weil die abgerechnete Leistung nicht den Vorgaben des Sozialversicherungsrechts entspricht. Denn der Vergütungsanspruch des Vertragsarztes mit seinen Besonderheiten der Gesamtvergütung nach dem Honorarverteilungsmaßstab ändere *an der für den Betrug entscheidenden Zuweisung eines Austauschverhältnisses nichts.*[550] Zu der Frage, ob die Abrechnung über einen Strohmann einen Vermögensschaden begründet[551], hat sich Volk nicht geäußert, da die entsprechende Entscheidung[552] erst später erging.[553] Volk begründet die Ablehnung eines Vermögensschadens – im Ergebnis zutreffend – mit dem Argument, dass § 263 StGB allein das Vermögen schützt, nicht aber die Dispositionsfreiheit der Kassenärztlichen Vereinigungen bzw. Krankenkassen oder sozialversicherungsrechtliche Lenkungsinteressen.[554]

Auch nach Auffassung *Gaidziks*[555] soll der Vermögensschaden in der Fallkonstellation der fehlenden Einzelweisung an das Praxispersonal zu verneinen sein. Denn die „wirtschaftliche und rechtliche Entlastung durch Untergang der sozialversicherungsrechtlichen Sachleistungsansprüche" seien kompensatorisch zu berücksichtigen.[556] Einer tatsächlichen erbrachten Arbeitsleistung werde nach h. M. dann ein Vermögenswert beigemessen, wenn sie üblicherweise gegen Entgelt erfolge. Dies sei auch bei der Durchführung von Behandlungsleistungen durch ärztliches Personal der Fall, denn die ersparte Aufwendung steht in einem

---

548 *Volk*, NJW 2000, 3385 (3387).

549 Beispielsweise, wenn der Vertragsarzt eine bestimmte nicht abrechnungsfähige Leistung erbringt und in seiner Abrechnung behauptet, eine andere, abrechnungsfähige Leistung erbracht zu haben.

550 *Volk*, NJW 2000, 3385 (3387).

551 Dies ebenfalls ablehnend: *Wassenburg*, NStZ 2003, 353 (357).

552 Gemeint ist: OLG Koblenz, MedR 2001, 144 f.

553 Da *Volk* bereits einen Vermögensschaden bei der Delegation vertragsärztlicher Leistung (zumindest nach den Grundsätzen der streng formalen Betrachtungsweise) ablehnt, kann im Wege eines *argumentum a maiore ad minus* darauf geschlossen werden, dass er dies in den Strohmannfällen ebenso sieht.

554 *Volk*, NJW 2000, 3385 (3386).

555 *Gaidzik*, wistra 1998, 329 f.

556 *Gaidzik*, wistra 1998, 329 (331).

unmittelbaren Zusammenhang zum gezahlten Honorar.[557] Zutreffend kommt *Gaidzik* auch im Fall der fehlenden erforderlichen Einzelweisung an das Praxispersonal[558] daher zur Ablehnung eines Vermögensschadens.[559]

Stein[560] geht davon aus, dass sich der Vermögensschaden nicht allein aus der Unzulässigkeit der Abrechnung der Leistung ergibt. Eine Kompensation der Vermögenseinbuße durch die Honorarauszahlung sei nicht allein aus der Sozialwidrigkeit abzuleiten, vielmehr sei der „fachliche" Wert der ärztlichen Leistung maßgebend.[561] Dies begründet Stein mit einem Vergleich zur Fallkonstellation des Anstellungsbetruges[562]. Dort wird trotz fehlender fachlicher oder persönlicher Eignung nicht pauschal angenommen, dass dem Arbeitgeber ein Vermögensschaden entstanden ist. Vielmehr wird im Wege einer Einzelfallentscheidung bestimmt, ob die geldliche Leistung den Wert der Arbeitsleistung übersteigt.[563] Der von *Stein* angestrebte Vergleich mit der Konstellation des Anstellungsbetruges ist zwar durchaus nachvollziehbar, allerdings nimmt die Rechtsprechung[564] bei Angestellten im öffentlichen Dienst, die ein besonderes Vertrauen genießen, einen Vermögensschaden schon dann an, wenn der Arbeitnehmer die entsprechenden Voraussetzungen nicht erfüllt.[565] Als eine Hauptfigur des öffentlich-rechtlichen Gesundheitswesens ist der Vertragsarzt, der, um am GKV-System teilnehmen zu können, eine bestimmte Eignung besitzen muss[566], unzweifelhaft dem öffentlichen Dienst zuzurechnen.

Grunst[567] sieht in der Arbeitsleistung eines Arztes, dem zwar die Zulassung zum Vertragsarztbereich fehlt, der aber die fachliche Qualifikation aufweist, eine taugliche Kompensationsleistung. Dies gelte, insofern die erbrachte Behandlungsleistung medizinisch indiziert und *de lege artis* durchgeführt wird.[568]

---

557 *Gaidzik*, wistra 1998, 329 (331).
558 Siehe hierzu die Erläuterungen zum Beispielsfall auf S. 107 f. in der vorliegenden Arbeit.
559 *Gaidzik*, wistra 1998, 329 (331).
560 Siehe hierzu *Kindhäuser*, in: NK-StGB, § 263 Rn. 325.
561 *Stein*, MedR 2001, 124 f.
562 Zur Fallkonstellation des Anstellungsbetruges, siehe *Budde*, Der Anstellungsbetrug.
563 BGHSt 17, 254 (256); BGH NJW 1961, 2027 f.
564 BGH, NJW 1961, 2027 f.; NJW 1978, 2042 f.
565 Siehe hierzu *Kindhäuser*, in: NK-StGB, § 263 Rn. 325.
566 Zur Zulassung des Arztes zum Vertragsarztbereich siehe S. 48 in der vorliegenden Arbeit.
567 *Grunst*, NStZ 2004, 533 f.
568 *Grunst*, NStZ 2004, 533 (538).

Luig[569] vertritt einen differenzierten Ansatz. Nach seiner Auffassung führt nicht jeder Verstoß gegen das ärztliche Berufsrecht zwingend dazu, dass die erbrachte Leistung wirtschaftlich wertlos ist. In den Fällen der Delegation an Hilfspersonal sieht *Luig* keine Möglichkeit der Schadenskompensation. Für die Fallgruppen des Arztes in einem verdeckten Angestelltenverhältnis gelte dies allerdings nicht. Nach *Luig* kommt es stets auf das individuelle Leistungsverhältnis der abgerechneten Leistung an. Nur wenn die abgerechnete ärztliche Behandlungsleistung von „*wirtschaftlicher Selbständigkeit geprägt sei*", könne eine Kompensation erfolgen.[570] Stehe die fachliche Unabhängigkeit des Arztes in Frage, so beeinträchtige dies den Wert der erbrachten Leistung. Eine aufgrund der beeinträchtigten ärztlichen Unabhängigkeit *wertlose Leistung* könne den durch die Honorarauszahlung verursachten Vermögensverlust nicht kompensieren. Nach *Luig* kommt es hinsichtlich der Frage, ob ein Vermögensschaden entstanden ist, folglich darauf an, ob der Arzt fachlich von seinem „Sozius" abhängig und dessen Weisung unterworfen ist oder ob er die medizinischen Entscheidungen selbständig trifft.[571]

In dem Ansatz *Luigs* kommen das ärztliche Gebot der persönlichen Leistungserbringung und das Prinzip der freiberuflichen Berufsausübung[572] zur Geltung, welche – insoweit ist *Luig* zuzustimmen – wichtige Maximen der ärztlichen Leistungserbringung darstellen. Warum bei einer eigenverantwortlich getroffenen Behandlungsentscheidung und anschließend durchgeführten Behandlungsleistung im Gegensatz zu einer weisungsgebundenen Behandlungsleistung, die der unabhängigen Behandlung exakt entspricht, das Vermögen der Krankenkasse geschädigt sein soll, ist anhand dogmatischer Erwägungen allein nicht nachvollziehbar. Auch erscheint eine Abgrenzung des objektiven Tatbestandsmerkmals des Vermögensschadens anhand des Kriteriums, inwieweit der jeweils behandelnde Vertragsarzt einen autonomen Entscheidungsspielraum hat, für die Rechtsprechung wenig praktikabel. In einem gemeinschaftlichen ärztlichen Arbeitsverhältnis ist es durchaus denkbar, dass sich der behandelnde Arzt mit seinen (möglicherweise erfahreneren) Kollegen über die geeignete Therapie austauscht und Behandlungsentscheidungen daher gemeinsam getroffen oder zumindest durch Kollegen beeinflusst werden können. Eine scharfe Trennlinie zwischen einer verbindlichen Weisung und einem Therapievorschlag kann in vielen Fällen nicht gezogen werden.

---

569 *Luig*, Abrechnungsbetrug, S. 153.
570 *Luig*, Abrechnungsbetrug, S. 153.
571 *Luig*, Abrechnungsbetrug, S. 153.
572 Siehe hierzu S. 48 in der vorliegenden Arbeit.

III. Eigene Stellungnahme zur streng formalen Betrachtungsweise

Von dem Standpunkt ausgehend, dass der Zweck des Strafrechts im Schutz absoluter Rechtsgüter liegt[573], kann eine Strafbarkeit des Arztes aufgrund eines Vermögensdeliktes (wie § 263 StGB oder § 266 StGB) nur dann vorliegen, wenn, wenn ein Schaden am Vermögen eines Dritten tatsächlich feststellbar ist. Folglich ist zu hinterfragen, ob eine der Parteien des GKV-Vierecks[574] durch die nach sozialrechtlichen Gesichtspunkten fehlerhafte ärztliche Abrechnung einen Vermögensschaden erlitten hat.

1. Abrechnung von Leistungen ohne Leistungsbezug

In den Fallkonstellationen der Abrechnung von Luftleistungen[575], aber auch bei der Abrechnung von überhöhten oder unzutreffenden Leistungen lässt sich ein Vermögensschaden anhand der überhöht abgerechneten Leistungen erblicken, da hier bereits aufgrund der fehlenden Kompensationsmöglichkeit kein Saldierungsausgleich geschaffen werden kann. Ein Vermögensschaden rein wirtschaftlicher Art tritt hierbei regelmäßig auf Seiten der Krankenkassen ein.

2. Abrechnung von Leistungen mit Leistungsbezug

In den Fällen, in denen in unzulässiger Weise delegierte Behandlungsleistungen oder GKV-Leistungen ohne Vertragsarztzulassung abgerechnet werden, ist die Frage nach einer Strafbarkeit allerdings nicht ohne Weiteres zu bejahen. Durch die Abrechnung von Behandlungsleistungen, die den Vorgaben für die vertragsärztlichen Leistungsvergütung (nach dem Einheitlichen Bewertungsmaßstab und dem Honorarverteilungsmaßstab) nicht genügen, ist ein sozialrechtlich nonkonformes und damit (sozial)rechtswidriges Verhalten zu erblicken. Dies steht zunächst einmal fest, und zwar unabhängig davon, ob dieses vermögensmindernde Verhalten durch eine Ausgleichsleistung voll oder ganz ausgeglichen werden kann. Damit das Verhalten dem Straftatbestand des Betruges oder der Untreue subsumiert werden kann, ist es aber zwingend erforderlich, dass das von § 263 StGB geschützte Rechtsgut des Vermögens einer feststellbaren Beeinträchtigung unterliegt.

---

573 Zur Aufgabe des rechtsstaatlichen Strafrechts siehe S. 69 in der vorliegenden Arbeit.

574 Zum GKV-Viereck siehe S. 44 in der vorliegenden Arbeit.

575 Vgl. die erste Konstellation auf S. 97 in der vorliegenden Arbeit.

a) Vermögensschaden der GKV-Patienten

Da den von einem Vertragsarzt behandelten GKV-Patienten aufgrund des Sachleistungsprinzips keine Vergütungspflicht für die Behandlungsleistung trifft[576] und die Vergütung allein zwischen dem Arzt und der Kassenärztlichen Vereinigung bzw. der Krankenkasse abgewickelt wird, erlangt der GKV-Patient von etwaigen Manipulationen in der Regel keine Kenntnis. Dies gilt zwar dann nicht, wenn der Patient vom Vertragsarzt über seine überhöhten Abrechnungen ausdrücklich informiert wird, was beispielsweise bei einem kollusiven Zusammenwirken der Parteien der Fall sein mag; allerdings entsteht ihm auch in solchen Fällen durch eine überhöhte Abrechnungserklärung des Vertragsarztes allein kein unmittelbarer eigener Vermögensschaden. Eine mittelbare Schädigung kann sich möglicherweise daraus ergeben, dass durch Abrechnungsmanipulationen eine finanzielle Überlastung des gesamten GKV-Systems erfolgt, die eine Erhöhung des allgemeinen Beitragssatzes (§ 241 SGB V) bzw. Zusatzbeitrages (§ 242 SGB V) erforderlich macht. Hier fehlt es allerdings an einer unmittelbar kausalen Verbindung zwischen der einzelnen Tathandlung des Vertragsarztes und dem hierdurch ausgelösten Vermögensschaden bei allen Kassenpatienten, da für eine Erhöhung des Beitragssatzes i. d. R. zahlreiche Faktoren ursächlich sind.

b) Vermögensschaden bei der Kassenärztlichen Vereinigung

Wie bereits dargelegt, liegt die Aufgabe der Kassenärztlichen Vereinigungen in der Verteilung der von den Krankenkassen erhaltenen Gesamtvergütung[577] an die abrechnenden Ärzte.[578] Die Kassenärztlichen Vereinigungen verfügen durch die Honorarvergütung[579] über das Vermögen der Krankenkassen. Durch Abrechnungsmanipulationen entsteht folglich lediglich ein Vermögensschaden an dem von den Kassenärztlichen Vereinigungen verwalteten Vermögen. Im Hinblick auf eine Strafbarkeit ist dies nicht weiter problematisch, da der Schaden auch bei einem Dritten, nämlich den Krankenkassen, eintreten kann, um eine Strafbarkeit begründen zu können.[580]

---

576 Zum Sachleistungsprinzip siehe S. 45 in der vorliegenden Arbeit.

577 Zur Gesamtvergütung siehe S. 52 f. in der vorliegenden Arbeit.

578 Zu den Aufgaben der Kassenärztlichen Vereinigungen siehe S. 50 in der vorliegenden Arbeit.

579 Siehe hierzu S. 58 f. in der vorliegenden Arbeit.

580 Zum sogenannten Dreiecksbetrug vgl. *Perron*, in: Schönke/Schröder StGB, § 263 Rn. 65; BGH NStZ 2008, 339 f.

c) Vermögensschaden bei der Krankenkasse

Es stellt sich die Frage, ob ein Vermögensschaden trotz tatsächlich erbrachter, aber sozialrechtswidriger Leistung auf der Seite der Krankenkasse entstehen kann. Dies wäre gegebenenfalls dann der Fall, wenn die abgerechnete Leistung durch eine (unter Umständen minderwertige) Gegenleistung nicht voll ausgeglichen wird. Demnach liegt kein Vermögensschaden vor, wenn auf die ärztliche Leistung eine adäquate Gegenleistung folgt. Die Krankenversicherung schuldet ihren Mitgliedern einen direkten Anspruch auf Heilbehandlung.[581] Wird eine Behandlungsleistung vorgenommen und abgerechnet, erhält die Krankenkasse für ihre Zahlung an den Vertragsarzt, welche mittelbar über die Gesamtvergütung[582] und die Verteilung durch die Kassenärztliche Vereinigung erfolgt, eine Gegenleistung.[583] Ob diese Gegenleistung vollwertig ist und damit einen Schaden vollständig kompensieren kann, hängt davon ab, ob ihr wirtschaftlicher Wert der vergüteten Leistung entspricht.

aa) Leistungsabrechnung ohne vertragsärztliche Zulassung

Wird der Patient von einem approbierten Arzt ohne Vertragsarztzulassung aufgrund einer zutreffenden Diagnose und aus medizinischen Gesichtspunkten einwandfrei behandelt, kommt der Arzt seiner Pflicht aus dem Behandlungsvertrag gemäß § 630a BGB zweifellos nach. Der Arzt erfüllt seine Primärpflicht, und der GKV-Patient sucht in der Folge auch keinen weiteren (zugelassenen) Vertragsarzt auf, um die durchgeführte, aber vergütungsunfähige Behandlungsleistung wiederholen zu lassen. Dies führt zu einer Einsparung auf Seiten der Krankenkasse, da diese zur Bezahlung der Behandlungsleistung uneingeschränkt verpflichtet wäre.[584] Die Kosten für die Behandlung, welche von der Krankenkasse übernommen werden, fallen nur einmalig an. Damit wird die Krankenkasse von ihrer Verpflichtung gegenüber dem GKV-Patienten befreit, eine erneute Behandlung finanziell ausgleichen zu müssen.[585] Aufgrund des standardisierten Einheitlichen Bewertungsmaßstabes[586], der den Inhalt der abrechnungsfähigen

---

581 Zum Sachleistungsprinzip siehe S. 45 in der vorliegenden Arbeit.

582 Zur Gesamtvergütung der KK an die KV siehe S. 46 und S. 52 in der vorliegenden Arbeit.

583 *Grunst*, NStZ 2004, 533 (536); *Stein*, MedR 2001, 124 (130); *Roxin*, Handbuch des Medizinstrafrechts, S. 196.

584 Zur Zahlungsverpflichtung der Krankenkassen siehe S. 45 in der vorliegenden Arbeit.

585 *Ulsenheimer*, Arztstrafrecht in der Praxis, S. 550; *Stein*, MedR 2001, 124 (134).

586 Siehe hierzu S. 54 in der vorliegenden Arbeit.

ärztlichen Leistungen bestimmt, ist die Höhe der Behandlungsleistung genau bezifferbar.[587] Die Kosten der Behandlung bleiben stets gleich, und zwar unabhängig davon, ob der behandelnde Arzt eine Zulassung zum Vertragsarzt besitzt oder die Abrechnung über einen Strohmann abwickelt. Aus einer rein vermögensbezogenen Perspektive ist daher keine negative Differenz des Vermögens der Krankenkasse zu erkennen.

bb) Abrechnung von nicht delegierbaren Leistungen

Auch in der Fallgruppe der persönlich zu erbringenden Vertragsarztleistungen ist ein pauschaler Ausschluss einer Kompensation des Vermögensschadens, wie es die Rechtsprechung regelmäßig vornimmt[588], dogmatisch nicht unproblematisch.[589] Anders als in den Fällen von Luftleistungen sind die abgerechneten Behandlungstätigkeiten tatsächlich erbracht worden. Im Unterschied zur Fallgruppe der fehlenden Vertragsarztzulassung fehlt es allerdings an einer „ärztlichen" Leistung. Was eine strafrechtliche Bewertung angeht, ist in dieser Fallgruppe zu differenzieren:

(1) Sofern die Behandlungsleistung durch den Delegierten *de lege artis* und ohne ein wirtschaftlich messbares Defizit erbracht wird, kommt auch der behandelnde Arzt, der die Behandlung nicht persönlich durchführte, aber unter medizinischen Aspekten erfolgreich durchführen ließ, im Grunde seiner vertragsärztlichen Behandlungspflicht nach. [590] Existiert nach dem Einheitlichen Bewertungsmaßstab für die persönlich zu erbringende Leistung auch eine Gebührenziffer, die eine Delegation zulässt, besteht eine Vermögenseinbuße für die Krankenkasse lediglich in der Differenz zwischen der abgerechneten und der tatsächlich anfallenden Gebühr.

Als Beispiel soll die folgende Konstellation dienen:

Fall 5 (Nicht delegierbare Leistungen):
Kann ein erkrankter GKV-Patient die Arztpraxis nicht besuchen, obliegt es dem Vertragsarzt, ihn zu Hause zu behandeln.[591] Für einen *Hausbesuch*[592] *durch den Vertragsarzt selbst*

---

587 *Volk*, NJW 2000, 3385 (3387).

588 Siehe hierzu S. 116 in der vorliegenden Arbeit.

589 *Roxin/Schroth*, Handbuch des Medizinstrafrechts, S. 195.

590 *Gaidzik*, wistra 1998, 329 (332).

591 Jeder niedergelassene Vertragsarzt hat die Pflicht, notwendige Hausbesuche durchzuführen. Dies lässt sich aus § 2 der MBO-Ä ableiten.

592 Für einen dringenden Besuch können sogar mehr als 1.000 Punkte abgerechnet werden. Beispielsweise können bei einem Besuch eines Patienten im Pflegeheim

werden nach dem EBM[593] *(Nr. 01410) 440 Punkte angerechnet, was einem Betrag von 15,40 EUR entspricht. Schickt der Vertragsarzt allerdings einen Mitarbeiter seiner Praxis, ist eine Pauschalgebühr in Höhe von 5,10 EUR anzusetzen.*

Rechnet der Vertragsarzt nun einen persönlichen Besuch ab, obwohl er den Praxismitarbeiter dazu angewiesen hat, müsste nach wirtschaftlicher Betrachtung ein Defizit des Vermögens der Krankenkasse von 10,30 EUR entstehen, da diese zumindest für den Besuch des Praxispersonals hätte aufkommen müssen. Ein Vermögensschaden wäre demnach gegeben.

Allerdings ist ein pauschaler und vollständiger Ausschluss einer Kompensation, wie ihn die Rechtsprechung vornimmt, nicht nachvollziehbar. Gegen das Argument, die Arbeitsleistung des Personals sei minderwertig und daher insgesamt wertlos, da eigentlich eine persönliche Leistungserbringung des Arztes geschuldet war, lässt sich einwenden, dass auch einer „minderwertigen" Arbeitsleistung zumindest ein „Minderwert" zukommt. Lebensnah betrachtet muss eine Arbeitsleistung durch medizinisches Personal[594] nicht unbedingt schlechter sein als die eines approbierten Arztes.

Vereinfacht gesprochen[595]: Eine erfahrene und routinierte Krankenschwester mag besser Blut abnehmen können als ein Vertragsarzt, dessen Spezialisierung in der Begutachtung von radiologischen Aufnahmen liegt und der nur selten Blut abnimmt.

Das Gebot der persönlichen Leistungserbringung stammt zudem aus dem Haftungsrecht.[596] Sinn und Zweck der persönlichen Leistungserbringung ist, dass der Patient bei besonders gefährlichen Behandlungsmethoden geschützt wird[597], indem er nur von einem kompetenten, geschulten und zugelassenen Arzt behandelt wird. Die Bundesärztekammer erklärt eine höchstpersönliche Behandlungsleistung durch den Arzt erst dann für erforderlich, wenn die ärztliche Tätigkeit „wegen ihrer Schwierigkeit, ihrer Gefährlichkeit für den Patienten oder wegen

noch am selben Tag der Bestellung 1.545 Punkte (54,08 EUR) abgerechnet werden (EBM-Nr. 01415).

593 Zur Vergütungsberechnung nach dem Einheitlichen Bewertungsmaßstab siehe S. 54 f. in der vorliegenden Arbeit.

594 Im Falle der dargelegten BGH-Entscheidung (BGH, NStZ 1995, S. 85) wäre dies eine vorbereitende Hilfsleistung, die im Vorfeld der eigentlichen Behandlung stattfindet.

595 In Anlehnung an BGH, NStZ 1995, S. 85.

596 *Gaidzik*, wistra 1998, 329 (333).

597 *Gaidzik*, wistra 1998, 329 (332).

der Unvorhersehbarkeit etwaiger Reaktionen unter Einsatz seiner spezifischen Fachkenntnis und Erfahrung höchstpersönlich" erbracht werden muss.[598]

Wenn der Sinn des rechtsstaatlichen Strafrechts der Rechtsgüterschutz ist, kommen für die Begründung einer Strafbarkeit nach § 263 StGB auch nur solche Aspekte in Betracht, die sich rechtsgutsbezogen auswirken: Haftungsrecht schützt nicht Vermögen, sondern die persönliche Unversehrtheit und das Selbstbestimmungsrecht, § 263 StGB allerdings nur das Vermögen.

(2) Erbringt allerdings der Delegierte eine persönlich zu erbringende Vertragsarztleistung fehlerhaft, also nicht nach den allgemein anerkannten fachlichen Standards im Sinne des § 630a Abs. 2 BGB, oder bestehen für den Arztvorbehalt haftungsrechtlich relevante Gründe, warum die abgerechnete Behandlung zwingend persönlich erbracht werden muss, kann nicht von einer vermögenstechnischen Gleichwertigkeit der Leistung gesprochen werden. Dies ist bei einer ausdrücklichen gesetzlichen Regelung, wie beispielsweise bei § 48 AMG oder nach § 9 des Embryonenschutzgesetzes, der Fall. Lässt ein Vertragsarzt seine Sprechstundenhilfe eine Operation durchführen, ist von einem evidenten Ungleichgewicht der erbrachten Leistung zu sprechen.[599] Ein Schaden wäre in solchen Konstellationen stets gegeben.

Es ist folglich zu unterscheiden, ob die delegierte Behandlungsleistung in ihrem wirtschaftlichen Wert einer durch den Vertragsarzt persönlich erbrachten Leistung entspricht[600] oder sich beispielsweise durch die fehlende fachliche Eignung des Delegierten ein wertmäßiges Defizit ergibt. Ist dies nicht der Fall, hat keine erneute Behandlungsleistung zu erfolgen und der Krankenkasse entsteht kein Schaden. Folglich wird die Krankenversicherung durch die Arbeitsleistung des Delegierten[601] (zumindest anteilig) von dem sozialversicherungsrechtlichen Behandlungsanspruch des Patienten i. S. d. § 2 SGB V befreit. Eine Kompensation des Vermögensschadens kann daher im Einzelfall erfolgen. Ein pauschaler Ausschluss ist dagegen unzulässig.

598 Dies ist insbesondere der Fall bei: Anamnese, Indikationsstellung, Untersuchung des Patienten einschließlich invasiver diagnostischer Leistungen, Stellen der Diagnose, Aufklärung und Beratung des Patienten, Entscheidung über die Therapie und Durchführung invasiver Therapien einschließlich der Kernleistungen operativer Eingriffe, siehe *Bundesärztekammer und Kassenärztliche Bundesvereinigung*, Stellungnahme zur Persönlichen Leistungserbringung, S. 3.

599 Vgl. *Spickhoff*, in: ders., Medizinrecht, § 613 Rn. 9.

600 Was sicherlich dann der Fall ist, wenn im Einheitlichen Bewertungsmaßstab eine Gebührenziffer hierfür vorhanden ist.

601 Beispielsweise des ärztlichen Personals.

Bei der ärztlichen Honorarvergütung muss zudem beachtet werden, dass vertragsärztliche Leistungen, die aufgrund von Abrechnungsmanipulationen abgerechnet wurden, aber aufgrund der Budgetierungsbestimmungen (beispielsweise durch die Anwendung von Regelleistungsvolumina[602]) ohnehin nicht[603] hätten vergütet werden können, bei der gerichtlichen Schadensermittlung Berücksichtigung finden müssen und nicht als Vermögenseinbußen der Krankenkasse gewertet werden dürfen.[604] Denn was nicht vergütet zu werden braucht, kann auch keinen Schaden verursachen.

d) Vermögensschaden der anderen Vertragsärzte

Denkbar wäre zudem, dass Abrechnungsmanipulationen zu Vermögenseinbußen für die Gemeinschaft der abrechnenden Vertragsärzte führen.[605] Ein Vermögensschaden der anderen Vertragsärzte käme dann in Frage, wenn die von den Krankenkassen ausgezahlte Gesamtvergütung einer Budgetierung unterliegt und die sozialrechtswidrigen Honorarauszahlungen die Vergütung der anderen Ärzte negativ beeinflussen.[606]

Ein Vermögensschaden bei der Gesamtheit der Vertragsärzte soll dann vorhanden sein, wenn sich bei der Berechnung der Gesamtvergütung der Anteil der anderen Ärzte durch eine Verringerung des Punktwerts reduziert hat.[607] Dieser Auffassung kann heute allerdings nicht mehr gefolgt werden. Durch die 2009 eingetretenen Änderungen des vertragsärztlichen Vergütungssystems existiert kein variabler Punktwert mehr, der durch die Anzahl der abgerechneten Leistungen beeinflusst werden kann. Vielmehr existiert nunmehr ein fixer Punktwert[608], der keiner unmittelbaren Beeinflussung durch unrechtmäßige Honorarauszahlungen unterliegt. Die Vergütungsfähigkeit einer vertragsärztlichen Leistung

602 Die Pflicht, RLV zu erheben, besteht für die Krankenkassen nicht mehr. Viele nutzen diese allerdings weiterhin, um die Gesamtvergütung budgetieren zu können. Siehe hierzu S. 54 f. in der vorliegenden Arbeit.

603 Sofern eine Abrechenbarkeit mit verringertem Wert möglich bleibt, ist zumindest die Differenz zu berücksichtigen.

604 Vgl. *Ulsenheimer,* Arztstrafrecht in der Praxis, Rn. 1132.

605 Die Frage wird u. a. von *Grunst* aufgeworfen, siehe *Grunst*, NStZ 2004, 533 (537).

606 Dies insgesamt ablehnend *Grunst*, NStZ 2004, 533 (537); *Gaidzik*, wistra 1998, 329 (333); *Stein*, MedR 2001, 124 (131).

607 Vgl. *Ulsenheimer,* Arztstrafrecht in der Praxis, Rn. 1106; *Jörg,* Das neue Kassenarztrecht, Rn. 379.

608 Mehr zur Reform durch das GKV-WSG und der Berechnung des ärztlichen Honorars nach dem Einheitlichen Bewertungsmaßstab auf S. 54 f. in der vorliegenden Arbeit.

wird seit 2012 allein durch den Honorarverteilungsmaßstab und die individuellen Budgetierungsvorschriften der Kassenärztlichen Vereinigungen realisiert. Dass es hierdurch zu einem „Punkteverfall“[609] kommen kann, ist der Ermittlung des Vermögensschadens unschädlich.

Nach anderer Ansicht soll ein Vermögensschaden bei den Vertragsärzten eintreten, wenn die Gesamtvergütung wertmäßig gedeckelt ist und unberechtigte Honorarzahlungen die Honoraransprüche der redlichen Ärzte verringern.[610] Werden beispielsweise Leistungen, die unter die morbiditätsbezogene Gesamtvergütung fallen, durch einen nicht ordnungsgemäß zugelassenen Arzt abgerechnet, wird die Mengenbegrenzung für andere Vertragsärzte im kommenden Abrechnungszeitraum angepasst, was zu einer anzahlmäßigen Reduzierung der Verfügbarkeit von abrechnungsfähigen Leistungen führen kann. Die redlichen Vertragsärzte dürften bestimmte Behandlungen daher nur noch in geringerem Umfang oder nur zu verringerten Preisen erbringen.

Dieser Überlegung ist insoweit zuzustimmen, als auch nach aktueller Rechtslage Budgetierungsvorgaben durch die Kassenärztlichen Vereinigungen vorgesehen sind und eine Überlastung des Abrechnungssystems mittelbar zu strengeren Abrechnungsvorgaben oder zur Reduzierung der Abrechenbarkeit führen kann, was sich im verhältnismäßig geringeren Honorar der redlichen Vertragsärzte wiederspiegeln würde.

Allerdings ist diese Schlussfolgerung nicht zwingend. Den Kassenärztlichen Vereinigungen bleibt es mittlerweile selbst überlassen, inwieweit sie eine Budgetierung vornehmen und auf welche Überlegungen sie diese stützen. Das erhöhte Aufkommen von Abrechnungsmanipulationen und rechtswidrigen Vergütungen mag eine Ursache für die verstärkte Budgetierung sein, die jedoch empirisch nicht belegt ist. Ein Schaden der übrigen Vertragsärzte wäre dann höchstens mittelbar entstanden. Ob das für die Vermögensdelikte erforderliche Kausalitätserfordernis zwischen irrtumsbedingter Vermögensverfügung[611] und dem Vermögensschaden vorliegt, bleibt fraglich. Es müsste im Zweifel für jeden Einzelfall positiv festgestellt werden.

In jedem Fall ist ein Vermögensschaden redlicher Ärzte dann zu verneinen, wenn es sich bei den rechtswidrig abgerechneten Leistungen um außerbudgetäre Leistungen handelt. Da den außerbudgetären Leistungen in der Gesamtvergütung

---

609 Der Punktwert an sich ändert sich nicht, allerdings werden Leistungen einer gewissen Art nicht mehr oder nur zu einem geringeren Wert vergütet. Daher kann von einem „Verfall“ des Wertes gesprochen werden.

610 LG Koblenz, ArztR 2000, S: 204; *Beckemper/Wegner*, NStZ 2003, 313.

611 Zur Tathandlung beim Betrug siehe S. 98 in der vorliegenden Arbeit.

keine finanzielle Obergrenze gesetzt ist[612], wird durch eine überhöhte Leistungsinanspruchnahme das vorgegebene Leistungsvolumen nicht überschritten. Demgemäß kann und darf auch die streng formale Betrachtungsweise des Sozialversicherungsrechts hierbei keine Anwendung finden. Dieser Umstand ist bei der Ermittlung des Vermögensschadens von den Gerichten zu berücksichtigen.

4. Schaden außerhalb des geschützten Rechtsgutes

Man könnte argumentieren, dass das System der vertragsärztlichen Gesundheitsversorgung durch das öffentliche Recht geprägt ist, weshalb nicht allein das Vermögen der betreffenden Ärzte, sondern auch wichtigere Interessen, wie der Schutz des Gesundheitswesens als kollektives Rechtsgut, ebenso dem Schutzbereich des Tatbestands unterfallen wie die Vermögensinteressen der anderen Vertragsärzte oder der Kassenärztlichen Vereinigungen. Die Rechtsprechung schien diese Interessen bei der Erweiterung des Begriffs des Vermögensschadens im Blick zu haben. Eine solche Auffassung verkennt aber, dass der Annahme einer Strafbarkeit nach dem StGB Grenzen gesetzt ist.[613] Begrenzt wird diese Annahme durch die Struktur des Betrugstatbestandes, aber auch durch das Prinzip der Strafgesetzlichkeit[614]. § 263 StGB verlangt den Eintritt eines erkennbaren Schadens[615] und nicht eines „ähnlichen“ Nachteils.

5. Schadensermittlung durch Hochrechnung

Eine weitere bedenkliche Form der Rechtsausübung im Bereich vertragsärztlicher Abrechnungsmanipulationen liegt nicht nur in der Anwendung der streng formalen Betrachtungsweise bei der Subsumtion des Vermögensschadens, sondern auch in der gängigen gerichtlichen Praxis der Schadensfeststellung durch Hochrechnung.[616] Begründet wird diese Schätzung der Höhe des genauen Schadens mit der Komplexität von Abrechnungssystem und Tatmodalitäten und dem

---

612 Zur Unterscheidung zwischen außerbudgetären Leistungen und morbiditätsbezogener Gesamtvergütung siehe S. 54 f in der vorliegenden Arbeit.

613 Wie *Volk* bereits im Jahr 2000 zutreffend angenommen hat: *Volk*, NJW 2000, 3385 (3387).

614 Zu den Prinzipien der Strafgesetzlichkeit siehe S. 79 f. in der vorliegenden Arbeit.

615 Bzw. eines Vermögensnachteils bei § 266 StGB.

616 Siehe hierzu: *Ulsenheimer,* Arztstrafrecht in der Praxis, Rn. 1131; *Roxin/Schroth,* Handbuch des Medizinstrafrechts, S. 198; *Luig,* Abrechnungsbetrug, S. 217 f.

außerordentlichen Aufwand bei den Ermittlungen.[617] *Ulsenheimer*[618] verdeutlicht dies anhand der Rechtsprechung des BGH folgendermaßen:

Nach Auffassung des BGH sind an den Beweis normkonformen Verhaltens hohe Anforderungen zu stellen, „weil geringe Abweichungen bei einer Hochrechnung erhebliche Auswirkungen haben können". Daher machten Auffälligkeiten bei einer Stichprobe, „etwa Unterbrechungen der Handlungsreihe oder Häufungen in bestimmten Zeiträumen", eine Hochrechnung bereits äußerst „problematisch",[619] so dass trotz der besonderen Schwierigkeit der Schadensermittlung auch in Fällen langwieriger betrügerischer kassenärztlicher Abrechnungen zu jeder Tathandlung ausreichende Feststellungen zu treffen sind.[620] Andererseits sind aber, „da es um standardisierte, auf Massenerledigung angelegte Abrechnungsverfahren geht, die Anforderungen an die Aufklärungspflicht (§ 244 Abs. 2 StPO) nicht zu überspannen", so dass der Gesamtschaden gegebenenfalls „anhand der prozentualen Gewinnmarge" zu schätzen ist.[621]

Diese Art der bisher von der Rechtsprechung in den Fällen der Abrechnungsmanipulationen praktizierten Schadensberechnung widerspricht jedoch den neueren Anforderungen des Bundesverfassungsgerichts. Nach Ansicht des BVerfG[622] hat die strafrechtliche Judikative bei der Urteilsfindung die größtmögliche Präzision anzulegen. Den Vermögensnachteil im Sinne des § 266 StGB hat das Gericht genau festzustellen und zu beziffern.

„Eine gebotene konkrete Ermittlung des Nachteils darf insbesondere nicht aus der Erwägung heraus unterbleiben, dass sie mit praktischen Schwierigkeiten verbunden ist. Wenn und soweit in der wirtschaftlichen Praxis geeignete Methoden zur Bewertung von Vermögenspositionen entwickelt worden sind, müssen die Gerichte diese – gegebenenfalls über die Hinzuziehung eines Sachverständigen – auch ihrer Beurteilung zugrunde legen. Dabei geht es darum, die Schadensfeststellung auf eine sichere Grundlage zu stellen, sie rational nachvollziehbar zu machen und sich zu vergewissern, ob im Einzelfall eine hinreichend sichere Grundlage für die Feststellung eines Vermögensnachteils überhaupt existiert oder ob man sich in einem Bereich bewegt, in dem von einem zahlenmäßig fassbaren Schaden noch nicht die Rede sein kann. Soweit Unsicherheiten verbleiben, ist unter Beachtung des Zweifelssatzes der (Mindest-)Schaden auf

617 *Roxin/Schroth*, Handbuch des Medizinstrafrechts, S. 198.
618 *Ulsenheimer*, Arztstrafrecht in der Praxis, Rn. 1131.
619 BGH NStZ 1990, 198.
620 BGH, wistra 1992, 95 f.
621 BGH, GesR 2007, 77 (81).
622 BVerfGE 126, 170 = NJW 2010, 3209 = NStZ 2010, 626.

dem Wege der Schätzung zu ermitteln. Normative Gesichtspunkte können bei der Feststellung eines Nachteils durchaus eine Rolle spielen. Sie dürfen aber, soll der Charakter der Untreue als Vermögensdelikt und Erfolgsdelikt bewahrt bleiben, wirtschaftliche Überlegungen nicht verdrängen. So kann beispielsweise die Verwendung des anvertrauten Vermögens zu verbotenen Zwecken nicht per se als nachteilsbegründend angesehen werden; vielmehr bleibt es auch in solchen Fällen erforderlich, zu prüfen, ob das verbotene Geschäft wirtschaftlich betrachtet nachteilhaft war."

Bloße Schätzungen sind demzufolge nur zulässig, wenn der Schaden nicht anderweitig zu berechnen ist.[623] Dies ist bei Abrechnungsmanipulationen im GKV-Bereich aufgrund der Regelungen des Einheitlichen Bewertungsmaßstabes allerdings regelmäßig der Fall. Daher ist das Gericht zur genauen Schadensbestimmung verpflichtet. Da die Grundsätze zum Vermögensschaden des § 263 StGB auch beim Vermögensnachteil des § 266 StGB gelten, muss dies auch umgekehrt der Fall sein.[624] Damit findet die Entscheidung auch auf die Schadensberechnung in den Fällen des Abrechnungsbetruges Anwendung.[625] Eine Feststellung des Vermögensschadens anhand von Schätzungen durchzuführen, ist aufgrund des Grundsatzes der Amtsermittlung (§ 244 Abs. 2 StPO) und des rechtsstaatlichen Gebots der Unschuldsvermutung (Art. 6 Abs. 2 EMRK) als bedenklich zu bewerten.

IV. Schlussfolgerung

Die von der Rechtsprechung angewendete streng formale Betrachtungsweise des Sozialversicherungsrechts kommt zu einem anderen Ergebnis als die allgemeingültige Schadensdefinition. Da sie keine Kompensation durch tatsächlich durchgeführte Behandlungsleistungen zulässt, wird eine Strafbarkeit bei Abrechnungsmanipulationen begründet oder der Vermögensschaden höher bewertet, obwohl die Vermögenseinbußen durch Arbeitsleistungen teilweise oder gänzlich ausgeglichen wurden. Aus dogmatischen Gesichtspunkten ist dem nur schwer

623 Zur Schadenshochrechnung bei vertragsärztlicher Abrechnungsmanipulation vgl. BGH NStZ, 1990, 197 f. = BGHSt 36, 320; kritisch hierzu *Luig*, Abrechnungsbetrug, S. 218 f.

624 *Fischer*, StGB, § 263 Rn. 161a.

625 Der Einsatz von Sachverständigen zur Berechnung des Vermögensschadens ist nach Auffassung des BVerfG nicht zu beanstanden, vgl. BVerfG, Nichtannahmebeschluss v. 31.08.2007, Az.: 2 BvR 1681/07.

zu folgen. Schutzgut des § 263 Abs. 1 StGB ist nach Auffassung der Literatur[626] und Rechtsprechung[627] ausschließlich das Vermögen in seinem wirtschaftlichen Wert. Die streng formale Betrachtungsweise unterläuft diesen dogmatischen Ausgangspunkt.

Nach der hier vertretenen Ansicht erscheint es nicht sachgerecht, erbrachte Behandlungsleistungen, auch wenn sie in Einzelfragen sozialrechtswidrig sein mögen, pauschal im Rahmen der Kompensation auszuschließen. Die Anwendung der streng formalen Betrachtungsweise ist aus (schadens)dogmatischen Gründen daher abzulehnen. Dass abrechnende Vertragsärzte oftmals eine Täuschung begehen, indem sie manipulierte bzw. unrichtige Abrechnungen vorlegen, bleibt unbestritten. Auch stellt die Abrechnung von Luftleistungen regelmäßig einen Fall von § 263 StGB dar. Aber für Arbeitsleistungen, die den medizinisch-behandlungsspezifischen Vorschriften entsprechen und kein Risiko für die Patienten mit sich bringen, ist eine Schadenskompensation anzunehmen, die bereits im Tatbestand und nicht in der Rechtsfolge zu berücksichtigen ist. Sofern im Ergebnis kein Vermögensschaden, der genauestens beziffert werden muss, feststellbar ist, besteht kein Raum für eine Verurteilung des Arztes wegen (Abrechnungs-)Betruges. Das von § 263 StGB geschützte Rechtsgut ist das Vermögen und nicht das Gesundheitswesen als übergeordnetes Allgemeininteresse.

C. Die streng formale Betrachtungsweise aus rechtsstaatlicher Sicht

In diesem Kapitel wird beleuchtet, ob die Anwendung der streng formalen Betrachtungsweise des Sozialversicherungsrechts mit einem rechtsstaatlich orientierten Verständnis von Strafrecht und insbesondere den tragenden Prinzipien der Strafgesetzlichkeit vereinbart werden kann.

I. Bestimmtheitsgebot

Wie in Kapitel 2 bereits dargelegt[628], liegt die Funktion des Bestimmtheitsgebotes, als Ausfluss des Gesetzlichkeitsprinzips und eines rechtsstaatlichen Strafrechts, darin, dass eine Vorhersehbarkeit von Strafe für den Normadressaten möglich

---

626 *Fischer*, StGB, § 263 Rn. 3; *Perron* in: Schönke/Schröder StGB, § 263 Rn. 1; *Kühl*, in: L/K-StGB, § 263 Rn. 2; differenziert: *Hefendehl*, in: MüKo-StGB, § 263 Rn. 1 f.

627 BGHSt 16, 220 (221), BayObLG, NStZ 2004, 503 f.

628 Zu den Grundlagen eines rechtsstaatlichen Strafrechts siehe S. 69 f. in der vorliegenden Arbeit.

sein muss. Ohne eine genaue Beschreibung der strafbaren Handlung kann nicht von kriminellem Verhalten gesprochen werden.[629] Adressat des Bestimmtheitsgebotes ist primär nicht der Gesetzanwender (Judikative), sondern der Gesetzgeber (Legislative).

Allein in Bezug auf die Formulierung des § 263 StGB ist dem Gesetzgeber kein Vorwurf zu machen. Die Strafbarkeit ergibt sich im Bereich der Abrechnungsmanipulation[630] im Bereich der GKV nicht allein aus dem Tatbestand des Betruges oder dem Strafgesetzbuch, sondern erst durch eine Verknüpfung einer Vielzahl von Normen, insbesondere derer aus dem SGB V und den mit der Abrechnung vertragsärztlicher Leistungen verbundenen Richtlinien und Satzungen. Konkret stützt die Rechtsprechung ihre Erwägungen zur Begründung eines Vermögensschadens auf die streng formale Betrachtungsweise des Sozialversicherungsrechts. Mit deren Anwendung steht oder fällt die Strafbarkeit des Vertragsarztes in zahlreichen Fallgestaltungen des Abrechnungsbetruges.

Allein anhand eines Studiums des Strafgesetzbuches kann selbst ein rechtskundiger Jurist, der in diesem Gebiet unerfahren ist, nur schwer nachvollziehen, ob sich der Vertragsarzt strafbar gemacht hat oder nicht, [631] für den Laien ist dies sogar unmöglich. Ergibt sich die Strafbarkeit des Arztes jedoch nur vor dem Hintergrund komplizierter Mehrfachverweisungen[632], wie es bei der Anwendung der streng formalen Betrachtungsweise der Fall ist, kann keine Rede mehr davon sein, dass jedermann vorhersehen kann, ob das in der Strafnorm beschriebene Verhalten mit Strafe bedroht ist. Von der durch das Bestimmtheitsgebot geforderten Nachvollziehbarkeit für den Bürger kann mithin nicht gesprochen werden.

Auch das BVerfG[633] legt fest, dass die Missachtung gesetzlicher Vorschriften nicht ausreicht, um das Vorliegen eines Vermögensnachteils im Sinne des § 266 StGB zu begründen, „denn normative Gesichtspunkte könnten bei der Feststellung eines Nachteils zwar eine Rolle spielen“,[634] „doch dürfen sie wirtschaftliche Überlegungen weder verdrängen noch überlagern“.[635] Eine solche

---

629 *Albrecht*, Kriminologie, S. 106.

630 Abgesehen von den Fällen der Abrechnung von Luftleistungen.

631 Für eine effektive Strafverteidigung eines Vertragsarztes empfiehlt es sich daher, umgehend ein Team aus einem „Strafrechtler“ und einem „Vertragsarztrechtler“ einzusetzen, so *Ulsenheimer,* Arztstrafrecht in der Praxis, Rn. 1085.

632 Siehe hierzu S. 82 in der vorliegenden Arbeit.

633 BVerfGE 130, 1 = NJW 2012, 907 = NStZ 2012, 496; BVerfGE 126, 170 = NJW 2010, 170 = NStZ 2010, 626.

634 BVerfGE 126, 170 = NJW 2010, 170 = NStZ 2010, 626.

635 BVerfGE 126, 170 = NJW 2010, 170 = NStZ 2010, 626.

Vorrangstellung sei erforderlich, damit der Charakter der Untreue als Vermögensdelikt[636] und Erfolgsdelikt gewahrt bleibe.[637] Diese Vorgaben gelten insoweit auch für die Auslegung des Betrugstatbestands.[638]

Mit dem Einheitlichen Bewertungsmaßstab erklärt der BGH allerdings ein Normengebilde zum maßgeblichen Bezugspunkt für die Überprüfung eines möglichen Vermögensschadens. Gerade hierin liegt der Verstoß gegen die Rechtsprechung des BVerfG, das nicht nur eine Verdrängung, sondern auch eine Überlagerung wirtschaftlicher Aspekte als verfassungswidrig qualifiziert. Der BGH insistiert darauf, dass nur solche Behandlungsleistungen werthaltig sind, die nach den Grundsätzen des Sozialversicherungsrechts abgerechnet werden können. Damit bestimmen allerdings, wie der BGH selbst einräumt, die materiellrechtlichen Normen zur Abrechenbarkeit einer Leistung zugleich deren wirtschaftlichen Wert.

Die vorhandenen Vermögensdelikte des StGB bieten für eine Strafbarkeit des Abrechnungsbetruges, die erst durch die Anwendung der streng formalen Betrachtungsweise zustande kommt, keine taugliche Grundlage, da das Rechtsgut des Gesundheitswesens *de lege lata* von keiner Strafnorm umfasst ist. Rechtswidrige Abrechnungsmanipulationen im Gesundheitswesen zu kriminalisieren, ist zwar möglich, allerdings obliegt diese Aufgabe allein dem Gesetzgeber. Im Hinblick auf das verfassungsrechtliche Gebot der Bestimmtheit von Normen ist die Anwendung der streng formalen Betrachtungsweise des Sozialversicherungsrechts mit den rechtsstaatlichen Prinzipien nicht in Übereinstimmung zu bringen.

II. Das Verbot von Analogie

Wie in Kapitel 2 dieser Arbeit ebenfalls bereits dargelegt, ergeben sich aus Art. 103 Abs. 2 GG auch Pflichten für den Rechtsanwender.[639] Das BVerfG führt hierzu aus:

> *„Aus dem Erfordernis gesetzlicher Bestimmtheit folgt ein Verbot analoger oder gewohnheitsrechtlicher Strafbegründung. Dabei ist ‚Analogie' nicht im engeren technischen Sinn zu verstehen; ausgeschlossen ist vielmehr jede Rechtsanwendung, die – tatbestandsausweitend*

636 Zum geschützten Rechtsgut des § 266 StGB siehe in der Rechtsprechung: BGHSt 8, 254 f.; BGHSt 43, 297 f. In der Literatur: *Fischer*, StGB, § 266 Rn. 2; *Perron*, in: Schönke/Schröder StGB, § 266 Rn. 1; *Bermel*, Banken und Pflichten, S. 70.

637 BVerfGE 126, 170 = NJW 2010, 170 = NStZ 2010, 626.

638 *Fischer*, StGB § 266 Rn. 59.

639 *Naucke*, Strafrecht, S. 65.

– über den Inhalt einer gesetzlichen Sanktionsnorm hinausgeht, wobei der mögliche Wortlaut als äußerste Grenze zulässiger richterlicher Interpretation aus der Sicht des Normadressaten zu bestimmen ist.“[640]

Das Analogieverbot untersagt dem Gesetzanwender, eine Handlung für strafbar zu erklären, die nicht im Gesetz geregelt ist.[641] Unter einer Analogie versteht man die Ausdehnung eines Merkmals oder Rechtssatzes auf einen nach dem möglichen Wortsinn des Gesetzes nicht mehr erfassten, vergleichbaren Fall.[642] Insoweit setzt die Analogie eine strafrechtliche Regelungslücke voraus. Es fragt sich folglich, ob die Anwendung der streng formalen Betrachtungsweise durch die Rechtsprechung noch vom Tatbestand des § 263 StGB gedeckt ist oder ob es sich hierbei um eine unzulässige Analogie zu Lasten des Täters handelt. Die klassischen Arten der Auslegung gehen auf *Friedrich Carl von Savigny* zurück.[643] Trotz des Analogieverbotes ist die Auslegung im Strafrecht ebenso unerlässlich wie in anderen Rechtsgebieten.[644] Ein Gesetz ist nach der gängigen Praxis historisch, systematisch, teleologisch und nach dem Wortlaut auszulegen, um juristische Argumente für oder gegen eine Strafbarkeit finden zu können.[645]

1. Wortlaut

Zunächst ist der Gesetzeswortlaut zu erforschen. Nach einhelliger Ansicht dient der mögliche Wortsinn des Strafgesetzes als äußerste Grenze jeder analogen Anwendung.[646] Was dabei der Wortsinn des Gesetzes sein kann, ist nicht aus Sicht der Judikative, sondern aus der des Bürgers zu bestimmen.[647] In Bezug auf den Wortlaut des § 263 StGB ist zu erkennen, welches Rechtsgut vom Schutzbereich erfasst ist. Der Tatbestand spricht von einer „Beschädigung fremden Vermögens“. Sucht man allein anhand des Wortlautes nach dem geschützten Rechtsgut, ist dieses das Vermögen. Wie bereits dargelegt, verfolgt die Rechtsprechung mit der Anwendung der streng formalen Betrachtungsweise hier aber noch andere Ziele. Wenn man sich nur auf den Wortlaut des Tatbestandes bezieht, kann dies aber nicht davon gedeckt sein.

---

640 BVerfGE 130, 1 = NJW 2012, 907 = NStZ 2012, 496.
641 *Albrecht,* Kriminologie, S. 106.
642 *Rengier,* Strafrecht Allgemeiner Teil, § 4 Rn. 21.
643 *Saueressig,* Jura 2005, 525 (526).
644 *Eser/Hecker*, in: Schönke/Schröder StGB, § 1 Rn. 36.
645 *Rengier,* Strafrecht Allgemeiner Teil, § 5, Rn. 2.
646 BVerfGE 71, 108 (114); 75, 329; 87, 209 (224); 92, 1 (12); 105, 135 (157); *Fischer,* StGB, § 1 Rn. 24; *Roxin,* Strafrecht AT, § 5 Rn.28; *Albrecht,* Kriminologie, S. 106.
647 *Albrecht,* Kriminologie, S. 106.

2. *Gesetzgeberischer Wille*

Grundlage des heutigen § 263 StGB war § 241 des PrStGB des Norddeutschen Bundes.[648] Später wurde er als § 263 StGB in das RStGB von 1871 eingefügt.[649] Dort wurde der Betrug als Angriff auf das Vermögen durch näher beschriebene Täuschungshandlungen gekennzeichnet.[650] Die heutige Fassung des Betrugstatbestands deckt sich noch weitgehend mit derjenigen des RStGB.[651] Das Gesetz lässt also keine Zweifel am Charakter des Betruges offen.[652] Der Betrug ist allein ein Vermögensdelikt. Nicht speziell zum Schadensbegriff der streng formalen Betrachtungsweise, aber zur historischen Entwicklung des Begriffs des Vermögensschadens nimmt *Naucke*[653] Stellung. Seiner Ansicht nach hat der Tatbestand des Betruges seine ursprünglich bestehenden, festen Konturen verloren.[654] Er sei über den 1871 vom Gesetzgeber gewollten und seither nicht geänderten Umfang hinaus ausgedehnt worden.[655] Grund und Umfang dieser Ausweitung blieben aus dogmatischen Gesichtspunkten unklar. Diese Entwicklung könne nur auf einer kriminalpolitischen Denkweise beruhen.[656] Ergebnis dieser Entwicklung sei, dass der Grundsatz „nullum crimen sine lege“[657] deutlich an Bedeutung verloren habe.[658] Der Auffassung *Nauckes*, der Anwendungsbereich des Betrugstatbestandes werde durch den Rechtsanwender zunehmend extensiviert, ist anhand des Beispiels der Anwendung der streng formalen Betrachtungsweise zu bestätigen. Zudem ist ihre Anwendung im Hinblick auf die Historie des § 263 StGB und dessen Ausrichtung auf den Schutz des Vermögens skeptisch zu betrachten.

---

648 *Naucke*, Zur Lehre vom strafbaren Betrug, S. 97.
649 *Kindhäuser*, in: NK-StGB, § 263 Rn. 6.
650 *Naucke*, Zur Lehre vom strafbaren Betrug, S. 103.
651 *Kindhäuser*, in: NK-StGB, § 263 Rn. 7.
652 *Naucke*, Zur Lehre vom strafbaren Betrug, S. 103.
653 *Naucke*, Zur Lehre vom strafbaren Betrug, S. 103.
654 *Naucke*, Zur Lehre vom strafbaren Betrug, S. 200.
655 *Naucke*, Zur Lehre vom strafbaren Betrug, S. 126.
656 *Naucke*, Zur Lehre vom strafbaren Betrug, S. 127.
657 Zur Herleitung von der Strafgesetzlichkeit siehe S. 79 f. in der vorliegenden Arbeit.
658 *Naucke*, Zur Lehre vom strafbaren Betrug, S. 200.

3. *Gesetzeszweck*

Die wohl wichtigste Auslegungsmethode ist die teleologische Auslegung. Bei dieser Form der Auslegung ist auf den Sinn und Zweck der Norm abzustellen.[659] Dem BVerfG[660] zufolge „darf der Richter sich nicht dem vom Gesetzgeber festgelegten Sinn und Zweck des Gesetzes entziehen".

Man kann den Tatbestand des Betruges sowohl objektiv als auch subjektiv auslegen. Bei einer objektiven Auslegung wird das Gesetz so ausgelegt, wie sein immer wieder aktualisierter Sinn es verlangt.[661] Bei einer subjektiven Auslegung ist das Gesetz so auszulegen, wie der Gesetzgeber es gewollt hat.[662] Ganz unstrittig handelt es sich nach dem Willen des Gesetzgebers beim Betrug um ein Vermögensdelikt, dessen Zweck im Schutz feststellbaren Vermögens liegt.[663] Ein Vermögensschaden besteht dann, wenn objektiv gesehen ein Nachteil am Vermögen des Opfers feststellbar ist. Wie im vorherigen Kapitel ausführlich dargelegt, ist nach dem hier vertretenen Standpunkt ein Vermögensschaden bei Abrechnungsmanipulation nur zu bejahen, wenn Luftleistungen oder Behandlungen mit Leistungsbezug abgerechnet werden, denen aber kein wirtschaftlich messbarer Wert zukommt. Nach Auffassung der Rechtsprechung und insbesondere der Anwendung der streng formalen Betrachtungsweise wird ein Vermögensschaden bei Abrechnungsmanipulationen bereits in solchen Fällen angenommen, in denen eine fachlich einwandfreie Leistung mit objektivem Wertgehalt abgerechnet wird, diese aber aufgrund sozialrechtlicher Regelungen nicht abrechnungsfähig ist.

Der Gebrauch der streng formalen Betrachtungsweise führt zu einer Ausweitung des Anwendungsbereichs des Betrugstatbestandes, indem nicht allein wirtschaftlich greifbare Vermögenspositionen, sondern auch sozialpolitische Interessen in den Schutzbereich mit einbezogen werden.[664] Folglich wird der Begriff des Vermögensschadens durch die streng formale Betrachtungsweise auf das kollektive Rechtsgut der Funktionsfähigkeit des Gesundheitswesens ausgeweitet, welches von der Norm nicht umfasst ist. Dies kann daher nicht dem

---

659 Die Frage nach dem Zweck einer Strafnorm ist grundsätzlich anerkannt, siehe hierzu BVerfGE 64, 396; *Rengier,* Strafrecht Allgemeiner Teil, § 5 Rn. 14; kritisch *Herzberg,* NJW 1990, 2525.

660 BVerfGE 128, 193 = NJW 2011, 836.

661 *Naucke,* Strafrecht, § 2 Rn. 60.

662 *Naucke,* Strafrecht, § 2 Rn. 60.

663 *Volk,* NJW 2000, 3385 (3386).

664 Vgl. hierzu: *Volk,* NJW 2000, 3385 (3386); *Salinger,* HRRS 2012, 363 (366).

Willen des (historischen) Gesetzgebers entsprechen. Demnach ist die Anwendung der streng formalen Betrachtungsweise als teleologische Extension des Begriffs des Vermögensschadens zu bezeichnen, was in der Folge daher eine unzulässige Analogie zu Lasten der Täter darstellt.

4. *Ergebnis*

Mit der streng formalen Betrachtungsweise des Sozialversicherungsrechts hat der BGH einen Standpunkt entwickelt, der weder durch die Auslegung des Wortlauts noch durch die historische oder teleologische Auslegung des § 263 StGB zu rechtfertigen ist und damit einen Verstoß gegen das Analogieverbot des Art. 103 Abs. 2 GG darstellt.

III. Das Verbot von Gewohnheitsrecht

Das Analogieverbot und das Verbot von Gewohnheitsrecht trennt in ihrer Eigenart nicht viel, da eine auf Gewohnheit beruhende Überdehnung eines Straftatbestandes gleichzeitig auch eine verbotene Analogie darstellt. Der Unterschied liegt lediglich darin, dass sich das Gewohnheitsrechtsverbot explizit auf eine durch Rechtsprechung geschaffene und in der Judikative anerkannte Rechtspraxis bezieht, die sich zu Lasten des Täters auswirkt. Im Fall der streng formalen Betrachtungsweise ist auch dies anzunehmen. Der Etablierung und dauerhaften Aufrechterhaltung dieser Rechtsprechungsgepflogenheit des BGH[665] sind zahlreiche Gerichte gefolgt, ohne die hinter dem Präjudiz stehenden Überlegungen ernsthaft in Frage zu stellen. Bei der streng formalen Betrachtungsweise handelt es sich nicht nur um bloßes Richterrecht, welches eine bisherige Rechtsauffassung im Einzelfall angepasst hat, sondern um die Einführung neuen, auf gewohnheitsrechtlichen Erwägungen basierenden Rechts. Der provokanten Äußerung *Scheider*[666], der BGH habe den „Sozialversicherungsbetrug als Straftatbestand" zum Schutz der Leistungsfähigkeit des Systems der gesetzlichen Krankenversicherung eingeführt, ist daher zuzustimmen. Genauer hat der BGH den Sozialversicherungsbetrug als gewohnheitsrechtlich anerkannten, ungeschriebenen Tatbestand eingeführt.

---

665 Zur Ansicht des BGH und zur Anknüpfung durch die übrige Rechtsprechung siehe S. 116 in der vorliegenden Arbeit.

666 *Scheider*, in: Wienke/Janke u. a., Der Arzt im Wirtschaftsstrafrecht, S. 66.

IV. Ultima Ratio

Dass die Leistung, so wie sie in der Abrechnung ausgewiesen wurde, nach sozialrechtlichen Vorgaben nicht vollumfänglich vergütungsfähig ist, ist durchaus verständlich. Dass allerdings das Strafrecht bemüht werden muss, um diese Form des beruflichen Fehlverhaltens zu korrigieren, ist keineswegs nachvollziehbar. Wie zu Beginn ausgeführt,[667] liegt der Zweck des Strafrechts nach der hier vertretenen Position in dem Schutz von Rechtsgütern. Sozialrechtliche Steuerungsinteressen zu schützen oder sogar zu lenken, ist nicht die Aufgabe des Strafrechts. Gerechtigkeit zu schaffen, indem man das „scharfe Schwert" des Strafrechts bemüht, ist nicht zielführend, zumal das Strafrecht nur als „ultima ratio"[668] eingesetzt werden sollte.[669] Zudem gebietet der Grundsatz der Subsidiarität des Strafrechts auch, dass nicht sämtliche staatlich erstrebenswerten Ziele mit dem Strafrecht erreicht werden sollen. Der Rechtsstaat hat sogar die Pflicht, gewisse Bereiche seiner Aufgaben, zu denen auch die Krankenbehandlung als Teil der Daseinsfürsorge gehört, aus dem Zugriffsbereich des Strafrechts auszuschließen.[670]

Insgesamt birgt die exzessive[671] Anwendung des Strafrechts, insbesondere durch die Anwendung der streng formalen Betrachtungsweise, die Gefahr, dass die Ärzteschaft hierdurch verunsichert wird, was wiederum zu einer Destabilisierung des Gesundheitswesens führen könnte.[672] Würde das Strafrecht seinem eigentlichen Zweck gerecht[673], indem es lediglich zum Schutz normativ fixierter Rechtsgüter angewendet wird, müsste es sich diesen Vorwurf nicht gefallen lassen. Um das gestellte Ziel der Aufrechterhaltung eines funktionierenden und finanziell stabilen Systems der Gesundheitsfürsorge erreichen zu können, kämen auch andere, weniger einschneidende Möglichkeiten in Betracht.[674] Der Gesetzgeber könnte beispielsweise zusätzliche Instrumente zur Selbstregulierung

---

667 Siehe S. 69 in der vorliegenden Arbeit.

668 Zur Subsidiarität des Strafrechts siehe S. 89 in der vorliegenden Arbeit.

669 *Rengier*, Strafrecht AT, § 3 Rn. 5.

670 Der Rechtsstaat ist sogar dazu verpflichtet, bewusste Schutzlücken zu schaffen, siehe S. 73 in der vorliegenden Arbeit.

671 Vgl. *Ulsenheimer*, der von einer Expansionstendenz im Arztstrafrecht spricht, *Ulsenheimer*, Arztstrafrecht in der Praxis, Rn. 1153.

672 So *Scheider*, in: Wienke/Janke u. a., Der Arzt im Wirtschaftsstrafrecht, S. 70.

673 Zu der hier vertretenen Zweckrichtung des Strafrechts siehe S. 69 f in der vorliegenden Arbeit.

674 Berufsrechtliche Disziplinarverfahren oder zivilrechtliche Schadensersatzansprüche sind dem Strafrecht vorzuziehen, da sie verhältnismäßiger sind.

schaffen[675], indem er beispielsweise die Befugnisse der Kassenärztlichen Vereinigungen bezüglich des Umgangs mit ihren „schwarzen Schafen" erweitert. Hierzu könnten die bereits vorhandenen Sanktionsmöglichkeiten des vertragsärztlichen Disziplinarrechts (§ 81 Abs. 5 SGB V) erweitert und die Kontrollbehörden[676] der Kassenärztlichen Vereinigungen mit zusätzlichen Befugnissen ausgestattet werden. Im Bereich des Krankenhausrechts wäre auch die Einführung eines verbindlichen Compliance-Systems denkbar, was in der aktuellen Debatte immer wieder gefordert wird.[677]

V. Ergebnis

Wie im vorherigen Kapitel aufgezeigt wurde, bestehen allein aus dogmatischer Sicht erhebliche Bedenken gegenüber der Anwendung der streng formalen Betrachtungsweise, denn sie führt zu einer erheblichen und unzulässigen Ausweitung des Schadensbegriffs.[678] Der Betrugstatbestand wird hierdurch „auf die Verletzung von nicht vermögensrelevanten Berufsordnungswidrigkeiten ausgedehnt".[679] Die Folge ist, dass Strafbarkeiten dort begründet werden, wo sie aus rechtsstaatlicher Sicht hätten abgelehnt werden müssen.

Wie in diesem Kapitel ausgeführt wurde, ist diese Extension und Anwendung *contra legem* als unzulässige Analogie und Anwendung von Gewohnheitsrecht anzusehen, die zu Lasten der Vertragsärzte als potenzielle Täter von Abrechnungsmanipulationen geht. Die sozialrechtliche Aufladung des Schadensbegriffs stellt damit einen Verstoß gegen die Prinzipien der Strafgesetzlichkeit dar. Das Strafrecht gelangt dort zur Anwendung, wo andere Steuerungsinstrumentarien besser angebracht wären. Den Tatbestand des Sozialversicherungsbetruges gibt es nicht, und ein solcher darf dem geltenden Recht auch nicht „durch eine verfehlte Auslegung untergeschoben werden"[680]. Wie *Volk* zutreffend formuliert,

675 Zu den bisherigen Sanktionsmöglichkeiten der KV, siehe *Rübsamen*, MedR 2014, 152 f.

676 Hiermit sind die Beauftragten der Kassenärztlichen Vereinigungen (§ 81a SGB V) gemeint, die bisher nur dazu verpflichtet sind, Abrechnungsunregelmäßigkeiten an die Staatsanwaltschaften weiterzuleiten. Denkbar wäre es auch, diese Beauftragten mit dem Recht auszustatten, konkrete Sanktionen, wie etwa Geldbußen, zu verhängen.

677 Zum Thema der Compliance im Gesundheitswesen siehe *Dieners*, Handbuch Compliance im Gesundheitswesen.

678 *Badle*, NJW 2008, 1028 (1029).

679 *Stein*, MedR 2001, 124 (131).

680 So zutreffend *Ulsenheimer*, Arztstrafrecht in der Praxis, Rn. 1081.

wird im Bereich des Abrechnungsbetruges „die Guillotine verwendet, wo das Skalpell angebracht wäre“.[681] Die von der Rechtsprechung angewendete streng formale Betrachtungsweise des Sozialversicherungsrechts ist daher aus verfassungsrechtlichen Gesichtspunkten nicht haltbar.

D. Weitere Fallkonstellationen vertragsärztlicher Strafbarkeit

Es soll noch auf weitere Konstellationen außerhalb der Thematik des typischen Abrechnungsbetruges eingegangen werden, denen in der Rechtswirklichkeit der Strafverfolgung von ärztlichem Fehlverhalten eine wesentliche Bedeutung zukommt.

I. Missbräuchliche Verordnung von Medikamenten

Ein weiteres Beispiel vertragsärztlicher Delinquenz ist die Konstellation der Verschreibung medizinisch nicht indizierter Medikamente und Hilfsmittel.[682] Diese Fallgruppe wird auch als „unwirtschaftliche Rezeptionierung“ bezeichnet.[683] Hierbei erhält der GKV-Patient aufgrund des vom Vertragsarzt ausgestellten Rezeptes[684] vom (meist gutgläubigen) Apotheker ein Medikament ausgehändigt, welches der Patient dann anderweitig verwendet, indem er es beispielsweise verkauft oder als Suchtmittel benutzt. Der Anspruch des Patienten gegen die Krankenversicherung leitet sich hierbei unmittelbar aus dem Sachleistungsanspruch gemäß § 2 Abs. 2 Satz 1 SGB V ab[685], welcher nach § 27 Abs. 1 Nr. 3 SGB V auch Arznei-, Verbands-, Heil- und Hilfsmittel umfasst. Anders als in den vorherigen Fallgruppen zur vertragsärztlichen Behandlungsleistung erfolgt die Abrechnung von Arzneimitteln hier ohne die Zwischenschaltung der Kassenärztlichen Vereinigung.[686] Rechtlich kommt für die Strafbarkeit des Vertragsarztes sowohl der

---

681 *Volk*, NJW 2000, 3385 (3385).

682 Hierbei kann zwischen dem Arzneimittelbezug über Apotheken und dem Direktbezug über Großlieferanten unterschieden werden. *Kühl,* Wirtschaftlichkeitsgebot und Vertragsarzt im Strafrecht, S. 87 f.

683 Zur Thematik der missbräuchlichen Verschreibung von Medikamenten im Bereich der GKV siehe ausführlich: *Kühl,* Wirtschaftlichkeitsgebot und Vertragsarzt im Strafrecht, S. 84 f.; *Leimenstoll,* Vermögensbetreuungspflicht des Vertragsarztes?, S. 16 f.; *Taschke*, StV 2005, 406 f.

684 Unter dem Begriff des Rezepts wird die formelle, schriftliche Aufforderung eines Arztes an die Apotheke zur Aushändigung eines Arznei- oder Hilfsmittels an den Patienten verstanden.

685 Vgl. S. 45 in der vorliegenden Arbeit.

686 *Hellmann/Herffs,* Abrechnungsbetrug, Rn. 333.

Tatbestand des Betruges gemäß § 263 StGB als auch der Tatbestand der Untreue gemäß § 266 StGB in Betracht.

1. Ausgangsfall

Folgender Fall aus der Rechtsprechung[687] soll diesen Sachverhalt erläutern:

> *Fall 6 (Missbräuchliche Verordnung von Medikamenten):*
> *Vertragsarzt S hat seinem Bekannten N Infusionen zur parenteralen Ernährung verschrieben, welche dieser bei Apotheker A erhalten hat. Für die Kosten der Medikamente kam die Krankenversicherung von N auf. Ab einem gewissen Zeitpunkt verlangte N von S, dass dieser ihm eine weit überhöhte Menge dieser Infusionen verschreibt. Die zusätzlichen Infusionen erhält N von S verschrieben, welche ihm anschließend vom gutgläubigen A ausgehändigt werden. Daraufhin setzt N die zusätzlichen Infusionen gewinnbringend ab.*

In erster Instanz wurde der Patient N wegen Betruges gemäß § 263 StGB gegenüber und zu Lasten der Krankenkasse verurteilt. Vertragsarzt S wurde wegen Beihilfe zum Betrug gemäß §§ 263, 27 StGB verurteilt, da er von der anderweitigen Verwendung durch N wusste und dies billigend in Kauf nahm. Der 4. Strafsenat des BGH hob in einem Beschluss vom 25.11. 2003 das Urteil auf.[688] Der BGH kam zu dem Ergebnis, dass sich der Vertragsarzt S hier gerade nicht wegen Betruges nach § 263 StGB, sondern vielmehr wegen Untreue nach § 266 Abs. 1 StGB strafbar gemacht hat. Für den Patienten N kam nur eine Teilnahme an dieser Tat in Betracht.[689]

Zunächst erscheint dieses Resultat etwas befremdlich. Im Ergebnis hat sich die Strafbarkeit des Patienten auf eine bloße Beihilfe zur Untreue reduziert. Der Arzt hingegen ist jetzt Täter eines vollendeten Vermögensdelikts. Die strafrechtliche Bewertung dieses Falls hängt auch hier wesentlich von der Berücksichtigung der rechtlichen Besonderheiten des kassenärztlichen Abrechnungssystems ab.[690] Die Strafbarkeit wegen Betruges von N gegenüber dem Apotheker und zu Lasten der Krankenkasse scheitert, nach Ansicht des BGH, am Tatbestandsmerkmal des Irrtums, denn dieser ist dann auszuschließen, wenn sich der Getäuschte keine Gedanken macht.[691] Der Apotheker unterliegt hier keinem Irrtum, da er nicht

687 BGHSt 49, 17 (19) = NStZ 2004, 266, 268 = NJW 2004, S. 454 (Parenterale Ernährung).

688 BGHSt 49, 17 (19) = NStZ 2004, 266, 268 = NJW 2004, S. 454.

689 Zu den Möglichkeiten der Strafbarkeit des GKV-Patienten beim Abrechnungsbetrug des Vertragsarztes siehe *Gaßner/Strömer*, NStZ 2013, 621.

690 *Roxin/Schroth,* Handbuch des Medizinstrafrechts, S. 200.

691 Siehe S. 22 in der vorliegenden Arbeit.

zu prüfen hat, ob die vom Arzt verschriebene Leistung notwendig i. S. d. § 12 Abs. 1 SGB V ist. Da es sich bei eingereichten Rezepten um ordnungsgemäß ausgestellte kassenärztliche Verordnungen handelt, ist der Apotheker nach § 4 Abs. 1 Satz 1 ALV verpflichtet, die kassenärztlichen Verschreibungen gemäß § 17 Abs. 4 ApBetrO unverzüglich einzulösen. Der Apotheker prüft gemäß § 17 Abs. 5 ApBetrO bei der Vorlage des Rezeptes, ob die vorgelegte ärztliche Verordnung den gesetzlichen Anforderungen entspricht, das Arzneimittel von der Versorgung gesetzlich ausgeschlossen ist und er gemäß § 17 Abs. 8 ApBetrO einem Arzneimittelmissbrauch entgegentreten muss.[692] Er prüft jedoch nicht, ob eine medizinische Indikation für die Medikamentenausgabe vorliegt.[693] Das erscheint auch plausibel, da der Apotheker als „Obergutachter" ansonsten Einfluss auf die Behandlungsmethode des Arztes hätte. Folglich liegt hier ein Fall der *ignorantia facti*[694] vor. Eine Strafbarkeit von N wegen Betruges gegenüber und zu Lasten der Krankenkasse hat der BGH aber ebenfalls verneint. Nach Ansicht der Richter ist eine Täuschung des Sachbearbeiters der Krankenkasse aufgrund der Weiterleitung der unwirtschaftlichen Verordnung mittels des Apothekers als vorsatzlosem Werkzeug nicht gegeben.

2. *Vertragsgestaltung*

Um dies zu begründen, skizziert der BGH[695] das Vertragsverhältnis bei der Verschreibung von Medikamenten im GKV-Bereich:

> *„Bei Verordnung einer Sachleistung handelt der Vertragsarzt kraft der ihm durch das Kassenarztrecht verliehenen Kompetenzen als Vertreter der Krankenkasse.*[696] *Mit Wirkung für und gegen die Krankenkasse gibt er die Willenserklärung zum Abschluss eines Kaufvertrages über die verordneten Medikamente ab. Der Apotheker, dem das Kaufvertragsangebot der Krankenkasse mit Vorlage der kassenärztlichen Verordnung durch den Versicherten (als Boten) angetragen wird, nimmt dieses an, indem er dem Versicherten das verordnete Arzneimittel aushändigt.*"[697]

692 *Roxin/Schroth,* Handbuch des Medizinstrafrechts, S. 200.
693 BGHSt 49, 17 (19); BGH, NStZ 2004, 266, 268; BGH, NJW 2004, S. 454.
694 Zur Erläuterung des Begriffs siehe S. 101 in der vorliegenden Arbeit.
695 BGHSt 49, 17 (19); BGH, NStZ 2004, 266, 268; BGH, NJW 2004, S. 454.
696 In Bezugnahme auf BSGE 73, 271 (278); BSGE 77, 194 (199).
697 BGHSt 49, 17 (19); BGH, NStZ 2004, 266, 268; BGH, NJW 2004, S. 454.

Es handelt sich um einen zwischen der Krankenkasse und dem Apotheker – unter Einschaltung des Vertragsarztes als Vertreter der Krankenkasse – geschlossenen Vertrag zugunsten des Versicherten.[698]

Das folgende Schaubild soll diesen Sachverhält erläutern:

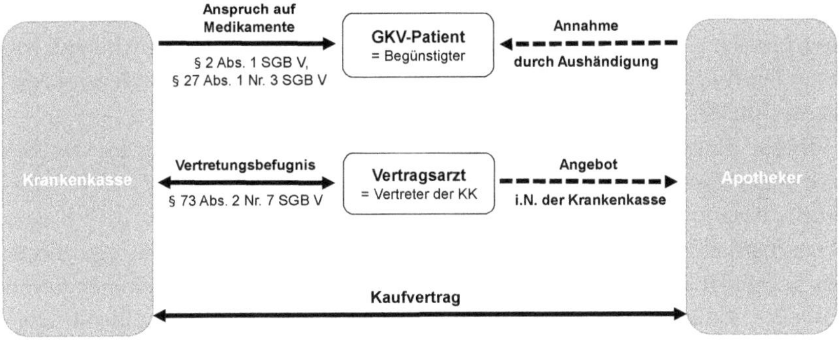

3. *Rechtliche Würdigung*

Der Ansicht des BGH[699] folgend hat die Vermögensverfügung, die letztlich den Vorteil des Angeklagten N und spiegelbildlich den Schaden der Krankenkasse bewirkte, nicht die Krankenkasse von N, sondern bereits der Vertragsarzt S getroffen, indem er (der Arzt) durch die Ausstellung des Rezeptes die Krankenkasse zur Leistung verpflichtet hat. S, der als Vertreter der Krankenkasse handelt, kannte die den Mangel begründenden Umstände. Mithin wurde die Krankenkasse nach Ansicht des BGH auch nicht getäuscht. Folglich ist eine Strafbarkeit von N gemäß § 263 StGB nicht gegeben. Der BGH sah in diesem Fall aber eine Untreue von S in Form des Missbrauchstatbestandes gemäß § 266 Abs. 1 Alt. 1 StGB für verwirklicht an.[700] Die Tathandlung besteht dabei in dem Missbrauchen einer im Außenverhältnis wirksamen, aber im Innenverhältnis begrenzten Befugnis zur Verpflichtung des Geschäftsherrn, die zu einer Schädigung des zu betreuenden Vermögens führt.[701]

698 BGHSt 49, 17 (19); BGH, NStZ 2004, 266, 268; BGH, NJW 2004, S. 454.
699 BGHSt 49, 17 (19); BGH NStZ 2004, 266, 268; BGH NJW 2004, S. 454.
700 BGHSt 49, 17 (19); BGH NStZ 2004, 266, 268; BGH NJW 2004, S. 454.
701 *Fischer,* StGB, § 266 Rn. 24.

Nach dem soeben Dargelegten handelt der Vertragsarzt im kassenärztlichen Abrechnungssystem als Vertreter der Krankenkasse.[702] Im Außenverhältnis kann er die Krankenkasse durchaus zur Zahlung von Sachleistungen i. S. d. § 2 SGB V, § 31 Abs. 1 SGB V verpflichten. Im Innenverhältnis darf er aufgrund des Wirtschaftlichkeitsgebotes nach § 12 SGB V aber nur notwendige Arzneimittel verschreiben.[703] Verschreibt er beispielsweise Arzneimittel, die unwirtschaftlich sind, führt er einen Vermögensschaden herbei.[704] Untreue liegt folglich dann vor, wenn Leistungen verordnet werden, die nicht notwendig, nicht ausreichend oder unzweckmäßig sind.[705]

Dieser Beschluss des BGH ist kritisch zu betrachten. In Bezug auf den Betrug gegenüber dem Apotheker und zu Lasten der Krankenkasse wird vorgebracht, dass auch die Apotheken nach §§ 69 Satz 1, 70 Abs. 1 Satz 2 SGB V dem Wirtschaftlichkeitsgebot verpflichtet sind.[706] Folglich muss beim Apotheker ein sachgedankliches Mitbewusstsein insoweit vorhanden sein, dass er davon ausgehen kann, dass die ausgestellte Verordnung dem Wirtschaftlichkeitsgebot entspricht.[707] Mithin ist ein Irrtum im Sinne des § 263 StGB auf Seiten des Apothekers gegeben, der wiederum im Rahmen des Dreiecksbetruges der Kasse zugerechnet werden könnte. Weiter wird vorgebracht, dass der Vertragsarzt hier als Vertreter der Kassen eingestuft wird, was nicht der Fall sein kann.[708] Die Krankenkasse ist lediglich an die Erkenntnisse des ordnungsgemäß handelnden Vertragsarztes gebunden und muss sich nur die rechtmäßige Tätigkeit als eigene zurechnen lassen.[709] Ansonsten würde der Vertragsarzt nicht die im Interesse der Kasse liegende Aufgabe nach § 12 Abs. 1, § 73 Abs. 2 Nr. 7 SGB V erfüllen.[710] Unwirtschaftliche Leistungen zu Lasten der Krankenkasse dürfen von den Versicherten nicht beansprucht und von den Kassen nicht bewilligt werden. Mithin darf der Vertragsarzt unwirtschaftliche Sachleistungen nach den §§ 12 Abs. 1 Satz 2, 70 Abs. 1 Satz 2 SGB V auch nicht verordnen. Bei einer unwirtschaftlichen

---

702 Die Vertretertheorie ablehnend: *Ulsenheimer,* Arztstrafrecht in der Praxis, Rn. 1178; *Schnapp,* GesR 2012, 705 ff.

703 *Trenk-Hinterberger,* in: *Spickhoff,* Medizinrecht, § 12 SGB V Rn. 13.

704 *Roxin/Schroth,* Handbuch des Medizinstrafrechts, S. 202.

705 BGHSt 49, 17 (19); BGH NStZ 2004, 266, 268; BGH NJW 2004, S. 454.

706 *Hellmann/Herffs,* Abrechnungsbetrug, Rn. 331.

707 *Hellmann/Herffs,* Abrechnungsbetrug, Rn. 331.

708 *Ulsenheimer,* MedR 2005, 622 (626).

709 *Ulsenheimer,* MedR 2005, 622 (626).

710 *Krauskopf,* in: Laufs/Kern, Handbuch des Arztrechts, § 29 Rn. 25.

Verordnung fehlt es folglich an einer wirksamen Vertretung der Krankenkasse durch den Vertragsarzt.[711]

Folgt man dieser Auffassung, wäre die Verordnung im Außenverhältnis nicht bindend, und es käme nur der Treuebruchtatbestand des § 266 Abs. 1 Alt. 2 StGB in Betracht. Dieser setzt im Außenverhältnis keine wirksame Vertretungsbefugnis voraus. Es geht lediglich um die Verletzung einer im Innenverhältnis bestehenden Vermögensbetreuungspflicht.[712] Nach der genannten Auffassung besteht diese Vermögensbetreuungspflicht, welche für den Treuebruchtatbestand unstreitig notwendig ist, für den Vertragsarzt nicht.[713] Demzufolge würde eine Strafbarkeit wegen Untreue gemäß § 266 StGB gänzlich ausscheiden. Hiergegen wird aber vorgebracht, dass sich die Rechtsfolgen des Vollmachtmissbrauchs nach den Regeln des Stellvertretungsrechts, die im Innenverhältnis zwischen Vertragsarzt und Krankenkasse gelten, bestimmen.[714]

Nach *Roxin*[715] bleibt die Wirksamkeit des rechtsgeschäftlichen Handelns im Außenverhältnis davon aber unberührt. Es käme somit im Außenverhältnis nicht darauf an, dass die Krankenkasse es nicht will, dass der Arzt sie zur Zahlung von unwirtschaftlichen Leistungen verpflichtet, sondern darauf, dass sie ihm die allgemeine Befugnis dazu eingeräumt hat.[716] Dafür spricht zudem, dass selbst bei einer unwirtschaftlichen Verordnungsweise die Kasse zunächst wirksam zur Zahlung an den Apotheker verpflichtet wird.[717] Dass eigentlich nur wirtschaftliche Leistungen von der Verpflichtungsbefugnis des Arztes umfasst sind, ist ein Problem des Innenverhältnisses zwischen der Kasse und dem Vertragsarzt. Dieser Ansicht ist zuzustimmen. Demnach wäre der Missbrauch einer Verpflichtungsbefugnis gegeben.

Allerdings setzt der Missbrauchstatbestand des § 266 StGB nach gängiger Rechtsprechung[718] und herrschender Lehre[719] auch eine Vermögensbetreuungspflicht voraus. Als Argument wird vorgebracht, dass sich der Wortlaut des § 266 Abs. 1 StGB im letzten Halbsatz „und dadurch dem, dessen Vermögen er zu

711 *Hellmann/Herffs*, Abrechnungsbetrug, Rn. 332; *Schröder/Lilie*, FD-StrafR 2012, 333999.

712 *Fischer*, StGB, § 263, Rn. 50.

713 *Ulsenheimer*, MedR 2005, 622 (625).

714 *Schilken, in:* Staudinger, BGB, § 167 Rn. 105.

715 *Roxin/Schroth*, Handbuch des Medizinstrafrechts, S. 202.

716 *Roxin/Schroth*, Handbuch des Medizinstrafrechts, S. 202.

717 *Hellmann/Herffs*, Abrechnungsbetrug, Rn. 333.

718 BGHSt 24, 386 (378); BGHSt 33, 244 (350).

719 *Fischer*, StGB, § 266 Rn. 6; *Heger*, in: L/K-StGB, § 266 Rn. 4.

betreuen hat“, auf beide Tatbestandsalternativen bezieht.[720] Es muss also auch für den Missbrauchstatbestand eine Vermögensbetreuungspflicht des Vertragsarztes vorhanden sein, um eine Strafbarkeit nach § 266 Abs. 1 Alt. 1 StGB begründen zu können. Nach Ansicht *Roxins*, der sich der Rechtsprechung des BGH und des BSG[721] anschließt, ist der Arzt als Vertreter der Krankenkassen anzusehen.[722] Ihm wird nach § 12 Abs. 1 SGB V kraft Gesetz die Pflicht auferlegt, die Notwendigkeit, Wirtschaftlichkeit und Zweckmäßigkeit der Sachleistungen selbständig und autonom zu prüfen. Folglich muss den Arzt gleichzeitig eine hervorgehobene Vermögensbetreuungspflicht gegenüber der Krankenkasse treffen.[723] Bei § 266 StGB handelt es sich um ein Sonderdelikt. Tauglicher Täter ist demnach nur derjenige, dem die entsprechende Vermögensbetreuungspflicht auferlegt wurde.[724] Dies würde bedeuten, dass sich nur S wegen Untreue strafbar machen kann. Die Tathandlung liegt hierbei in der Ausstellung einer unwirtschaftlichen Verordnung. Für N, den die Vermögensbetreuungspflicht nicht trifft, kommt lediglich eine Teilnahmehandlung in Form von Beihilfe nach § 27 StGB oder Anstiftung gemäß § 26 StGB in Frage.[725] Der BGH gelangte in dem vorliegenden Fall zu dem Schluss, dass N der Tat von S Beihilfe geleistet habe, indem er S in dessen Tatentschluss bestärkt habe.[726]

Der beschriebene Fall ist ein anschauliches Beispiel dafür, wie weit die Rechtsprechung des BSG und die Normen des Sozialgesetzbuches in das Rechtsgebiet des Strafrechts hineinreichen und zu welchen Ergebnissen sie führen können. Die Erstinstanz stützte ihre Entscheidung zunächst weniger auf die Besonderheiten des Sozialrechts. Erst der BGH nahm sich dieser an und kam deshalb zu einem völlig anderen Ergebnis.[727] Das Resultat, dass der Arzt in erster Instanz nur wegen Beihilfe zum Betrug gemäß §§ 263 Abs. 1, 27 StGB und später als Täter einer vollendeten Untreue nach § 266 Abs. 1 StGB verurteilt wurde, lässt das Ergebnis fraglich erscheinen. Die hier anzusetzenden Strafrahmen divergieren deutlich, denn bei einer Beihilfe kommt für den Teilnehmer eine Milderung nach §§ 27 Abs. 2 i. V. m. 49 Abs. 1 StGB in Betracht.

---

720 *Fischer*, StGB, § 266 Rn. 6.

721 BSG, Urt. v. 17.01.1996 = BSGE 77, 194 ff.; dazu *Leimenstoll*, Vermögensbetreuungspflicht des Vertragsarztes? Rn. 129.

722 *Roxin/Schroth*, Handbuch des Medizinstrafrechts, S. 202.

723 BGHSt 49, 17 (19) = NStZ 2004, 266, 268 = NJW 2004, S. 454.

724 *Wessels/Hillenkamp*, Strafrecht BT 2, § 18 Rn. 781.

725 *Wessels/Hillenkamp*, Strafrecht BT 2, § 18 Rn. 781.

726 BGHSt 49, 17 (19) = NStZ 2004, 266, 268 = NJW 2004, S. 454.

727 BGHSt 49, 17 (19) = NStZ 2004, 266, 268 = NJW 2004, S. 454.

Zuzustimmen ist dem in der Rechtsprechung gefundenen Ergebnis, dass bei der missbräuchlichen Verschreibung von medizinisch nicht erforderlichen Medikamenten, unabhängig davon, ob im Sinne des § 263 StGB oder § 266 StGB ein Schaden auf Seiten der Krankenkassen entsteht und keine Kompensation erfolgt, da der Sachleistungsanspruch des GKV-Patienten nicht erfüllt wird. Allerdings lässt der Tenor der Entscheidung des BGH, der Vertragsarzt habe aus § 12 SGB V eine Vermögensbetreuungspflicht, die Schlussfolgerung zu, dass der Vertragsarzt durch die Verschreibung unwirtschaftlicher, aber medizinisch gegebenenfalls förderlicher Medikamente bzw. Hilfsmittel in den Bereich strafrechtlich relevanten Verhaltens i. S. v. § 266 Abs. 1 StGB gelangt. Bei einer streng formalen Betrachtung wäre ein Vermögensschaden der Krankenkasse unabhängig von der medizinischen Indikation der Verordnung gegeben[728], sofern die sozialrechtlichen Voraussetzungen der Verschreibung und insbesondere das Gebot der Wirtschaftlichkeit nicht eingehalten wurden. Das Aufgreifen dieses Argumentationsstranges kann zur uferlosen Kriminalisierung von Verschreibungsentscheidungen redlicher Vertragsärzte führen, was den Grundsätzen des rechtsstaatlichen Strafrechts zuwiderläuft.

II. Korruption medizinischer Entscheidungsträger

Die aktuell brisanteste Fallgruppe der Wirtschaftsdelikte im Gesundheitswesen ist die Bestechung von Ärzten durch Mitarbeiter von Pharmaunternehmen. Hierbei kommt es zu Zuwendungen unterschiedlichster Art an Ärzte, die überwiegend Medikamente der zuwendenden Unternehmen verschreiben. Besondere Aufmerksamkeit wurde diesem Phänomen durch die Entscheidung des Großen Senats des BGH[729] zur Korruption von Vertragsärzten aus dem Jahre 2012 zuteil. In Anlehnung an die Entscheidung[730] kann der Sachverhalt folgendermaßen zusammengefasst werden:

Fall 7 (Korruption medizinischer Entscheidungsträger):
Vertragsarzt A wird regelmäßig von der Pharmareferentin P, die für ein großes Pharmaunternehmen arbeitet, besucht. Der Konzern K hat sich auf die Herstellung und den Vertrieb von Generika spezialisiert. P schlägt A vor, er solle in Zukunft hauptsächlich rezeptpflichtige Fertigarzneimittel von K verschreiben. Als Gegenleistung erhält er regelmäßige Prämienzahlungen, deren Höhe prozentual am jeweiligen Medikamentenpreis festgemacht wird. In der Folgezeit verschreibt A seinen gesetzlich versicherten Patienten vermehrt Medikamente

728 *Kühl*, Wirtschaftlichkeitsgebot und Vertragsarzt im Strafrecht, S. 145.
729 BGHSt 57, 202 = NJW 2012, 2530 = NStZ 2012, 505 (Ratiopharm-Entscheidung).
730 BGHSt 57, 202 = NJW 2012, 2530 = NStZ 2012, 505 (Ratiopharm-Entscheidung).

des betreffenden Pharmaunternehmens und erhält hierfür die versprochenen Prämien in Scheckform.

Wie bereits im vorherigen Fall festgestellt wurde, handelt der Vertragsarzt nach Auffassung der Rechtsprechung bei Ausstellung einer Verordnung als Vertreter der Krankenkasse (§ 73 Abs. 2 Nr. 7 SGB V)[731], indem er an deren Stelle das Recht des Versicherten auf medizinische Versorgung durch Medikamente konkretisiert.[732] Beruht die Verschreibung von Arzneimitteln durch den Vertragsarzt und die damit verbundene Zahlungsverpflichtung der Krankenkasse auf unzulässigen Erwägungen, kann eine Strafbarkeit des Arztes in Frage kommen.

1. Strafbarkeit wegen Untreue zu Lasten der Krankenkasse

Wie in der vorherigen Fallgestaltung aufgezeigt wurde, kommt eine Strafbarkeit des Vertragsarztes durch die Verschreibung unwirtschaftlicher Medikamente wegen Untreue nach § 266 StGB in Betracht. Allerdings ist dies in der vorliegenden Konstellation nicht der Fall. Der Unterschied liegt in den Besonderheiten der Fallgestaltung. Der Vertragsarzt verschreibt zwar auch hier Medikamente aus Gründen, die er nicht allein auf medizinische Erwägungen den Patienten betreffend stützt. Der Auswahl liegen ebenfalls finanzielle Interessen zugrunde (diesmal die des Arztes selbst). Allerdings entsteht den Krankenkassen in der Fallkonstellation, welche auch der Große Senat zu entscheiden hatte, kein nachweisbarer Schaden.[733] Dies ergibt sich aus der Besonderheit der Verschreibungen von sogenannten Fertigarzneimitteln, die einer strikten Preisbindung unterliegen.[734] Der Verkaufspreis solcher Medikamente ist durch die nach § 78 AMG erlassene Arzneimittelpreisverordnung (AMPreisV) festgelegt.[735] Ob ein Vertragsarzt ein Fertigarzneimittel eines bestimmten (und aufgrund von Prämienzahlungen bevorzugten) Herstellers verschreibt, macht aus finanzieller Sicht für die Krankenkasse keinen Unterschied, denn unabhängig von der Auswahl des Arzneimittels hat sie aufgrund des Sachleistungsprinzips die Kosten für die

731 Siehe S. 144 in der vorliegenden Arbeit.

732 BGHSt 49, 17 (19) = MedR 2004, S. 268 = NJW 2004, S. 454.

733 In Abgrenzung zu Fällen mit sogenannten Kick-back-Zahlungen. Hier kann ein Vermögensschaden vorliegen, da der betreffende Arzt überhöhte Preise abrechnet und die verordneten Medikamente auch für einen geringeren Preis zu bekommen wären, siehe zu dieser Thematik ausführlich *Butenschön,* Der Vertragsarzt zwischen Untreue und Betrug.

734 *Schneider,* HRRS 2010, 241 (243).

735 Siehe hierzu die zutreffende Darstellung von *Schneider,* HRRS 2010, 241 (243).

Arzneimittel zu tragen[736]. Der Arzt hat dabei einen Ermessensspielraum, welches Medikament verschrieben wird.[737] Sofern der wirtschaftliche Wert des Fertigarzneimittels identisch ist, macht es im Hinblick auf das Vermögen der Krankenkasse keinen Unterschied, welches (gleichartige) Arzneimittel er auswählt und verschreibt.

Ob der Vertragsarzt seiner aus § 12 SGB V resultierenden Pflicht der wirtschaftlichen Betätigung[738] trotzdem vollumfänglich nachkommt, wenn finanzielle Anreize seine Entscheidung beeinflussen, mag zu hinterfragen sein. Die alleinige Beeinflussung der Dispositionsbefugnis des Vertragsarztes ist für den Tatbestand des § 266 StGB aber letztendlich unerheblich, denn das geschützte Rechtsgut ist allein das Vermögen[739].

2. Strafbarkeit des Vertragsarztes nach § 331 StGB

Die klassischen Korruptionstatbestände der §§ 331 ff. StGB dienen dem Schutz des Vertrauens der Allgemeinheit in die Nichtkäuflichkeit dienstlicher Handlungen und in die Sachlichkeit der Entscheidungen der Amtsträger.[740] Ihr Ziel liegt in der Verhinderung jeder Vereinbarung, die auch nur den bösen Anschein einer regelwidrigen, kausalen Beziehung zwischen der Entscheidung eines Amtsträgers und der Gewährung eines Vorteils schafft. Auf eine tatsächliche Beeinträchtigung der Funktionsfähigkeit staatlicher Verwaltung kommt es nicht an. Als Sonderdelikte ausgestaltet, liegt das zentrale Merkmal der Tatbestände in der Amtsträgereigenschaft des Täters.[741]

Die Vertragsärzte sind nicht als Amtsträger i. S. d. § 331 oder § 333 StGB anzusehen, weil sie ungeachtet ihrer kassenärztlichen Zulassung nach § 95 SGB V nicht zur Wahrnehmung von Aufgaben der öffentlichen Verwaltung bestellt sind.[742] Aufgrund einer Gesamtbetrachtung können sich Vertragsärzte bei

---

736 Zum Sachleistungsprinzip siehe S. 45 in der vorliegenden Arbeit.

737 Zu berücksichtigen ist, dass dem Vertragsarzt grundsätzlich ein weiter Spielraum bei der Auswahl passender Medikamente zuzusprechen ist, denn er trägt letztendlich die alleinige Verantwortung für die Behandlung des Patienten, *Schneider*, HRRS 2010, 241 (243).

738 Zum Gebot der Wirtschaftlichkeit siehe S. 49 in der vorliegenden Arbeit.

739 *Fischer*, StGB, § 266 Rn. 2; *Heger*, in: L/K-StGB, § 266 Rn. 1; *Schuhr*, in: Spickhoff, Medizinrecht, § 266 Rn. 1.

740 BGHSt, 10, 241 f.; BGHSt 14, 130 f.; BGHSt 15, 96 f.; BGHSt 30, 48 f.

741 *Fischer*, StGB, § 331 Rn. 4; *Heger*, in: L/K-StGB, § 331 Rn. 2.

742 *Ulsenheimer*, Der Internist 2007, 833 (836); für Klinikärzte differenzierend: *Schlosser*, MedR 2011, 623 (628).

ihrer Aufgabenerfüllung im Wesentlichen frei entfalten. Ihnen steht ein hohes Maß an Eigenverantwortung und Entscheidungsbefugnis zu, die Allgemeinheit nimmt sie auch nicht als „verlängerten Arm der Verwaltung" wahr. Der niedergelassene, für die vertragsärztliche Versorgung zugelassene Arzt handelt bei der Verordnung von Arzneimitteln nicht als ein für die Wahrnehmung von Aufgaben der öffentlichen Verwaltung bestellter Amtsträger im Sinne des § 11 Abs. 1 Nr. 2 Buchst. c StGB.[743] Folglich scheiden die klassischen Korruptionsdelikte der §§ 331 ff. StGB aus, um eine Strafbarkeit begründen zu können.[744]

3. *Strafbarkeit des Vertragsarztes nach § 299 StGB*

Die Vorschrift des § 299 StGB schützt das Allgemeininteresse an „lauteren", also fairen Wettbewerbsbedingungen und soll unlautere Einflussnahmen auf den Wettbewerb verhindern. Unter das geschützte Rechtsgut fällt die Funktionsfähigkeit des Wettbewerbs.[745] § 299 StGB regelt die Fälle der Bestechung im privaten Sektor des wirtschaftlichen Wettbewerbs, da – anders als in §§ 331 StGB – die Amtsträgereigenschaft des Täters nicht vorausgesetzt wird.[746] Ebenfalls als Sonderdelikt ausgestaltet[747], muss es sich bei dem Täter des § 299 StGB um einen Angestellten oder Beauftragten eines geschäftlichen Betriebes handeln. Dem Begriff des „Beauftragten" kommt eine Auffangfunktion für diejenigen Personen zu, die trotz fehlender Angestellteneigenschaft Einfluss auf betriebliche Entscheidungen nehmen können.[748]

a) Die Auffassung Pragals *und des OLG Braunschweig*

Pragal[749] vertrat die Ansicht, dass ein niedergelassener Vertragsarzt Beauftragter eines geschäftlichen Betriebes im Sinne des § 299 StGB, nämlich Beauftragter

743 BGHSt 57, 202 = NJW 2012, 2530 = NStZ 2012, 505.

744 Eine andere Ansicht vertritt *Neupert*, der die ärztliche Tätigkeit als Freiberufler nicht als Hindernis für die Eigenschaft als Amtsträger sieht, *Neupert*, NJW 2006, 2811 (2814).

745 *Schuhr*, in: Spickhoff, Medizinrecht, § 299 Rn. 1; *Heine/Eisele*, in: Schönke/Schröder StGB, § 299 Rn. 2.

746 *Pragal*, Korruption innerhalb des privaten Sektors, S. 107 ff.

747 *Fischer*, StGB, § 299 Rn. 17.

748 Heine/Eisele, in: Schönke/Schröder StGB, § 299 Rn. 8.

749 *Pragal*, NStZ 2005, 133 f.; die Eigenschaft als Beauftragter der Krankenkassen und damit die Strafbarkeit bereits vor der Entscheidung des BGH (BGHSt 57, 202) ablehnend: *Klötzer*, NStZ 2008, 12 (16); *Sahan*, ZIS 2007, 69 (71); *Dieners*, PharmR 2010, 613 (613): *Schneider*, HRRS 2010, 241 (247).

der jeweiligen Krankenkasse ist. Er leitete dies aus dem Umstand her, dass der gesetzlich Krankenversicherte einen Anspruch auf Krankenbehandlung hat.[750] Als deren Bestandteil seien auch Arznei-, Verbands-, Heil- und Hilfsmittel als Sachleistungen zu erbringen. Soweit ein derartiger Sachleistungsanspruch grundsätzlich nur dadurch begründet werden könne, dass ein Vertragsarzt das Arzneimittel per Kassenrezept verordnet und damit die Verantwortung für die Behandlung übernimmt, handele der Vertragsarzt bei Leistung kraft der ihm durch das Kassenarztrecht verliehenen Kompetenz als Vertreter und damit Beauftragter der Krankenkasse.[751] Das OLG Braunschweig[752] bejahte daher unter Verweis auf *Pragal* in einem *obiter dictum* die Anwendbarkeit von § 299 StGB auf Vertragsärzte.[753] Andere Gerichte griffen die Argumentation auf.[754] Eine Strafbarkeit wegen Bestechung medizinischer Entscheidungsträger war damit zunächst begründet.

b) Die Entscheidung des Großen Senats des BGH

In der erwähnten Entscheidung[755] kam der Große Senat des BGH allerdings zu einem anderen Ergebnis. Sofern es sich bei dem bestochenen Vertragsarzt um den Praxisinhaber handelt, kann dieser nicht bestochen werden, da er weder Angestellter noch Beauftragter seines geschäftlichen Betriebes ist. Ferner handelt es sich bei niedergelassenen Vertragsärzten um Freiberufler, die auf eigene Kosten arbeiten und dabei ein unternehmerisches Risiko tragen. Für den Geschäftsinhaber greift der § 299 StGB aber nicht.[756]

Der niedergelassene Vertragsarzt ist auch nicht Beauftragter der gesetzlichen Krankenkassen. Gemäß § 72 Abs. 1 Satz 1 SGB V wirken die Leistungserbringer mit den gesetzlichen Krankenkassen zur Sicherstellung der kassenärztlichen Versorgung zusammen[757], begegnen sich dort aber auf einer Ebene der Gleichordnung. „*Dem Begriff des Beauftragten ist aber schon vom Wortsinn her die*

---

750 *Pragal*, NStZ 2005, 133 (135).

751 *Pragal*, NStZ 2005, 133 (135).

752 OLG Braunschweig, NStZ 2010, 392 ff. = StV 2010, 365 ff.

753 OLG Braunschweig, NStZ 2010, 392.

754 AG Ulm vom 26.10.2010 (Az.: Js 9933/07); LG Hamburg, GesR 2011, 164.

755 Beschluss Großer Senat für Strafsachen vom 29.03.2012: BGHSt 57, 202 f.

756 *Heger*, in: L/K-StGB, § 299 Rn. 1; *Heine/Eisele*, in: Schönke/Schröder StGB, § 299 Rn. 7a.

757 Siehe hierzu die Beschreibung des GKV-Vierecks auf S. 44 in der vorliegenden Arbeit.

Übernahme einer Aufgabe im Interesse des Auftraggebers immanent, der sich den Beauftragten frei auswählt und ihn bei der Ausübung seiner Tätigkeit anleitet.“[758]

Der Entscheidung des Großen Senates und dessen zutreffender Rechtsauffassung folgend, kommt eine Strafbarkeit des niedergelassenen Vertragsarztes *de lege lata* gemäß § 299 StGB ebenfalls nicht in Betracht.

c) Bewertung der Entscheidung aus dem Blickwinkel eines rechtsstaatlichen Strafrechts

Der Beschluss des Großen Senats des BGH ist aus der Perspektive eines rechtsstaatlichen Strafrechts als begrüßenswerte Rückbesinnung der Rechtsprechung auf die Prinzipien der Strafgesetzlichkeit zu verstehen, denn nach einem prinzipienorientierten Strafrecht darf sich eine Strafbarkeit nicht allein aus gerichtlichen Strafwürdigkeitserwägungen ergeben, sondern allein aus normativen Gesichtspunkten. Dies gilt erst recht, wenn sich die Strafbarkeit aus einer unzulässigen Ausdehnung des Wortlautes[759] ergibt.[760] Der BGH führte in der Entscheidung wörtlich aus:

> „*Vor dem Hintergrund der seit längerem im strafrechtlichen Schrifttum geführten Diskussion sowie im Hinblick auf gesetzgeberische Initiativen [...] zur Bekämpfung korruptiven Verhaltens im Gesundheitswesen verkennt der Große Senat für Strafsachen nicht die grundsätzliche Berechtigung des Anliegens, Missständen, die – allem Anschein nach – gravierende finanzielle Belastungen des Gesundheitssystems zur Folge haben, mit Mitteln des Strafrechts effektiv entgegenzutreten. Die Anwendung bestehender Strafvorschriften, deren Tatbestandsstruktur und Wertungen der Erfassung bestimmter Verhaltensweisen im Zusammenhang mit der Erbringung von Gesundheitsleistungen nach den Vorschriften der gesetzlichen Krankenversicherung als strafrechtlich relevant entgegenstehen, auf der Grundlage allein dem Gesetzgeber vorbehaltener Strafwürdigkeitserwägungen ist der Rechtsprechung jedoch versagt.*“[761]

Der Entscheidung des Großen Senats ist daher uneingeschränkt zuzustimmen.[762] Sie ist als Sieg für die Fragmentarität des Strafrechts zu verbuchen. Ferner ist

---

758 BGHSt 57, 202 = NJW 2012, 2530 = NStZ 2012, 505 = HRRS 2012, S. 612.

759 Wie es das OLG Braunschweig in Anknüpfung an *Pragal* vornahm, vlg. S. 152 f. in der vorliegenden Arbeit.

760 BGHSt 57, 202 f. = NJW 2012, S. 2530 = NStZ 2012, S. 505 = HRRS 2012, S. 612.

761 BGHSt 57, 202 f. = NJW 2012, S. 2530 = NStZ 2012, S. 505 = HRRS 2012, S. 612.

762 A. A. *Fischer*: „Dies ist ein katastrophales und nicht zu vertretendes praktisches Ergebnis. Der Große Senat hat die insoweit bestehenden ‚Missstände‘ gesehen und an den Gesetzgeber appelliert, bestehende Lücken zu schließen. Diese Lücken sind rechtspolitisch nicht legitimierbar. Sie privilegieren teilweise hochorganisiert funktionierende korruptive Systeme zu Lasten der Solidargemeinschaft und zum Schaden

diese Rechtauffassung, welche von der bisherigen Linie höchstrichterlicher Entscheidungen und dem allgemeinen Trend der Kriminalisierung der Ärzteschafft abweicht, als begrüßenswerte Rückbesinnung auf die Prinzipien der Strafgesetzlichkeit zu interpretieren.

4. Ausblick zur aktuellen Gesetzesreform

Wie in der Einleitung erwähnt[763], bestehen die aktuellen Bestrebungen des Gesetzgebers darin, zwei Tatbestände in das Strafgesetzbuch einzufügen, welche die Bekämpfung von Korruption im Gesundheitswesen zum Zweck haben. In der Begründung des aktuellen Gesetzesentwurfes[764] der Bundesregierung wird zu dieser Erforderlichkeit vorgetragen:

> *„Wegen der erheblichen sozialen und wirtschaftlichen Bedeutung des Gesundheitswesens ist korruptiven Praktiken in diesem Bereich auch mit den Mitteln des Strafrechts entgegenzutreten. Dies ist nach gegenwärtiger Rechtslage nur unzureichend möglich. Nach einer Entscheidung des Großen Senats des Bundesgerichtshofs handeln niedergelassene, für die vertragsärztliche Versorgung zugelassene Ärzte bei Wahrnehmung der ihnen in diesem Rahmen übertragenen Aufgaben weder als Amtsträger (§ 11 Absatz 1 Nummer 2 Buchstabe c des Strafgesetzbuches - StGB) noch als Beauftragte der gesetzlichen Krankenkassen (§ 299 StGB), sodass die Korruptionstatbestände des Strafgesetzbuches für niedergelassene Vertragsärzte grundsätzlich nicht anwendbar sind (Beschluss vom 29. März 2012 - GSSt 2/11). Auch die auf den Vermögensschutz ausgerichteten Straftatbestände der Untreue (§ 266 StGB) und des Betrugs (§ 263 StGB) können das Geben und Nehmen von Bestechungsgeldern nur eingeschränkt erfassen und decken den Unrechtsgehalt von Korruption nicht hinreichend ab. Damit bestehen bei der strafrechtlichen Bekämpfung von Korruption im Gesundheitswesen Lücken, die durch den vorliegenden Gesetzentwurf geschlossen werden sollen.“*[765]

Zur Schließung dieser Gesetzeslücke sollen zwei Straftatbestände geschaffen werden, welche die Bestechung bzw. die Bestechlichkeit im Gesundheitswesen

---

der Versicherten. [...] Die Entscheidung des Großen Senats hat dazu geführt, dass die Schmiergeldeinnahmen im Vertragsarztsystem (wieder) legale Betriebseinnahmen im Rahmen der freiberuflichen Tätigkeit von Vertragsärzten und Apothekern sind“, *ders.*, StGB, § 299 Rn. 10e.

763 Siehe S. 21 f. in der vorliegenden Arbeit.

764 BT-Drucksache 18/6446 vom 21.10.2015: Gesetzesentwurf der Bundesregierung, Entwurf eines Gesetzes zur Bekämpfung von Korruption im Gesundheitswesen (BT-Drucksache 18/6446).

765 BT-Drucksache 18/6446 vom 21.10.2015, S. 1.

unter Strafe stellen. Zuvor ergingen bereits andere Entwürfe.[766] Der derzeit aktuelle Gesetzesentwurf sieht in diesem Zusammenhang die Einfügung zweier Tatbestände vor[767], welche wie folgt lauten:

> „§ 299a Bestechlichkeit im Gesundheitswesen
> *(1) Wer als Angehöriger eines Heilberufs, der für die Berufsausübung oder die Führung der Berufsbezeichnung eine staatlich geregelte Ausbildung erfordert, im Zusammenhang mit der Ausübung seines Berufs einen Vorteil für sich oder einen Dritten als Gegenleistung dafür fordert, sich versprechen lässt oder annimmt, dass er bei der Verordnung oder der Abgabe von Arznei-, Heil- oder Hilfsmitteln oder von Medizinprodukten oder bei der Zuführung von Patienten oder Untersuchungsmaterial*
> *1. einen anderen im inländischen oder ausländischen Wettbewerb in unlauterer Weise bevorzuge oder*
> *2. seine berufsrechtliche Pflicht zur Wahrung der heilberuflichen Unabhängigkeit verletze, wird mit Freiheitsstrafe bis zu drei Jahren oder mit Geldstrafe bestraft.*
> *(2) Ebenso wird bestraft, wer als Angehöriger eines Heilberufs im Sinne des Absatzes 1 einen Vorteil dafür fordert, sich versprechen lässt oder annimmt, dass er bei dem Bezug von Arznei-, Heil- oder Hilfsmitteln oder Medizinprodukten, die zur Abgabe an den Patienten bestimmt sind, seine berufsrechtliche Pflicht zur Wahrung der heilberuflichen Unabhängigkeit verletze.*“

und

> „§ 299b Bestechung im Gesundheitswesen
> *Wer einem Angehörigen eines Heilberufs im Sinne des § 299a Absatz 1 im Zusammenhang mit dessen Berufsausübung einen Vorteil für diesen oder einen Dritten als Gegenleistung dafür anbietet, verspricht oder gewährt, dass er bei der Verordnung oder der Abgabe von Arznei-, Heil- oder Hilfsmitteln oder von Medizinprodukten oder bei der Zuführung von Patienten oder Untersuchungsmaterial*
> *1. ihn oder einen anderen im inländischen oder ausländischen Wettbewerb in unlauterer Weise bevorzuge*
> *oder*
> *2. seine berufsrechtliche Pflicht zur Wahrung der heilberuflichen Unabhängigkeit verletze, wird mit Freiheitsstrafe bis zu drei Jahren oder mit Geldstrafe bestraft.*
> *(2) Ebenso wird bestraft, wer einem Angehörigen eines Heilberufs im Sinne des Absatz 1 im Zusammenhang mit dessen Berufsausübung einen Vorteil für diesen oder einen Dritten als Gegenleistung dafür anbietet, verspricht oder gewährt, dass er bei dem Bezug von*

---

766 Zuvor wurde der Vorschlag der Einfügung eines § 299a StGB bereits in einen Gesetzesentwurf des Bundesrates eingebracht (BT-Drucksachen 17/14575), welcher allerding gescheitert ist. Später wurde ein Entwurf vom Bundesministeriums der Justiz und für Verbraucherschutz vorgebracht, welcher in abgeänderter Form zum Regierungsentwurf wurde, auf dem der aktuelle Gesetzesentwurf beruht.

767 BT-Drucksache 18/6446 vom 21.10.2015, S. 7 f.

Arznei-, Heil- oder Hilfsmitteln oder Medizinprodukten, die zur Abgabe an den Patienten bestimmt sind, seine berufsrechtliche Pflicht zur Wahrung der heilberuflichen Unabhängigkeit verletze."

An dieser Stelle sei angemerkt, dass der Entwurf nicht unkritisch betrachtet wird.[768] Im Folgenden wird auf die wesentlichen Kritikpunkte eingegangen.

a) Grundsatz: Die Ultima-Ratio-Funktion des Strafrechts

Gegen die Ergänzung des Strafgesetzbuches durch weitere Strafnormen sprechen zwei wesentliche Eigenschaften des Strafrechts. Zum einen darf das Strafrecht lediglich subsidiär zum Einsatz kommen.[769] Bestehen anderweitige Möglichkeiten, sich sanktionsbedürftiger Delinquenz anzunehmen, sind sie vorzuziehen. Zum anderen ist der fragmentarische Charakter des Strafrechts zu beachten. Strafbarkeitslücken sind hinzunehmen, sofern kein unumgängliches Erfordernis besteht, diese schließen zu müssen. Nur auf diesem Weg kann die Überregulierung eines „Sicherheitsstaates" verhindert und die individuelle Freiheit gewährleistet werden.

Anders als in der Begründung des Gesetzesentwurfs angeführt[770], kann korrupten Praktiken im Bereich des Gesundheitswesens durchaus mit den vorhandenen Instrumentarien des Strafrechts[771] entgegengetreten werden. In Anbetracht bereits dargelegter dogmatischer Erwägungen kann eine Manipulation von Beschaffungs-, Verordnungs- und Therapieentscheidungen auf Grundlage der vorhandenen Vermögensdelikte[772]zu einer strafrechtlichen Sanktionierung

---

768 Vgl. hierzu folgende Stellungnahmen: *Kassenärztliche Bundesvereinigung,* Stellungnahme zum Referentenentwurf eines Gesetzes zur Bekämpfung von Korruption im Gesundheitswesen, S. 3 f.; *Bundesärztekammer,* Stellungnahme zum Referentenentwurf des BMJV, S. 4 f.; *Hartmannbund,* Stellungnahme zum Entwurf eines Gesetzes zur Bekämpfung von Korruption im Gesundheitswesen, S. 2 f.; *Deutscher Richterbund,* Stellungnahme zum Referentenentwurf des BMJV zur Bekämpfung von Korruption im Gesundheitswesen, S. 2 f.

769 Siehe hierzu S. 89 in der vorliegenden Arbeit.

770 BT-Drucksache 18/6446 v. 21.10.2015, S. 1.

771 Abgesehen davon bestehen Sanktionsmöglichkeiten im Bereich des SGB V und des Berufsrechts. Sie werden bei der Überlegung ausgeklammert, da die Ermittlungsmethoden im Bereich des Berufsrechts (Ärztekammer) bzw. des Sozialversicherungsrechts (Kassenärztliche Vereinigungen) nicht mit denen der Staatsanwaltschaft vergleichbar sind.

772 Vgl. hierzu die bisherigen Ausführungen zum Abrechnungsbetrug und Vertragsarztuntreue, S. 95 f., in der vorliegenden Arbeit.

führen.[773] Eine Strafbarkeitslücke ergibt sich lediglich dann, wenn kein Vermögensschaden[774] nachweisbar ist.[775] Diese marginale Lücke ist aber hinnehmbar.[776] Es besteht keine Notwendigkeit[777] für die Schaffung einer Strafnorm, deren Ursprung auf eine Einzelfallkonstellation[778] zurückgeht und die letztendlich zu einer berufsgruppenspezifischen Kriminalisierung[779] führen würde.

b) Doppelter Rechtsgüterschutz

Der Begründung des Gesetzesentwurfs lässt sich entnehmen, dass die §§ 299a bzw. 299b StGB-E einen doppelten Rechtsgüterschutz verfolgen.[780] Die Tatbestände sollen nicht nur den Wettbewerb sichern, sondern auch das Vertrauen der Patienten in die Integrität heilberuflicher Entscheidungen dienen. Eine solche zweigliedrige Schutzausrichtung ermöglicht ausufernde Interpretationsmöglichkeiten. Nach Auffassung von Oberstaatsanwalt *Badle*, dem Leiter der Zentralstelle zur Bekämpfung von Vermögensstraftaten und Korruption im Gesundheitswesen, wird „dieser Ansatz die strafrechtliche Praxis vor erhebliche Herausforderungen stellen".[781] Diese Prognose erscheint nicht verfehlt. Aufgrund der vieldeutigen Gesetzesbegründung und der nahezu kryptischen Tatbestandsformulierung werden selbst erfahrene Rechtsanwender die Anwendungsfälle der §§ 299a und 299b StGB-E nur schwer eingrenzen können.

---

773 Aufgrund der sich aus § 12 SGB V ableitenden Vermögensbetreuungspflicht des Vertragsarztes kann der Untreuetatbestand in Konstellationen mit einer nachweisbaren Vermögensbeeinträchtigung zu einer Verurteilung führen, vgl. hierzu die vorherigen Kapitel. Ähnliche Erwägungen werden in Konstellationen, in denen Medikamente verschrieben werden, auf § 128 SGB V gestützt, vgl. AG Kiel MPR 2012, 2019; dazu *Taschke*, MPR 2012, 189.

774 Beziehungsweise Vermögensnachteil i. S. d. § 266 StGB.

775 Wie in der Konstellation, die dem Großen Senat zur Entscheidung vorlag, siehe hierzu S. 153 in der vorliegenden Arbeit.

776 Vgl. *Taschke/Zapf*, medstra 2015, 332 (335); *Schneider*, HRRS 2010, 241 (247).

777 Das Erfordernis grundsätzlich bejahend: *Gaede/Lindemann/Tsambikakis*, medstra 2015, S. 142 (146).

778 Gemeint ist BGHSt 57, 202 f.

779 Vgl. zur Bedenklichkeit des Sonderrechtscharakters des § 299a StGB-E: *Schneider*, Rechtsgutachten zum Referentenentwurf, S. 17; a. A. *Gädik*, medstra 2015, S. 268 (272).

780 BT-Drucksache 18/6446 vom 21.10.2015, S. 12/13.

781 *Badle*, medstra 2015, 139 (140).

c) Berufsrechtliche Strafbarkeitsrisiken

Der Gesetzesentwurf des Bundeskabinetts wurde im Vergleich zum vorherigen Referentenentwurf des BMJV geringfügig verändert. In § 299a Abs. 1 Nr. 2 und Abs. 2 des neuen Entwurfs ist indes weiterhin eine Formulierung enthalten, wonach eine Strafbarkeit durch einen Verstoß gegen berufsrechtliche Pflichten begründet werden kann. Diese auch als „Berufsrechtsmodell" bezeichnete Regelung stößt in der Literatur weitestgehend auf Ablehnung.[782]

Die Musterberufsordnung für Ärzte, welche der Entwurf als Bezugspunkt heranzieht,[783] ist für sich genommen unverbindlich. Die Gesetzgebungskompetenz für das ärztliche Berufsausübungsrecht unterliegt den Ländern. Konkret wird die Regelung der Rechte und Pflichten der ärztlichen Berufsausübung von der jeweiligen Landesärztekammer als Angelegenheit der ständischen Selbstverwaltung wahrgenommen und in der länderspezifischen Berufsordnung normiert.[784] Demnach entscheiden ausschließlich Mitglieder des Berufsstandes darüber, welches Verhalten als zulässig und welches als berufsrechtswidrig zu qualifizieren ist. Im Hinblick auf § 299a Abs. 1 Nr. 2 und Abs. 2 StGB-E entfaltet ein hierdurch entstandenes berufsrechtliches Verbot letztendlich strafrechtliche Relevanz. Damit steigt der Normadressat gewissermaßen zum Normgeber auf, wodurch die verfassungsrechtliche Kompetenz des Bundesgesetzgebers unterlaufen wird.[785]

Zudem lässt der Gesetzesentwurf außer Acht, dass sich die Berufsordnungen der Länder unterscheiden, was zu Strafbarkeitsdivergenzen führen kann. *Schneider* weist beispielsweise auf § 32 Abs. 2 der Musterberufsordnung für Ärzte hin, welche das passive Fortbildungssponsoring für nicht berufsrechtswidrig erklärt.

---

782 *Taschke/Zapf*, medstra 2015, 332 (335); *Schneider*, Rechtsgutachten zum Referentenentwurf, S. 19; *Dieners*, Die neuen Tatbestände zur Bekämpfung der Korruption im Gesundheitswesen, PharmR 2015, S. 532.

783 Im Entwurf wird auf § 32 der Musterberufsordnung für Ärzte abgestellt. Demnach ist es in der Bundesrepublik Deutschland tätigen Ärzten nicht gestattet, „von Patienten oder Anderen Geschenke oder andere Vorteile zu fordern, sich versprechen zu lassen oder anzunehmen, wenn hierdurch der Eindruck erweckt wird, dass die Unabhängigkeit der ärztlichen Entscheidung beeinflusst wird", siehe BT-Drucksache 18/6446 vom 21.10.2015, S. 13.

784 *Dieners* macht diesbezüglich darauf aufmerksam, dass im Zuge einer effektiven Risikovermeidung bereits einzelne berufsrechtliche Bestimmungen eines einzelnen Kammerbezirks zur bundesweiten Richtschnur werden können, obwohl mehrheitlich weniger strenge Regeln einschlägig wären, *ders.*, PharmR 2015, 530 (531).

785 A. A. *Geade*, medstra 2015, 263 (266).

Von 16 Landesärztekammern[786] wurde diese Bestimmung auch übernommen. In die Berufsordnung für Ärzte in Niedersachsen hat diese Normierungsempfehlung jedoch nicht Eingang gefunden, da die Landesärztekammer Niedersachsen lediglich die aktive Teilnahme an gesponserten Fortbildungsveranstaltungen für zulässig erklären wollte.[787]

Folglich muss ein Arzt, der an einer Fortbildungsveranstaltung teilnehmen möchte, die außerhalb des Regelungsbereichs der für ihn geltenden Berufsordnung[788] liegt, sich zwingend über die am Veranstaltungsort geltenden berufsrechtlichen Bestimmungen im Klaren sein, um eine möglicherweise indizierte Strafbarkeit vorhersehen und vermeiden zu können. Ein Verstoß gegen das Bestimmtheitsgebot[789] des Art. 103 Abs. 2 GG liegt nahe. Überdies führt die strafrechtliche Verfolgung berufsrechtlicher Verstöße dazu, dass berufsgerichtliche Ahndungen entwertet werden und diese Aufgabe, die nach dem Willen des Gesetzgebers grundsätzlich den Standesgerichten obliegt, an die Staatsanwaltschaften übertragen wird.

d) Zusammenfassung

Allgemein lässt sich anführen, dass in der Einführung der Tatbestände der Bestechung und Bestechlichkeit im Gesundheitswesen die Gefahr einer zu weitgehenden Pönalisierung zu sehen ist, bei der es allenfalls um den abstrakten Schutz des Wettbewerbs und des Vertrauensverhältnisses zwischen Arzt und Patient geht. Sie schafft die Gefahr einer zunehmenden staatsanwaltschaftlichen Hyperaktivität[790] im Bereich der Gesundheitsfürsorge.[791] Ferner ist zu berücksichtigen, dass der Bereich der vertragsärztlichen Tätigkeit bereits unter steigendem Kostendruck, Rationalisierung, Einsparungen und einer allgemeinen Überregulierung

---

786 Es existieren insgesamt 17 Landesärztekammern, vgl. § 1 der Satzung der Bundesärztekammer.

787 *Schneider*, Rechtsgutachten zum Referentenentwurf, S. 19.

788 Die für einen Arzt verbindlich geltende Berufsordnung bestimmt sich nach der Kammerzugehörigkeit, welche wiederum an den Praxissitz bzw. den Ort der Berufsausübung geknüpft wird.

789 Zum Bestimmtheitsgrundsatz des Art. 103 Abs. 2 GG vgl. die Ausführungen auf S. 79 f. in der vorliegenden Arbeit.

790 Nach *Ulsenheimer* steht die Drittmittelwerbung bereits länger im Fokus staatsanwaltschaftlicher Ermittlungspraxis, vgl. *Ulsenheimer*, Der Internist 2007, 833.

791 Und ebenso hinsichtlich der Tätigkeiten der nach § 81a und § 197a SGB V Beauftragten.

leidet.[792] Die Lösung der allgemeinen Finanzierungsschwierigkeiten im Gesundheitswesen ist unterdessen nicht Aufgabe des Kernstrafrechts. Die Einführung der neuen Korruptionstatbestände wird es Ärzten, für die ebenfalls das Gebot der Wirtschaftlichkeit gilt, in Zukunft erschweren, wirtschaftliche Entscheidungen zu treffen. Ob dem Gesundheitswesen mit dieser Lösung insgesamt ein Gefallen getan wird, ist zweifelhaft.

5. Ergebnis

In der Medienwelt ist die Aufregung über die Straflosigkeit der Ärztebestechung groß.[793] Der Gesetzgeber hat umgehend reagiert und arbeitet weiterhin an Tatbeständen für das StGB, welche diese Form des Fehlverhaltens im Gesundheitswesen unter Strafe stellen. Dabei wird verkannt, dass sich die Entscheidung des BGH lediglich auf eine bestimmte Konstellation der Ärztebestechung bezieht, nämlich auf den Fall der Bestechung eines niedergelassenen Vertragsarztes, der preisgebundene Fertigarzneimittel verschreibt. Bleibt ein Vermögensnachteil auf Seiten der Krankenkassen feststellbar, so besteht – anknüpfend an die bisherige Rechtsauffassung des BGH[794] – die Möglichkeit, die Strafbarkeit weiterhin mit der „Allzweckwaffe im Wirtschaftsstrafrecht"[795] des § 266 StGB zu begründen. Des Weiteren bestehen keine rechtsdogmatischen Schwierigkeiten in der Anwendung des § 299 StGB bei der Bestechung von angestellten Ärzten[796], da diese unstreitig dem Anwendungsbereich der Norm unterfallen.[797] Es kann daher festgestellt werden, dass der Bedarf an einer zusätzlichen Strafnorm, die der Bekämpfung der Ärztebestechung dienen soll, als gering einzuschätzen ist.[798] Zahlreiche Fallkonstellationen der Zuwendungsannahme durch niedergelassene Ärzte, die *de lege lata* als straffrei zu bewerten sind, werden *de lege ferenda* strafrechtliche Relevanz entfalten. Durch die Eingliederung des § 299a bzw. § 299b

792 Vgl. *Gaßner*, NStZ 2012, 521 (525).

793 Vgl. auszugsweise: „Korrupte Ärzte kommen davon", WirtschaftsWoche, v. 21.08.2013; „Ärzte-Bestechung ist völlig legal", N-TV v. 22.06.2012; „Keine Strafe für bestechliche Ärzte", taz v. 22.06.2012; „So korrupt ist unser Gesundheitswesen", Der Tagesspiegel v. 25.09.2014.

794 BGHSt 49, 17 (19); BGH NStZ 2004, S. 266 (268).

795 Zur Bezeichnung des § 266 StGB als „Allzweckwaffe" siehe *Eidam/Helmrich*, ZIP 2011, 257 f.

796 Etwa in Krankenhäusern, Gemeinschaftspraxen oder medizinischen Versorgungszentren.

797 Vgl. *Reese*, PharmR 2006, 92 (92).

798 A. A. Kölbel, NStZ 2011, 195 (200).

in das StGB entscheidet sich der Gesetzgeber klar für eine Kriminalisierung der Ärztebestechung sowohl im Bereich der GKV als auch in dem der PKV.[799] Die Einführung der §§ 299a, 299b StGB ist daher nicht nur entbehrlich, sondern aufgrund rechtsstaatlicher Erwägungen auch abzulehnen.

III. Strafbarkeit des Beauftragten bei der Kassenärztlichen Vereinigung und Krankenkasse

Eine gänzlich andere Fallgruppe strafrechtlich relevanter Handlungen im Bereich der Abrechnungsmanipulation im Vertragsarztbereich ist die des § 197a oder § 81a SGB V-Beauftragten. Hierbei geht es nicht um die Strafbarkeit eines böswillig unrechtmäßig abrechnenden Arztes, sondern um die Strafbarkeit der Person, die auf der anderen Seite des Abrechnungsverfahrens steht, genauer um die des zuständigen Mitarbeiters der Kassenärztlichen Vereinigung (§ 81a SGB V) bzw. der Krankenkasse (§ 197a SGB V). Wie eingangs bereits erläutert,[800] hat der §-81a-SGB-V[801]-Beauftragte eine gesetzlich auferlegte Pflicht, die Staatsanwaltschaft unverzüglich zu unterrichten, wenn seine Prüfung ergibt, dass der Anfangsverdacht einer strafbaren Handlung mit nicht nur geringfügiger Bedeutung für die gesetzliche Krankenversicherung bestehen kann.

Nach Ansicht *Ellbogens* kann sich ein §-81a-SGB-V-Beauftragter wegen Strafvereitelung durch Unterlassen gemäß §§ 258 Abs. 1, 13 StGB strafbar machen, wenn er trotz Tatverdachts eine Meldung bei der Staatsanwaltschaft vorsätzlich unterlässt.[802] Die Tathandlung des § 258 Abs. 1 StGB besteht in einer aktiven Vereitelung der Strafverfolgung. Sie kann aber auch durch Unterlassen im Sinne von § 13 StGB verwirklicht werden.[803] Geschütztes Rechtsgut des Tatbestandes ist die staatliche Strafrechtspflege.[804] Das Unterlassen der gebotenen Handlung kann nach § 13 StGB einem aktiven Tun gleichgestellt werden.[805] Dies ist aber

---

799 Anders verhält es sich mit dem damaligen Änderungsantrag der CDU/CSU und FDP, welcher die Einfügung eines Straftatbestandes in das SGB V (§ 70 Abs. 3 SGB-E i. V. m. § 307c SGB V-E) bezweckte. Durch die systematische Stellung richtet sich dieser Strafnormentwurf allerdings nur gegen Ärzte, die Leistungen im Bereich des SGB V erbringen.

800 Zur Rolle der nach § 197a beziehungsweise § 81a SGB V Beauftragten siehe S. 64 in der vorliegenden Arbeit.

801 Gilt entsprechend auch für gemäß § 197a SGB V Beauftragte.

802 *Ellbogen*, MedR 2006, 457 (460).

803 *Kindhäuser*, Strafrecht BT, § 51 Rn. 11; *Fischer*, StGB § 258 Rn. 11.

804 BGHSt 45, 97 (101).

805 BGHSt 14, 280 (281); *Kindhäuser*, Strafrecht AT, § 35 Rn. 2.

nur dann der Fall, wenn der Täter dieses unechten Unterlassungsdelikts eine Garantenstellung im Sinne des § 13 StGB innehat.[806] Problematisch ist, wie weit die Pflicht des Beauftragten reicht und ob sie eine Garantenstellung begründen kann. Der Wortlaut des § 81a Abs. 4 SGB V ist hier relativ klar. § 81a Abs. 4 SGB V spricht nicht davon, dass die Staatsanwaltschaft unterrichtet werden „kann", sondern vielmehr unterrichtet werden „soll". Das führt dazu, dass das Ermessen eines §-81a-SGB-V-Beauftragten auf null reduziert wird, wenn tatsächliche Anhaltspunkte auf unrechtmäßige Abrechnungen hindeuten.[807]

Dass dem Beauftragten kein Ermessensspielraum bei der Weiterleitung von Verdachtsfällen an die Staatsanwaltschaft eingeräumt wurde, spricht dafür, dass eine Garantenstellung gewollt ist. Legt man das Gesetz teleologisch aus, so soll sein Sinn und Zweck bestimmt werden.[808] Intention des Gesetzgebers war es, die Bekämpfung von rechtswidrigen Abrechnungsmanipulationen durch Kassenärzte effektiver zu gestalten. Stellt man auf die Effektivität der Strafverfolgung ab, so ist die Annahme einer Garantenstellung des Beauftragten zumindest zielfördernd. Mithin spricht vieles dafür, eine Garantenstellung der nach § 81a SGB V beauftragten Einheit anzunehmen. Auch in der Rechtsprechung wird dies, ähnlich wie bei der anerkannten Abwendungspflicht eines „Compliance Officer"[809], ebenso für die gemäß § 81a SGB V beauftragten Einheiten im Gesundheitswesen grundsätzlich angenommen.[810]

Folgt man dem dargelegten Ergebnis, dann ist die Einheit der Krankenkasse bzw. der Kassenärztlichen Vereinigung Garant im Sinne des § 13 StGB. Leitet der zuständige Sachbearbeiter, der die Pflicht des Beauftragten innehat, mögliche Hinweise einer Abrechnungsmanipulation nicht an die Staatsanwaltschaft weiter, macht er sich folglich gemäß §§ 258 Abs. 1, 13 StGB strafbar. Dies gilt zumindest dann, wenn er auch den entsprechenden Vorsatz hat. Bezüglich der Vereitelung ist direkter Vorsatz vorausgesetzt.[811] Hinsichtlich der Vortat reicht aber der bedingte Vorsatz in Form eines *dolus eventualis* aus.[812] In der Literatur

---

806 *Kindhäuser*, Strafrecht AT, § 35 Rn. 2; *Rengier*, Strafrecht Allgemeiner Teil, § 49 Rn. 26.

807 *Schnapp*, NJW 1988, 738 (740).

808 *Kindhäuser*, Strafrecht AT, § 35 Rn. 7.

809 BGHSt 54, 44f. = NJW 2009, S. 3173 = NStZ 2009, S. 686; vgl. hierzu *Kruse*, Compliance und Rechtsstaat, S. 81.

810 *Janssen*, RDG 2010, 116 (116); zur Garantenpflicht: *Schneider/Gottschaldt*, ZIS 2011, S. 573 (577).

811 BGHSt 46, 53 (58); *Fischer*, StGB, § 258 Rn. 33.

812 BGHSt 45, 97 (100); *Fischer*, StGB, § 258 Rn. 33.

wird diese Auffassung jedoch heftig kritisiert. § 81a Abs. 4 SGB V[813] enthalte eine Reihe von Ungenauigkeiten.[814] Daraus eine Garantenpflicht herzuleiten, sei daher nicht ohne eine Verletzung des Analogieverbotes möglich. Auch entspreche eine generell auferlegte Pflicht zur Ermittlung nicht dem Sinn und dem Zweck der Vorschrift.[815] Stelle man auf die Effizienz zur Unterstützung der Strafverfolgung ab, so sei sie als nur sehr gering einzuschätzen.[816] Zudem tendierten die Strafverfolgungsbehörden dazu, den Vorgaben der Kontrolleinheiten zu folgen, was zu einer „Vorschaltung" des Strafverfahrens führe.[817] Der zuständige Mitarbeiter der Kassenärztlichen Vereinigung könne dazu neigen, vorsorglich einen Anfangsverdacht zu melden, ohne dass dafür hinreichende Gründe bestehen, nur um nicht selber in den Verdacht einer Straftat zu geraten.[818] Dies könne im Ergebnis zur verstärkten Durchführung von Praxisdurchsuchungen und anderen Ermittlungsmethoden führen, wodurch der betreffende Arzt negativen wirtschaftlichen und psychischen Folgen ausgesetzt wäre.[819]

Die in der Literatur geübte Kritik ist durchaus nachvollziehbar. Davon abgesehen ist die Strafverfolgung Aufgabe der Staatsanwaltschaften und nicht von anderen Institutionen, wie der Krankenkasse oder Kassenärztlichen Vereinigung.[820] Nach dem Grundsatz des Offizialprinzips erfolgt die Strafverfolgung von Amts wegen allein durch den Staat.[821] Die Staatsanwaltschaft hat hierbei das Anklagemonopol.[822] Sie ist gemäß §§ 152 Abs. 1, 170 Abs. 1 StPO das Initiativorgan im Strafprozess.[823] Der nach § 81a Abs. 4 SGB V beauftragten Einheit darf folglich die Initiative zur Strafverfolgung nicht auferlegt werden. Abgesehen davon enthält § 81a Abs. 4 SGB V auch eine Geringfügigkeitsklausel. Demzufolge ist der Anfangsverdacht nicht weiterzuleiten, wenn nur eine strafbare Handlung mit geringfügiger Bedeutung für die GKV besteht. § 81a Abs. 4 SGB V enthält allerdings keine weiteren Hinweise darauf, wann ein solcher Fall der Geringfügigkeit besteht. Die Eröffnung des Verfahrens aufgrund einer Geringfügigkeit ist aber

---

813 Gilt entsprechend auch für § 197a SGB V.
814 *Steinhilper*, MedR 2005, 131 (134).
815 *Ellbogen*, MedR 2006, 457 (461).
816 *Körner/Leitherer u. a.*, Sozialversicherungsrecht, § 81a SGB V Rn. 6.
817 *Rixen*, ZFSH 2005, 131 (133).
818 *Ellbogen*, MedR 2006, 457 (461).
819 *Ellbogen*, MedR 2006, 457 (461).
820 *Schnapp*, NJW 1988, S. 740.
821 *Albrecht*, Kriminologie, § 18, S. 193.
822 *Albrecht*, Kriminologie, § 18, S. 193.
823 *Diemer*, in: KK-StPO, § 152 StPO Rn. 6.

gemäß § 153 Abs. 1 StPO alleinige Aufgabe der Staatsanwaltschaft, soweit eine Zustimmung des Gerichts vorliegt. Das Opportunitätsprinzip erlaubt es nur der Staatsanwaltschaft, den Anklagezwang zu durchbrechen[824], welcher ihr durch das Legalitätsprinzip auferlegt ist.[825] Die Entscheidung, ob das Verfahren eingestellt wird oder nicht, darf demnach nur den Strafverfolgungsbehörden und nicht den beauftragten Einheiten der Kassenärztlichen Vereinigung oder der Krankenkassen obliegen.

Nach der hier vertretenen Auffassung ist eine Garantenstellung im Sinne des § 13 StGB für den § 81a Abs. 4 SGB V nicht gegeben. Zudem ist das Delegieren von Aufgaben der Strafverfolgungsbehörden an Einheiten der Kassenärztlichen Vereinigung oder Krankenkasse mit den Prinzipien staatsanwaltschaftlicher Tätigkeit nicht vereinbar. Eine Strafbarkeit gemäß §§ 258 Abs. 1, 13 StGB ist nach der hier vertretenen Ansicht daher abzulehnen.

In der Praxis führt die Verpflichtung der Kassenärztlichen Vereinigungen, die Abrechnungen der Vertragsärzte nicht nur akribisch zu überprüfen, sondern auch bei geringstem Verdacht eine Meldung an die Staatsanwaltschaft zu machen, nichtsdestoweniger zu einem erhöhten Druck auf die Ärzteschaft, die sich durch die gängige Praxis einer verstärkten (und häufig unbegründeten) staatsanwaltschaftlichen Aufmerksamkeit ausgesetzt sieht.

E. Zusammenfassung

Für den Vertragsarzt bestehen bei der Ausübung seiner Tätigkeit im System der GKV *de lege lata* zahlreiche Möglichkeiten, mit dem Strafrecht in Berührung zu kommen.[826] In bestimmten Konstellationen kommt eine Strafbarkeit für ihn selbst dann in Betracht, wenn er seiner Aufgabe der Erfüllung des gesetzlichen Gesundheitsauftrages nachgeht. Die Anwendung der streng formalen Betrachtungsweise des Sozialversicherungsrechts führt zu einer Erweiterung der Straftatbestände des Betruges und der Untreue. Werden die sozialrechtlichen Besonderheiten der vertragsärztlichen Leistungserbringung ausgeklammert und die Vermögensverhältnisse rein wirtschaftlich betrachtet, fehlt es den gängigen Konstellationen[827]

824 *Albrecht*, Kriminologie, § 18, S. 194.

825 *Albrecht*, Kriminologie, § 18, S. 193.

826 Vgl. *Schneider*, in: Wienke/Janke u. a., Der Arzt im Wirtschaftsstrafrecht, S. 59.

827 Nicht jedoch im Fall der Abrechnung von Luftleistungen, hier ist eine Strafbarkeit regelmäßig begründet, siehe hierzu S. 107 in der vorliegenden Arbeit.

am objektiven Tatbestandsmerkmal des Vermögensschadens[828]. Die vom BGH entwickelte streng formale Betrachtungsweise führt zu einer Kriminalisierung vertragsärztlichen Verhaltens, selbst in Fällen gebotener medizinischer Behandlung. Dies erschwert die Tätigkeit des am gesetzlichen Heilauftrag mitwirkenden Vertragsarztes enorm.

Überspitzt kann man formulieren: Möchte der approbierte Arzt am Gesundheitsprogramm der GKV teilnehmen, dann sollte er das Gebot der Wirtschaftlichkeit vor die ärztliche Tugendhaftigkeit und Ethik stellen. Auf kostspielige Behandlungsleistungen hat er selbst dann zu verzichten, wenn sie dem Wohle seines Patienten dienen. Bei der Verordnung von Medikamenten hat er die Rolle des Heilers abzulegen und den Posten des Schatzmeisters zu übernehmen. Bei der Erstellung und Einreichung seiner Abrechnungserklärung ist auf absolute Genauigkeit zu achten. Kosten für die Krankenkasse sollte er scheuen und jede noch so einfache Aufgabe tunlichst in eigener Person erfüllen. Hält er sich nicht an die Spielregeln, so trifft ihn das scharfe Schwert des Strafrechts.

Lediglich für die Fallkonstellation der Bestechung von Vertragsärzten durch Pharmareferenten hat der BGH dem anhaltenden Trend der Kriminalisierung vertragsärztlicher Wirtschaftsbetätigung Einhalt geboten. An der grundlegenden Ausganglage, dass das Strafrecht den Vertragsarzt weiterhin im festen Blick hat, hat sich dadurch allerdings wenig geändert.

---

828 Vermögensschaden im Sinne des § 263 StGB und Vermögensnachteil nach § 266 StGB entsprechend.

Teil 4: Privatärztliche Rechnungsmanipulationen

Wie anfangs dargelegt, unterscheidet sich das System der privatärztlichen Leistungsvergütung in seiner Struktur von dem des Vertragsarztbereichs.[829] Während bisher auf die Besonderheiten des vertragsärztlichen Abrechnungsbetruges und andere Fallkonstellationen im GKV-Bereich, denen strafrechtliche Relevanz zukommt, eingegangen wurde, erfolgt in diesem Teil der Arbeit nun eine Analyse der typischen Fallgestaltungen privatärztlicher Rechnungsmanipulation niedergelassener Ärzte[830].

A. Abrechnung von Luftleistungen bei PKV-Patienten

Die erste Fallkonstellation unzulässiger Rechnungsstellung im PKV-Bereich betrifft die Liquidation von Luftleistungen. Hierunter fallen Konstellationen, in denen die in Rechnung gestellte Behandlungsleistung nicht oder nur unvollständig erbracht wurde, aber vollständig abgerechnet wird. Folgendes Beispiel soll diese Fallkonstellation erläutern:

> *Fall 8 (Abrechnung von Luftleistungen bei Privatpatienten):*
> *Privatpatient P sucht den niedergelassenen Arzt A in dessen Praxis auf. Bei seinem Besuch findet ein ärztliches Beratungsgespräch statt. Anschließend verlässt P die Praxis, ohne dass eine Behandlung durchgeführt wurde. Auf der erhaltenen Rechnung wird neben der Beratung (Nr. 1 der Anlage zur GOÄ[831]) auch eine vollständige körperliche Untersuchung aufgeführt (Nr. 6 der Anlage zur GOÄ). Diese hat Arzt A bewusst auf die Rechnung gesetzt, um die Endsumme des Honorars zu erhöhen. Der gutgläubige P, der über keine Kenntnisse im privatärztlichen Gebührenrecht verfügt, begleicht die Rechnung, da er davon ausgeht, sie werde schon stimmen.*

---

829 Zum Bereich der PKV siehe S. 38 in der vorliegenden Arbeit.

830 Die Problematik existiert auch im privatärztlichen Bereich der stationären Leistungserbringung im Krankenhaus, vgl. hierzu *Albrecht,* Abrechnungsbetrug in der Chefarztabrechnung; *Ulsenheimer,* Arztstrafrecht in der Praxis, Rn. 1137 f.

831 Vgl. GOÄ, Anlage: Gebührenverzeichnis für ärztliche Leistungen.

I. Täuschung

Wie im Ausgangsfall zum Abrechnungsbetrug des Vertragsarztes bereits dargelegt[832], bedarf es für eine Strafbarkeit nach § 263 StGB einer Täuschung über Tatsachen. Anders als im Bereich der GKV erfolgt die Leistungsvergütung hier unmittelbar zwischen dem behandelnden Arzt und dem Patienten.[833] Dies geschieht in der Regel durch Rechnungsstellung des Arztes an den Patienten, welche als Täuschungshandlung in Betracht kommt. In der vorliegenden Beispielskonstellation stellt Arzt A (neben der Beratungstätigkeit) eine körperliche Untersuchung gemäß Nr. 6 der Anlage zur GOÄ in Rechnung, die weder durchgeführt wurde, noch zwischen Arzt A und Patienten P vereinbart gewesen ist. A erklärt durch die Aufführung dieser Behandlungsleistung in der Rechnung schlüssig, dass ihm ein Anspruch auf Vergütung dieser Leistung zusteht. Demgemäß ist hier von einer Täuschungshandlung durch A auszugehen.

II. Irrtum

Aus der Täuschungshandlung muss sich ein Irrtum ergeben. Da im Bereich der PKV der Patient selbst zur Zahlung verpflichtet ist und er somit auch die erforderliche Vermögensverfügung vornimmt, entsteht der Irrtum in der Regel bei ihm selbst. Wie ebenfalls bereits ausgeführt, ist hierbei nicht erforderlich, dass sich der Adressat der Täuschung eine konkrete Vorstellung über die Richtigkeit der mitgeteilten Tatsachen macht. Vielmehr ist ein sachgedankliches Mitbewusstsein ausreichend.[834] Auch in den Fällen der privatärztlichen Rechnungsliquidation ergibt sich diesbezüglich kein Unterschied. Der Patient muss sich insbesondere keine Gedanken über die Richtigkeit der Rechnung hinsichtlich gebührenrechtlicher Vorgaben der GOÄ machen.[835] Mangels hinreichender

832 Vgl. hierzu Fall 1 auf S. 97 f. in der vorliegenden Arbeit.

833 Ärzte bedienen sich hierfür teilweise einer externen Rechnungsstelle, welche sich um die Abwicklung der Behandlungsvergütung kümmert. Da diese Rechnungsstellen allerdings die Rechnung als Vertreter für den Arzt stellen, ergibt sich für die Täuschungshandlung kein Unterschied, da die Mitarbeiter dieser Stellen meist gutgläubig sind und lediglich als ausführendes Werkzeug i. S. v. § 25 Abs. 1, 2 Alt. StGB der Täuschung seitens des Arztes fungieren.

834 Vgl. speziell zum Irrtum des PKV-Patienten: BGHSt 57, 95 f. = NJW 2012, S. 1377 f.

835 BGHSt 57, 95 f. = NJW 2012, S. 1377 f.

Fachkenntnis[836] ist dies von ihm auch nicht zu verlangen.[837] Demgemäß unterliegt P hier einem Irrtum, da er die Rechnung von A für zutreffend hält.

III. Vermögensverfügung

Im Hinblick auf die notwendige Vermögensverfügung ergeben sich in der hiesigen Konstellation keine Schwierigkeiten. Als Selbstzahler führt der Patient die Vermögensverfügung in eigener Person aus.[838] Dass ihm ein Kostenerstattungsanspruch[839] gegen seine PKV zusteht, ändert hieran nichts, da es allein auf die freiwillige Vermögensminderung des Opfers ankommt. Im Begleichen der Rechnung von A liegt eine Vermögensverfügung durch P vor.

IV. Vermögensschaden

Auch bei der Prüfung des von § 263 StGB geforderten Vermögensschadens ergeben sich in der Beispielskonstellation keine Besonderheiten. Durch die Vergütung des vollständigen, in der Rechnung aufgeführten Ärztehonorars zahlt der Patient für eine Behandlung, die tatsächlich nicht erbracht wurde und daher auch keiner Kompensation (etwa durch eine Arbeitsleistung des Arztes[840]) unterliegen kann. Das Vermögen des Patienten ist daher in Höhe des Wertes der vom Arzt veranschlagten Gebühr für die Ganzkörperuntersuchung gemindert. Für die Feststellung eines strafrechtlich relevanten Schadens ebenfalls bedeutungslos sind die nachträglichen Leistungen eines Versicherers.[841] Dass sich der Patient möglicherweise subjektiv nicht geschädigt fühlt, da er die Rechnung für angemessen hält (was zumeist der Fall ist, sofern die PKV die Kosten vollumfänglich erstattet hat), spielt keine Rolle, da der täuschungsbedingt herbeigeführte Vermögensschaden ein objektiver ist.[842] Folglich ist ein Vermögensschaden bei Patient P eingetreten.

---

836 Welche bei einem Sachbearbeiter der KV, der vertragsärztliche Abrechnungen überprüft, wohl eher vorhanden sind.

837 BGHSt 57, 95 = NJW 2012, 1377 = HRRS 2012 Nr. 313.

838 Vgl. *Erlinger/Warntjen/Bock*, in: MAH Strafverteidigung, § 50 Rn. 150.

839 Zum Kostenerstattungsprinzip in der PKV siehe S. 38 in der vorliegenden Arbeit.

840 Zur Kompensation des Vermögensschadens durch tatsächlich erbrachte Behandlungsleistung vgl. S. 109 in der vorliegenden Arbeit.

841 BGHSt 57, 95 = NJW 2012, S. 1377 f.

842 BGHSt 57, 95 = NJW 2012, S. 1377 f.

V. Vorsatz und Absicht der rechtswidrigen und stoffgleichen Bereicherung

Da Arzt A die Behandlungsleistung bewusst, also wissentlich und willentlich[843], auf die Rechnung gesetzt hat, ist der für eine Strafbarkeit erforderliche Vorsatz gegeben. Auch ist A die von § 263 StGB geforderte Bereicherungsabsicht zu unterstellen.

V. Ergebnis

Im Ergebnis macht sich Arzt A durch die Abrechnung einer nicht erbrachten Leistung des Betruges gemäß § 263 StGB strafbar. Wie bereits anhand des Beispielfalles für die Kassenärzte verdeutlicht wurde, ergibt sich auch bei der Liquidation von Luftleistungen regelmäßig eine Strafbarkeit für den privat liquidierenden Arzt wegen Betrugs nach § 263 StGB. Insoweit besteht im Ergebnis kein Unterschied zur Abrechnung von nicht erbrachten Leistungen durch einen Vertragsarzt im Bereich der GKV.

B. Liquidation unwirtschaftlicher Leistungen

Bezugnehmend auf die Fallkonstellation der Abrechnung von unwirtschaftlichen Leistungen im Bereich der GKV[844], in welcher sich ein Vertragsarzt des Betrugsvorwurfs ausgesetzt sehen kann, sind an dieser Stelle die Unterschiede zum Bereich der PKV aufzuzeigen. Folgender Fall soll dem Verständnis dienen:

> *Fall 9 (Unwirtschaftliche Leistungserbringung im Bereich der PKV):*
> *Privatpatient P sucht den niedergelassenen Dermatologen D in dessen Praxis auf, um sich eine störende Warze aus kosmetischen Gründen entfernen zu lassen. D empfiehlt seinem Patienten, die Entfernung mittels Laser durchzuführen (Nr. 2440 analog der Anlage zur GOÄ), da eine solche Behandlung hautschonend sei und kaum Schmerzen verursache. Tatsächlich hätte sich die Warze auch chirurgisch entfernen lassen, was deutlich günstiger, aber auch schmerzhafter gewesen wäre (Nr. 745 der Anlage zur GOÄ). Auf die Möglichkeit der günstigeren Therapiemöglichkeit wies D seinen Patienten P aber nicht hin.*

Wie anfangs dargelegt, wird der Umfang der vertragsärztlichen Leistungserbringung wesentlich von dem in § 12 SGB V normierten Gebot der Wirtschaftlichkeit

---

843 Zu dieser Kurzformel des Vorsatzes vgl.: *Kühl*, in: L/K-StGB, § 15 Rn. 3. Hierbei ist regelmäßig der bedingte Vorsatz, also das bewusste Inkaufnehmen, ausreichend. Zu den Voraussetzungen für einen *dolus eventualis* siehe: *Sternberg-Lieben/Schuster*, in: Schönke/Schröder StGB, § 15 Rn. 72; *Roxin*, Strafrecht AT, § 12 Rn. 24.

844 Siehe hierzu den Beispielsfall auf S. 111 in der vorliegenden Arbeit.

beschränkt.[845] Der Vertragsarzt ist bei der Auswahl seiner Therapiemethode daher stets dazu verpflichtet, die preisgünstigste Methode zu wählen.[846] Diese Verpflichtung gilt für den Bereich der privatärztlichen Leistungserbringung bzw. Leistungsvergütung dagegen nicht, da § 12 SGB V als sozialrechtliche Vorschrift der GKV hier unstreitig keine Anwendung findet.[847]

Allerdings legt § 1 Abs. 2 GOÄ fest, dass eine ärztliche Vergütung nur für eine Leistung berechnet werden darf, die nach den Regeln der ärztlichen Kunst für eine medizinisch notwendige ärztliche Versorgung erforderlich war. Demgemäß ist zu fragen, was unter einer notwendigen ärztlichen Versorgung zu verstehen ist. Nach Ansicht der Rechtsprechung ist die medizinische Notwendigkeit nach objektiven Kriterien zu bestimmen.[848] Allerdings kommt dem Arzt der Grundsatz der Therapiefreiheit zugute, nach welchem die Auswahl der geeigneten Behandlungsmethode grundsätzlich ihm obliegt.[849] Dieser Grundsatz gilt bei der Behandlung von PKV-Patienten uneingeschränkt, da das Wirtschaftlichkeitsgebot des § 12 SGB V im Privatarztbereich gerade nicht gilt.[850] Folgerichtig steht dem Arzt im Rahmen der Behandlungsauswahl daher ein weiter Ermessensspielraum zu.[851]

Es ist jedoch weiter zu prüfen, ob in der fehlenden Aufklärung über die unterschiedlichen Kostenhöhen eine Täuschungshandlung zu erblicken ist. Nach der Auffassung *von T. P. Albrecht* erklärt ein Arzt durch Vorlage der Rechnung schlüssig, dass alle seine Leistungen auf der Grundlage des § 1 Abs. 2 GOÄ erbracht wurden und somit für die Behandlung medizinisch notwendig sind. Die medizinische Notwendigkeit sei daher eine Tatsache im Sinne des § 263 StGB, die objektiv festgestellt werden kann und dem Beweis zugänglich ist. Daher

---

845 Zum Wirtschaftlichkeitsgebot siehe S. 49 in der vorliegenden Arbeit.

846 Aus dem Wirtschaftlichkeitsgebots des § 12 SGB V leitet die Rechtsprechung eine Vermögensbetreuungspflicht des Vertragsarztes ab, welche zu einer möglichen Strafbarkeit wegen Untreue gemäß § 266 StGB führen kann, siehe hierzu die Fallkonstellation der missbräuchlichen Verordnung von Medikamenten auf S. 144 f in der vorliegenden Arbeit.

847 *Miebach*, in Uleer/Miebach/Patt, Abrechnung von Arzt- und Krankenhausleistungen, § 1 Rn. 10.

848 OLG Köln, VersR 2010, 1454 (1455).

849 *Ries/Schnieder u. a.*, Arztrecht, S. 218; *Spickhoff*, in: ders., Medizinrecht, § 1 GOÄ Rn. 10.

850 Vgl. *Deutsch/Spickhoff*, Medizinrecht, Rn. 22.

851 *Spickhoff*, in: ders., Medizinrecht, § 1 GOÄ Rn. 10.

handele es sich auch nicht um eine Rechtsmeinung des Arztes.[852] Sofern der Arzt die Aufklärung über die Kosten und die Existenz der günstigeren Behandlungsmethode böswillig unterlassen habe, stelle dies eine Täuschungshandlung dar.[853] Auch sei ein Schaden beim Patienten nach der Rechtsfigur des persönlichen Schadenseinschlags[854] anzunehmen, da der Patient aus der unwirtschaftlichen Leistung keinen Nutzen ziehe und sein Vermögensschaden auch nicht zu kompensieren sei.[855]

Diese Auffassung ist jedoch problematisch. Durch die Rechnungsstellung erklärt der Arzt lediglich, dass die in der Rechnung aufgeführten Leistungen tatsächlich erbracht wurden. Dass die gewählte und berechnete Behandlungsmethode hierbei die preisgünstigste Therapiealternative darstellt, wird nicht miterklärt. In der Rechnung wird lediglich wiederholt, dass die vom Arzt vorgeschlagene und vom Patienten genehmigte Behandlung vergütet werden soll. Denn Art und Umfang der Therapie haben Arzt und Patient bereits zuvor durch den Behandlungsvertrag festgelegt.

I. Täuschung durch Unterlassen

Es käme lediglich eine Täuschung durch Unterlassen des Arztes im Zeitpunkt der Behandlungsvereinbarung (Vertragsschluss) in Betracht. Dadurch, dass D es unterlassen hat, P über die kostengünstigere Behandlungsalternative aufzuklären, könnte er ihn über Tatsachen getäuscht haben.

Für die nach der h. M. grundsätzlich mögliche Täuschung durch Unterlassen ist allerdings eine Garantenpflicht des Arztes im Sinne des § 13 StGB erforderlich.[856] Wie bereits dargelegt, greift § 12 SGB V vorliegend nicht und kommt daher auch nicht als Anknüpfungspunkt für eine gesetzliche Aufklärungspflicht in Frage.[857] Aus § 1 Abs. 2 GOÄ ist eine Aufklärungspflicht ebenfalls nicht

---

852 *T. P. Albrecht,* Abrechnungsbetrug, S. 75, in Anlehnung an *Hellmann/Herffs,* Abrechnungsbetrug, Rn. 428 f.

853 *T. P. Albrecht,* Abrechnungsbetrug, S. 77 f.

854 Zum persönlichen Schadenseinschlag vgl. BGHSt 16, 321 (325); *Fischer,* StGB, § 263 Rn. 146 f.

855 *T. P. Albrecht,* Abrechnungsbetrug, S. 78.

856 BGHSt 39, 392 (398); *Perron*, in: Schönke/Schröder StGB, § 263 Rn. 18; *Fischer,* StGB § 263 Rn. 38; a. A *Naucke*, der die rechtsdogmatische Figur des Betruges durch Unterlassen generell ablehnt; *ders.*, Zur Lehre vom strafbaren Betrug, S. 106 ff; *ders.*, NJW 1994, S. 2809.

857 Zur Aufklärungspflicht des Vertragsarztes bei der Verordnung von Medikamenten siehe S. 144 in der vorliegenden Arbeit.

abzuleiten. Die einzige Pflicht, die den Arzt hieraus trifft, ist die der Aufklärung über eine fehlende Kostenübernahmeverpflichtung der privaten Kostenträger bei der Durchführung von medizinisch nicht notwendigen Leistungen, was beispielsweise bei rein kosmetischen Operationen der Fall ist.[858] Eine allgemeine Aufklärungspflicht über die Möglichkeit der Kostenreduzierung trifft den Arzt dadurch allerdings nicht.

Es könnte sich eine allgemeine Kostenaufklärungspflicht aus § 630e BGB ableiten lassen. Nach § 630e Abs. 1 Satz 1 BGB ist der Behandelnde verpflichtet, den Patienten über sämtliche für die Einwilligung wesentlichen Umstände, welche in Satz 2 konkretisiert werden, aufzuklären. Der Begriff der Einwilligung lässt darauf schließen, dass sich die Norm auf den medizinischen Eingriff, also die Behandlung an sich, und nicht dessen Kosten bezieht. Der Schutzbereich der Norm betrifft daher die Beeinträchtigung des Rechtsguts der körperlichen Integrität. Nach § 630e Abs. 1 Satz 3 BGB hat der Arzt seinen Patienten auch auf Alternativen zur Maßnahme hinzuweisen, wenn mehrere medizinisch gleichermaßen indizierte und übliche Methoden zu wesentlich unterschiedlichen Belastungen, Risiken oder Heilungschancen führen können. Auch die Formulierungen lassen darauf schließen, dass es hier um den Schutz des Patienten vor den Schäden des ärztlichen Heileingriffs bzw. dessen Nebenwirkungen geht. Eine Kostenaufklärungspflicht, insbesondere was Kosteneinsparungsmöglichkeiten betrifft, ergibt sich daher hieraus ebenfalls nicht.

Auch eine vertragliche Aufklärungspflicht, welche sich aus dem Behandlungsvertrag des § 630a BGB in Verbindung mit § 242 BGB ergeben könnte, ist abzulehnen, da sie sich, sofern sie überhaupt besteht, lediglich auf höchstpersönliche Rechtsgüter des Patienten (Leib, Leben und körperliche Unversehrtheit) bezieht und nicht auf das Vermögen des Patienten.

II. Ergebnis

Da für den Privatarzt D keine Pflicht besteht, seinen Patienten P über preiswertere Behandlungsalternativen aufzuklären und somit auch keine Garantenpflicht begründet wird, ist eine Täuschung durch Unterlassen abzulehnen. Demgemäß ist eine Strafbarkeit von D wegen Betrugs durch Unterlassen gegenüber und zu Lasten des P zu verneinen.

858 *Miebach*, in: Uleer/Miebach/Patt, Abrechnung von Arzt- und Krankenhausleistungen, § 1 Rn. 14.

C. Liquidation überhöhter Gebühren

Eine andere typische Fallgruppe der unzulässigen Beeinflussung von Behandlungsrechnungen im Privatarztbereich ist die der Angabe überhöhter Gebühren. Anhand des nachfolgenden Beispielsfalls soll dargelegt werden, dass eine Liquidation ärztlicher Behandlungsleistungen unter Nichtbeachtung der Vorgaben der GOÄ strafrechtliche Relevanz entfalten kann.

Fall 10 (Liquidation überhöhter Gebühren):
Privatpatient E hat eine kleine Wunde am Fuß und kommt zur Behandlung in die Praxis des Arztes A. E vermutet, dass ein Fremdkörper (Holzsplitter) im Fuß steckt. Die Wundinspektion gestaltet sich – aufgrund der langwierigen Fremdkörpersuche – als äußerst aufwendig. In der von A ausgestellten Rechnung wird die Gebühr für die Fremdkörperentfernung (Nr. 2009 der Anlage zur GOÄ) mit dem maximalen Steigerungssatz von 3,5 versehen. Eine Begründung für den gewählten Steigerungssatz ist in der Rechnung nicht angegeben.

I. Täuschung

Zunächst stellt sich wieder die Frage, ob in der Rechnungsstellung eine Täuschungshandlung des Arztes zu erblicken ist. Im Unterschied zum vorherigen Fall wurde die in der Rechnung aufgeführte Behandlungsleistung durch Arzt A auch tatsächlich erbracht. Das Problem liegt hierbei darin, dass die Rechnung des privat liquidierenden Arztes den Formerfordernissen des § 12 GOÄ entsprechen muss. Nach § 12 Abs. 1 GOÄ wird eine Vergütung der Behandlung erst dann fällig, wenn dem Zahlungspflichtigen eine Rechnung erteilt wurde, die den in Abs. 2 genannten Voraussetzungen entspricht. Dabei muss die Rechnung des Arztes nebst anderer Voraussetzungen[859] auch den Steigerungssatz enthalten (§ 12 Abs. 2 Nr. 2 GOÄ), welcher bei Überschreitung des Faktors 2,3 (Steigerungssatz außerhalb der Regelspanne[860]) einer zusätzlichen Begründung bedarf (§ 12 Abs. 3 Satz 1 GOÄ).[861] Ferner ist die Überschreitung der Regelspanne nur dann zulässig, wenn Besonderheiten in der Schwierigkeit, dem Zeitaufwand

859 § 12 Abs. 2 GOÄ: „Die Rechnung muss insbesondere enthalten: […] bei Gebühren die Nummer und die Bezeichnung der einzelnen berechneten Leistung einschließlich einer in der Leistungsbeschreibung gegebenenfalls genannten Mindestdauer sowie den jeweiligen Betrag und den Steigerungssatz."

860 Zur Berechnung des Honoraranspruchs nach GOÄ vgl. S. 40 in der vorliegenden Arbeit.

861 Nach *Badle* werden die wenigsten Privatliquidationen diesen qualifizierten Anforderungen der Rechnungsstellung gerecht. Oft verwenden Ärzte Abrechnungsprogramme, in denen bereits vorgefertigte Textbausteine vorhanden sind und die nach

sowie der Umstände bei der Ausführung der einzelnen Leistung dies rechtfertigen (§ 5 Abs. 2 GOÄ).[862]

Da Arzt A im vorliegenden Beispielsfall den Steigerungsfaktor 3,5 für die berechnete Gebühr gewählt, aber in der Rechnung nicht die von § 12 GOÄ geforderte Begründung erbracht hat, könnte in der formalwidrigen Rechnungsstellung eine Täuschung über Tatsachen zu erblicken sein. Nach allgemeiner Auffassung[863] ist in einer unrichtigen Rechnungsstellung allerdings noch keine Täuschung zu sehen, sofern es sich hierbei lediglich um die Geltendmachung eines bestehenden Zahlungsanspruchs handelt (dem Arzt steht ein Anspruch auf die in der Rechnung ausgewiesene Behandlungsleistung im genannten Umfang zu).[864] Denn das Geltendmachen eines bestehenden Anspruchs ist nicht als Tatsache, sondern lediglich als Werturteil zu verstehen.[865] Wird der Anspruch durch die Rechnung allerdings erst begründet, ist darin eine Tatsache zu sehen (die Aufführung der Behandlungsleistung in der Rechnung begründet erst den Anspruch des Arztes), über die auch getäuscht werden kann.[866] Folglich ist zunächst festzustellen, ob die formalen Voraussetzungen des § 12 GOÄ anspruchsbegründende oder lediglich deklaratorische Wirkung haben.

In der Literatur wird teilweise angenommen, dass bei fehlerhafter Rechnungsstellung der Anspruch des Arztes nicht nur nicht fällig, sondern ebenfalls nicht begründet ist.[867] Die Argumentation wird auf die Materialien zum Entwurf der GOÄ[868] gestützt, in welchen die Begründungspflicht des § 12 Abs. 2 GOÄ nicht lediglich als bloße Formalität dargestellt wird. Vielmehr soll diese Pflicht der Überprüfung der Angemessenheit der Gebührenhöhe dienen.[869] Nach *Schuberts*[870] Ansicht soll sogar jeder Fehler in einer Privatarztrechnung eine

---

Eintragung einer Leistungsnummer automatisch hinzugefügt werden, *Badle*, NJW 2008, 1028 (1032).

862 Zur privatärztlichen Rechnungsliquidation siehe S. 40 in der vorliegenden Arbeit.

863 *Kindhäuser*, in: NK-StGB, § 263 Rn. 89; *Perron*, in: Schönke/Schröder StGB, § 263 Rn. 17c; *Fischer*, StGB, § 263 Rn. 11.

864 *Kindhäuser*, in: NK-StGB, § 263 Rn. 89.

865 *Kindhäuser*, in: NK-StGB, § 263 Rn. 89.

866 Vgl. *Fischer*, StGB, § 263 Rn. 11; *Kindhäuser*, in: NK-StGB, § 263 Rn. 89.

867 *Uleer/Miebach/Patt*, Abrechnung von Arzt- und Krankenhausleistungen, § 12 GOÄ Rn. 4 f.

868 BR-Drs. 211/94 S. 92, 97.

869 Vgl. hierzu *Spickhoff*, in: ders., Medizinrecht, § 12 GOÄ Rn. 3; BGH, NJW-RR 2007, 494.

870 *Schubert*, ZRP 2001, 154 f.

tatbestandliche Täuschungshandlung darstellen[871], denn der Arzt stelle „durch schlüssiges Verhalten die Richtigkeit der Abrechnung als Tatsache dar".[872] Diese Auffassung teilt auch der BGH in seiner Entscheidung[873] zur Strafbarkeit eines privatliquidierenden Arztes, der in seinen Rechnungen aufgeführte Leistungen nicht erbrachte oder fehlerhaft erbrachte.[874] Der BGH führte hierzu aus:

> *„In einer gemäß § 12 GOÄ ausgestellten Rechnung behauptet der privatliquidierende Arzt gegenüber dem Privatpatienten nicht lediglich, zur Abrechnung berechtigt zu sein, sondern auch, dass die Voraussetzungen der der Abrechnung zugrunde liegenden Rechtsvorschriften eingehalten worden seien. Wer eine Leistung einfordert, bringt zugleich das Bestehen des zugrunde liegenden Anspruchs, hier also die Abrechnungsfähigkeit der in Rechnung gestellten ärztlichen Leistung zum Ausdruck."*[875]

Folgt man der Ansicht *Schuberts*[876] oder der Auffassung des BGH, führt ein Verstoß gegen die qualifizierte Anforderung der Rechnungsstellung aus § 12 GOÄ dazu, dass die entsprechende Behandlungsleistung nicht abrechnungsfähig ist. Demgemäß teilt der Arzt dem Patienten durch die Rechnungsstellung schlüssig mit, dass ihm der genannte (aber abrechnungsunfähige und damit unbegründete) Anspruch zusteht.[877]

Dieser Auffassung kann nicht gefolgt werden. Der Anspruch des Arztes gegen den Patienten auf Vergütung der Behandlungsleistung ergibt sich nicht erst aus der Begründung des Steigerungssatzes in der Rechnung, sondern bereits aus dem zwischen ihm und dem Patienten geschlossenen Behandlungsvertrag, denn nach § 630a BGB schuldet letzterer unstreitig die Zahlung der vereinbarten Vergütung.[878] Auch für den Behandlungsvertrag als synallagmatisch verpflichtendes

---

871 Der Ansicht *T. P. Albrecht*s zufolge soll bereits eine Täuschungshandlung darin zu erblicken sein, dass der Arzt in seiner Rechnung darauf verzichtet, das korrekte Datum oder die genaue Zeitangabe der Behandlung mit anzugeben, siehe *T. P. Albrecht,* Abrechnungsbetrug, S. 46.

872 Zudem liegt nach *Schubert* durch die Rechnungsstellung bereits ein vollendeter Betrug vor, da eine Vermögensgefährdung bereits für einen Vermögensschaden ausreichend sei, *Schubert*, ZRP 2001, 154 (155).

873 BGHSt 57, 95 = NJW 2012, S. 1377.

874 Der BGH bejahte für alle drei Fallvarianten die objektiven und subjektiven Voraussetzungen des § 263 StGB, vgl. hierzu *Ulsenheimer*, Arztstrafrecht in der Praxis, Rn. 1151.

875 BGHSt 57, 95 = NJW 2012, S. 1377.

876 *Schubert*, ZRP 2001, 154 (154 f.).

877 Ebenso zustimmend *Schuhr* in: Spickhoff, Medizinrecht, § 263 StGB Rn. 16.

878 *Schreiber*, in: Dörner/Schulze, BGB, § 630a Rn. 9; *Mansel*, in: Jauernig, BGB, § 630a Rn. 10 f.

Rechtsverhältnis gelten die allgemeinen Regeln des BGB.[879] Daher kommt auch der Behandlungsvertrag durch Angebot (der Patient bittet um Behandlung) und Annahme (der Arzt behandelt den Patienten) zustande. Formerfordernisse, die den Vertragsschluss behindern könnten, finden sich in §§ 630a ff. BGB nicht.[880] Der Anspruch des Arztes auf Vergütung besteht daher bereits vor der Rechnungsstellung und entfällt nicht nachträglich dadurch, dass die Begründung des erhöhten Steigerungssatzes unterblieben ist. Die GOÄ regelt lediglich die Höhe der für die Behandlung anzusetzenden Vergütung.[881] Zu berücksichtigen ist ferner, dass dem privat liquidierenden Arzt ein Ermessensspielraum bei der Auswahl des passenden Steigerungssatzes zusteht (§ 5 Abs. 2 GOÄ). Daher handelt es sich bei der Rechnungsstellung und der Auswahl dieses Steigerungssatzes lediglich um die Äußerung einer Rechtsmeinung,[882] Tatsachengehalt kommt ihr aber nicht zu. Demzufolge ist in der Liquidation privatärztlicher Behandlungsleistungen durch eine formalwidrige Rechnung noch keine Täuschungshandlung zu erblicken, sofern die aufgeführte Leistung auch erbracht wurde.

II. Vermögensschaden

Kommt man in dieser Konstellation zu der Schlussfolgerung, dass eine Täuschung des Patienten zu bejahen ist, dann sind (wie im Ausgangsfall) ebenso ein Irrtum und eine Vermögensverfügung des Patienten anzunehmen, da insoweit kein Unterschied besteht.

Zu einem möglichen Vermögensschaden sei an dieser Stelle allerdings angemerkt, dass nach der hier vertretenen Ansicht der Erforderlichkeit eines materiellen Vermögensdefizits kein Schaden im Vermögen des Patienten eingetreten ist. Dies ergibt sich aus folgender Überlegung: Nach § 5 Abs. 2 GOÄ darf der Arzt den Steigerungssatz anhand der Schwierigkeit und des Zeitaufwandes nach billigem Ermessen bestimmen, wobei der maximale Steigerungssatz bei dem Faktor 3,5 liegt. Im vorliegenden Beispielsfall setzte A diesen Steigerungssatz für die Gebühr deshalb an, weil die Behandlungsleistung in Form der Fremdkörperentfernung auch entsprechend aufwendig war. Die Entfernung eines Holzsplitters aus dem Fuß kann für den Arzt durchaus mit einem erheblichen Zeitaufwand

879 *Ries/Schnieder u. a.*, Arztrecht, S. 3; vgl. auch *Mansel*, in: Jauernig, BGB, § 630a Rn. 10.

880 Vgl. *Ries/Schnieder u. a.*, Arztrecht, S. 3.

881 Vgl. *Ries/Schnieder u. a.*, Arztrecht, S. 2.

882 Vgl. *Albrecht*, Abrechnungsbetrug in der Chefarztabrechnung, S. 47. *Albrecht*, KritV 1996, 330.

verbunden sein, wenn der Fremdkörper unsichtbar unter der Haut sitzt.[883] Auch würden hier Röntgenaufnahmen[884] wenig helfen, da Holz auf Röntgenbildern kaum auszumachen ist.[885] Insofern ist der vom Arzt ausgewählte Steigerungssatz vorliegend nicht zu beanstanden. Die veranschlagte Gesamtgebühr der Leistung entspricht auch dem materiellen Wert dieser Behandlung.

II. Ergebnis

Folglich ist in der unrichtigen Rechnungsstellung des Arztes keine Täuschung über Tatsachen, sondern lediglich eine für den Tatbestand des § 263 StGB unbedeutende Verletzung formeller Anforderungen an die privatärztliche Rechnungsstellung zu erblicken. Zudem ist dem Patienten auch kein Vermögensschaden entstanden. Eine Strafbarkeit von A ist daher im Beispielsfall abzulehnen. An dieser Stelle soll noch darauf hingewiesen werden, dass die Strafbarkeit des Arztes im beschriebenen Fall auch nach Ansicht des BGH abzulehnen wäre, da es hier am Täuschungsvorsatz des Arztes mangelt.

D. Delegation privatärztlicher Laborleistungen

Die bereits genannte Entscheidung des BGH[886] behandelt noch eine weitere Fallgruppe privatärztlicher Rechnungsmanipulation. Zum besseren Verständnis soll diese Konstellation anhand eines kurzen Sachverhaltes, der an die genannte Entscheidung angelehnt ist, beschrieben werden:

Fall 11 (Delegation von Laborleistungen):
Der niedergelassene Arzt A betreibt eine Allgemeinpraxis, in der er ausschließlich privatversicherte Patienten behandelt. Um seinen Umsatz anzukurbeln, traf er mit einem externen Großlabor folgende Vereinbarung: Sobald er zur Behandlung seiner Patienten eine Laboruntersuchung der Klassen M III und M IV (Speziallaborleistungen) benötigt, sendet er die Proben an das Großlabor. Die Ergebnisse der Laboruntersuchung stellt das Labor nicht den Patienten, sondern Arzt A in Rechnung. Dabei versieht es die anfallende Gebühr mit einem Steigerungssatz von 0,32 bis max. 1,0. Anschließend stellt A seinen Patienten die Laboruntersuchungen als selbst durchgeführte Leistung in Rechnung. Dabei wendet er den gängigen Steigerungssatz von 1,15 an, wodurch ihm die Marge als Gewinn verbleibt.

---

883 Vgl. hierzu den von *Meyer* beschriebenen Fall, *Meyer*, ARS Medici, 459 (460).

884 Welche der Arzt als eigenen Rechnungsposten aufführen würde (*Nr. 5020 der Anlage zur GOÄ).*

885 Aufgrund seiner Dichte lässt sich Holz von den umgebenden Weichteilen auf einem Röntgenbild nur schwerlich unterscheiden, *Meyer*, ARS Medici, 459 (460).

886 BGHSt 57, 95 = NJW 2012, 1377.

I. Täuschung und Irrtum

Nach Auffassung des BGH ist das Verhalten des Arztes als Täuschung über Tatsachen zu werten.[887] Wie im vorherigen Fall bereits dargelegt, sieht der BGH in einer gemäß § 12 GOÄ ausgestellten privatärztlichen Rechnung nicht nur die Mitteilung an den Patienten, dass die formalen Voraussetzungen der Rechnungsstellung eingehalten wurden, sondern auch die konkludente Erklärung, dass der behauptete Anspruch begründet ist. Der BGH stützt seine Auffassung in der vorliegenden Konstellation auf die Vorschriften der GOÄ.[888]

Nach § 4 Abs. 2 Satz 2 GOÄ[889] darf ein Arzt nur Gebühren für selbständige ärztliche Leistungen berechnen, wenn er diese selbst erbracht hat oder sie unter seiner Aufsicht nach fachlicher Weisung erbracht wurden.[890] Die hier einschlägige Anlage M der GOÄ sieht in ihren Allgemeinen Bestimmungen unter Nr. 3 Folgendes vor:

> *„Bei Weiterversand von Untersuchungsmaterial durch einen Arzt an einen anderen Arzt wegen der Durchführung von Laboruntersuchungen der Abschnitte M III und/oder M IV hat die Rechnungsstellung durch den Arzt zu erfolgen, der die Laborleistung selbst erbracht hat.“*

Laborleistungen der Klassen M III und IV dürfen nach Ansicht des BGH daher nur von demjenigen Arzt abgerechnet werden, der die Laborleistung auch tatsächlich erbracht hat. Indem ein Arzt seinem PKV-Patienten eine Rechnung ausstellt, in der er die Laboruntersuchungen als selbst durchgeführte Leistungen ausgewiesen und dementsprechend kalkuliert hat, erkläre er damit konkludent, dass er hierzu berechtigt sei, da die Voraussetzungen der GOÄ eingehalten wurden. Da die Laboruntersuchungen vom Großlabor durchgeführt, die Rechnung hier allerdings von A selbst an seine Patienten gestellt wurden, sei ein Verstoß gegen die Bestimmungen der GOÄ festzustellen. Somit verwirkliche der Arzt nach Ansicht des BGH das Tatbestandsmerkmal der Täuschung über Tatsachen.

Im Unterschied zu den Schlussfolgerungen in den Fällen der privatärztlichen Liquidation überhöhter Gebühren[891] ist in der Rechnungsstellung des Arztes nach der hier vertretenen Auffassung durchaus eine Täuschung über Tatsachen zu erblicken.[892]

---

887 BGHSt 57, 95 = NJW 2012, 1377.

888 BGHSt 57, 95 = NJW 2012, 1377.

889 In Verbindung mit Nr. 3 der Allgemeinen Bestimmungen zur Anlage M der GOÄ.

890 Sogenannte „eigene Leistungen“.

891 Siehe S. 174 in der vorliegenden Arbeit.

892 Der Auffassung des BGH bezüglich der Täuschung des Patienten zustimmend: *Brand/Wostry*, StV 2012, 619 (620); differenziert: *Dann*, NJW 2012, 2001 (2002).

Dagegen wird von *Fehns*[893], der eine Täuschung des einsendenden Arztes ablehnt, eingebracht, dass § 4 Abs. 2 Satz 1 GOÄ gerade keine permanente Anwesenheit des abrechnenden Arztes im Labor verlange, sondern nur, dass die Leistungen „selbst oder unter seiner Aufsicht nach fachlicher Weisung erbracht wurden". Folglich sei eine Delegation nach dem Wortlaut des § 4 Abs. 2 GOÄ auch in den Fällen der Abrechnung von M-III-/M-IV-Leistungen grundsätzlich möglich. Zudem sei die Vorschrift des § 4 Abs. 2 Satz 1 GOÄ interpretationsoffen und lasse mehrere Auslegungen zu, was beispielsweise das Erfordernis einer räumlichen Nähe zwischen dem Arzt und dem Labor betreffe.[894] Daher täusche der Arzt mit der Rechnung nicht über die Tatsache, dass die Laborleistungen außerhalb seiner Praxis und nicht unter seiner Aufsicht und fachlichen Weisung (§ 4 Abs. 2 Satz 1 GOÄ) bzw. während seiner Anwesenheit im Labor erbracht worden seien und er diese daher nicht liquidieren könne.[895]

Dann sieht dies differenziert. Er stimmt dem BGH zwar insoweit zu, dass die Rechnung des Arztes auch gleichzeitig die Erklärung enthalte, er habe die Leistungen in Übereinstimmung mit der GOÄ persönlich erbracht.[896] Allerdings sieht auch er in der privatärztlichen Rechnungsstellung noch keine Täuschungshandlung, sofern die Rechnungskalkulation auf eine vertretbare Auslegung der GOÄ zurückzuführen sei.[897]

Der Ansicht *Fehns* kann nicht gefolgt werden, da der Wortlaut der GOÄ hier eindeutig ist. Nach der Anlage M Nr. 3 zur GOÄ hat die Rechnungstellung durch den Arzt zu erfolgen, der die Laborleistung selbst erbracht hat. Durch diese Formulierung („hat zu erfolgen") gibt der Gesetzgeber klar zu verstehen, dass dem Arzt hierbei gerade kein Ermessensspielraum eingeräumt werden soll.[898] Raum für Interpretationsmöglichkeiten besteht folglich nicht. Demgemäß handelt es sich hier, bezugnehmend auf die Ansicht *Danns*, um eine nicht vertretbare Auslegung der GOÄ. Bezeichnet der liquidierende Arzt die extern abgewickelte Laborleistung mithin als selbst durchgeführte Leistung, ist darin eine Täuschung

---

893 *Fehn*, MedR 2014, 377 ff.

894 *Fehn*, MedR 2014, 377 (380).

895 *Fehn*, MedR 2014, 377 (380); ebenfalls eine Täuschungshandlung ablehnend *Gercke/Leimenstoll*, MedR 2010, 695 (698).

896 *Dann*, NJW 2012, 2001 (2002).

897 *Dann*, NJW 2012, 2001 (2002).

898 Der Unterschied zum Fall der Abrechnung überhöhter Gebühren liegt darin, dass die GOÄ dem abrechnenden Arzt keinen Ermessensspielraum bei der Liquidation extern durchgeführter Leistungen, wie es bei der Wahl des Steigerungssatzes der Fall ist, zugesteht (§ 5 Abs. 2 GOÄ).

über eine Tatsache und nicht bloß eine Täuschung über eine ermessensbezogene Rechtsmeinung zu erblicken.

II. Irrtum und Vermögensverfügung

Der Irrtum entsteht, so wie im Ausgangsfall zur privatärztlichen Abrechnung von Luftleistungen, in der Person des Patienten[899], denn auch hier geht dieser (als Rechnungsadressat) mangels hinreichender eigener Fachkenntnis davon aus, dass die Rechnung sachlich richtig ist. Die Vermögensverfügung liegt in der Vergütung der ärztlichen Rechnung durch die Patienten. Folglich kann der Rechtsauffassung des BGH zu diesen Punkten zugestimmt werden.

III. Vermögensschaden

Nach Auffassung des BGH ist der Vermögensschaden auf Patientenseite darin zu erblicken, dass der Rechnung des Arztes keine Forderung zugrunde liegt, die dadurch erlöschen würde.[900] Demgemäß ist im vorliegenden Beispielsfall den Patienten von A ein Vermögensschaden dadurch entstanden, dass sie eine Rechnung bezahlt haben, für die sie keinen adäquaten Gegenwert erhielten.

1. Pauschaler Ausschluss der Kompensation

Folgt man dieser Auffassung des BGH und nimmt einen Vermögensschaden der Patienten an, so ergeben sich weiter erhebliche Zweifel daran, dass keine Kompensation dieses Schadens vorliegt, denn der BGH schließt die Schadenskompensation trotz *de lege artis* ausgeführter Laborleistungen pauschal aus.

> *„Führt die erbrachte ärztliche Leistung mangels Abrechenbarkeit nicht zum Entstehen eines Zahlungsanspruchs, findet eine saldierende Kompensation nicht statt. Zahlt der in Anspruch Genommene irrtumsbedingt ein nicht geschuldetes Honorar, ist er in Höhe des zu Unrecht Gezahlten geschädigt. Wer eine Leistung unter den jeweils gegebenen Umständen unentgeltlich erlangen oder bereits dafür Geleistetes zurückfordern kann, ohne hierfür Wertersatz leisten zu müssen, ist in Höhe desjenigen Betrages geschädigt, den er täuschungsbedingt gleichwohl hierfür aufgewandt hat.“*[901]

Hierfür wendet der BGH[902] die für den Bereich der GKV kreierte und in ständiger Rechtsprechung bei Abrechnungsmanipulationen von Vertragsärzten angewandte

899 Siehe hierzu die Ausführungen auf S. 167 f. in der vorliegenden Arbeit.
900 BGHSt 57, 95 = NJW 2012, 1377.
901 BGHSt 57, 95 = NJW 2012, 1377.
902 BGHSt 57, 95 = NJW 2012, 1377.

streng formale Betrachtungsweise des Sozialversicherungsrechts uneingeschränkt auch auf den Bereich des Privatarztrechts an. Er formuliert dabei:

> *„Dies entspricht gefestigter Rechtsprechung des Bundesgerichtshofs zum vertragsärztlichen Abrechnungsbetrug, deren zugrunde liegende Wertung – unbeschadet sozialrechtlicher Besonderheiten – auf den Bereich privatärztlicher Leistungserbringung und Abrechnung übertragbar ist.“*[903]

Nach Ansicht des BGH macht es daher in der Sache keinen Unterschied, ob sich die Abrechnungsfähigkeit der ärztlichen Leistungen nach dem Sozialrecht oder, wie im vorliegenden Fall, nach den Vorschriften der GOÄ richtet.[904] „Aufgrund der sich aus dem Arztrecht ergebenden Nichtabrechenbarkeit der Leistung sei auch eine tatbestandliche Schadenskompensation ausgeschlossen.“ Weiter führt der BGH aus, dass der Leistende von einer Verpflichtung gegenüber dem Arzt nicht befreit wird, denn „die wirtschaftliche Vermögenssaldierung ergebe ein Minus“.[905]

Das Gegenargument, dass die Laborleistung aber tatsächlich und auch *de lege artis* durchgeführt und folglich die Behandlungsleistung auch erbracht worden ist, spielt für den BGH keine Rolle. Nach Auffassung des BGH hätte auch eine „durch einen Laien durchgeführte und zufällig erfolgreiche Behandlung“ ebenfalls das gewünschte Ergebnis erbracht, „ohne dass ihr ein wirtschaftlicher Wert zugesprochen werden könnte“.[906]

Gegen den vom BGH vorgenommenen pauschalen Ausschluss der Kompensationsmöglichkeit des Vermögensschadens durch eine mit den Vorgaben der GOÄ unvereinbare Laborleistung wendet *Dann* ein, dass der BGH hierdurch ein Normengebilde zum maßgeblichen Bezugspunkt für die Überprüfung eines möglichen Vermögensschadens bestimme.[907] Hierdurch werde einer ärztlichen Behandlungsleistung erst durch die materiell-rechtlichen Normen der GOÄ ein wirtschaftlicher Wert beigemessen.[908] Eine *de lege artis* erbrachte, aber nicht GOÄ-konforme Laborleistung wäre daher wertlos. Dieser Schlussfolgerung des BGH kann, wie *Dann* zutreffend feststellt, aus verfassungsrechtlichen Gesichtspunkten nicht zugestimmt werden:

> *„Neben die Absage an eine rein normative Betrachtungsweise des § 263 StGB trete das verfassungsrechtlich abgesicherte Verbot, den Begriff des Vermögensnachteils so auszulegen,*

903 BGHSt 57, 95 = NJW 2012, 1377.
904 BGHSt 57, 95 = NJW 2012, 1377.
905 BGHSt 57, 95 = NJW 2012, 1377.
906 BGHSt 57, 95 = NJW 2012, 1377.
907 *Dann*, NJW 2012, 2001 (2002).
908 *Dann*, NJW 2012, 2001 (2002).

dass andere Tatbestandsmerkmale hierdurch ihrer Funktion und Selbständigkeit beraubt werden. Diese Vorgaben gelten auch für die Auslegung des Betrugstatbestands.[909] *Gleichwohl hat der 1. Strafsenat sie außer Acht gelassen. Denn mit der GOÄ erklärt er ein Normengebilde zum maßgeblichen Bezugspunkt für die Überprüfung eines möglichen Vermögensschadens. Den hierin liegenden Verstoß gegen die Rechtsprechung des BVerfG, das nicht nur eine Verdrängung, sondern auch eine Überlagerung wirtschaftlicher Aspekte als verfassungswidrig qualifiziert, übergeht der 1. Strafsenat. Dabei wäre für diese Abweichung zumindest eine ausführliche Erklärung zu erwarten gewesen.*"[910]

Denn in der pauschalen Ablehnung einer Schadenskompensation ist eine extensive Auslegung des Vermögensschadens zu sehen, in welchem eine unzulässige teleologische Extension des in § 263 StGB geforderten Vermögensschadens zu erblicken sei. Dieser Auffassung *Danns* ist, im Hinblick auf die in dieser Arbeit geführte Diskussion der Vereinbarkeit der streng formalen Betrachtungsweise des Sozialversicherungsrechts mit den verfassungsrechtlich garantierten Prinzipien der Strafgesetzlichkeit[911], zu folgen. Der BGH wendet die aus der streng formalen Betrachtungsweise des Sozialversicherungsrechts gezogenen Schlussfolgerungen bezüglich der Schadensbestimmung beim Abrechnungsbetrug des Vertragsarztes im Bereich der GKV unmittelbar auf den Bereich der PKV an. Dies ist aus mehreren Gründen zu kritisieren. Zum einen ist die streng formale Betrachtungsweise nach der hiesigen Auffassung als verfassungswidrig einzustufen. Zum anderen ist die Übertragung von Grundsätzen der Rechtsprechung zum Vertragsarztbereich auf die privatärztliche Leistungsberechnung unberechtigt. Wie bereits ausführlich erläutert[912], stützt sich der BGH bei dieser Anwendung gerade auf die Besonderheiten des Systems der GKV. Bezugnehmend auf die regelmäßige Rechtsprechung der Sozialgerichte liegt keine abrechenbare Leistung eines Vertragsarztes vor, wenn sie den Anforderungen des Sozialrechts nicht entspricht.[913] Da für den privatärztlichen Bereich die Regelungen des Sozialrechts und insbesondere die Rechtsprechung der Sozialgerichte keine Wirkung entfalten, ist eine Anwendung auf den Bereich der PKV nicht möglich. Dies verkennt der BGH in seiner Entscheidung.[914]

---

909 *Dann*, NJW 2012, 2001 (2002) bezugnehmend auf BVerfGE 126, 170.

910 *Dann*, NJW 2012, 2001 (2002) bezugnehmend auf BGHSt 57, 95 = NJW 2012, 1377 ff.

911 Zur Strafgesetzlichkeit siehe Kapitel B. Strafgesetzlichkeit als Begrenzung des staatlichen Machtmonopols", S. 74 f.

912 Zur streng formalen Betrachtungsweise im Bereich der GKV siehe S. 116 in der vorliegenden Arbeit.

913 So BGH, NStZ 1995, 85, 86, bezugnehmend auf: BSGE 39, 288 (290).

914 BGHSt 57, 95 = NJW 2012, 1377.

Was den materiellen Wert der Behandlungsleistung betrifft, wenden *Brand/Wostry* noch zutreffend ein, dass die Laborleistung durchaus einen messbaren Geldwert habe, auch wenn der Arzt sie gegenüber seinen Patienten nach den Vorgaben der GOÄ nicht abrechnen dürfe. Denn dem Laborarzt stehe, unabhängig von der Abrechnungsmanipulation des Arztes, ein Vergütungsanspruch zu. *Brand/Wostry* begründen ihre Auffassung wie folgt: Versende ein Arzt, der seinem Patienten beispielsweise eine Blutprobe entnommen hat, diese mit dem Auftrag an ein Labor, hieran Befundungen der Klassen M III/IV vorzunehmen, so entstehe ein Werkvertrag zwischen dem Laborarzt und dem Patienten. Der einsendende Arzt agiere hierbei als Vertreter des Patienten.[915] Zur Annahme von Eigenhandeln zwinge auch nicht die Abrede, wonach der Laborarzt keine Rechnungen stellen solle.[916] Ein fehlender Vertretungswille des Einsendearztes sei in dieser Konstellation nicht ersichtlich und könne auch nicht aus den Umständen gefolgert werden. Der Laborarzt habe mithin einen Vergütungsanspruch gegen den Patienten erworben.[917] Wolle man einen solchen Willen und damit einen Vertragsschluss zwischen Patient und Labor verneinen, stünde der Patient in diesem Verhältnis weitgehend rechtlos da. Nur auf der Grundlage eines Vertrages mit dem Laborarzt könne der Patient Auskunfts-, Einsichts- und Herausgaberechte gegen diesen geltend machen.[918]

2. *Tatsächlicher Vermögensschaden*

Wie soeben festgestellt wurde, ist aufgrund der Nichtanwendbarkeit der streng formalen Betrachtungsweise des Sozialversicherungsrechts auf den Bereich der PKV und des tatsächlich vorhandenen Wertes der Laboruntersuchungsleistung eine Schadenskompensation möglich. Dies bedeutet allerding noch nicht, dass die Vermögenseinbuße des Patienten auch vollständig kompensiert wird. Da auf den tatsächlichen Wert der Leistung abzustellen ist, sind diejenigen Kosten als Kompensation heranzuziehen, die für die Leistungserbringung auch tatsächlich angefallen sind. Im vorliegenden Fall entspräche dies der Gesamtgebühr für die jeweilige Laboruntersuchung, die das Großlabor hierfür veranschlagt hat. Hätte der Privatpatient das Großlabor zur Untersuchung seiner Proben beauftragt, wären für ihn auch exakt diese Kosten angefallen. Ebenfalls berücksichtigt werden muss hierbei, dass für den Laborarzt selbst ebenfalls ein Ermessensspielraum bei der Berechnung der Gebühr besteht und die Gesamtgebühr daher variieren

---

915 *Brand/Wostry*, StV 2012, 619 (620).
916 *Brand/Wostry*, StV 2012, 619 (621).
917 *Brand/Wostry*, StV 2012, 619 (621).
918 *Brand/Wostry*, StV 2012, 619 (621).

kann. Ein etwaiger Aufschlag des Privatarztes, der aufgrund der Ratio des § 4 Abs. 2 in Verbindung mit der Anlage M GOÄ nicht zulässig ist, wird folglich nicht kompensiert. Daher kann, insoweit dies im Einzelfall feststellbar ist, ein Vermögensschaden beim jeweiligen Privatpatienten vorliegen.[919]

Im vorliegenden Beispielsfall würde sich Arzt A daher wegen Betrugs strafbar machen.

IV. Ergebnis

Grundsätzlich kommt somit eine Strafbarkeit des Arztes, der seine Laborleistungen extern durchführen lässt, sie aber nicht explizit in seinen Rechnungen ausweist, wegen Betrugs gemäß § 263 StGB in Betracht. Dies gilt jedenfalls dann, wenn trotz einer *de lege artis* erbrachten Leistung ein Vermögensschaden feststellbar ist und der subjektive Tatbestand durch den Arzt erfüllt wird. Entgegen der Auffassung des BGH ist allerding eine Kompensation des Vermögensschadens durch tatsächlich erbrachte Laborleistungen prinzipiell möglich.

E. Fazit

Auch im Bereich der PKV bestehen für den niedergelassenen Arzt zahlreiche Möglichkeiten, bei der Vergütung seiner Leistungen mit dem Strafrecht in Kontakt zu kommen. Wie insgesamt festzustellen ist, hat der Privatarzt einen deutlich größeren Spielraum bei der Kalkulation seiner Behandlungsvergütung. Dennoch existieren auch in diesem Bereich hoheitliche Regelungen (GOÄ), welche die ärztlichen Liquidationsmöglichkeiten in bestimmten Bereichen begrenzen. Eine fehlerhafte Interpretation der Vorschriften der GOÄ in Verbindung mit einer exzessiven Auslegung der Straftatbestände des StGB – im Speziellen: des Vermögensschadens im Sinne des § 263 StGB – kann zur Kriminalisierung ärztlichen Abrechnungsverhaltens führen, was anhand des zuletzt dargelegten Beispiels der Delegation privatärztlicher Laborleistungen belegt werden kann. Die Rechtsprechung schreckt trotz der wesentlichen und unübersehbaren Unterschiede zum Bereich der GKV nicht davor zurück, die in diesem Gebiet aufgestellten Grundsätze auf den Bereich der privatärztlichen Abrechnung zu übertragen. Nach strafrechtsdogmatischen Erwägungen ist dies kaum nachzuvollziehen, aus der Perspektive rechtsstaatlichen Strafens zudem illegitim.

---

919 Ebenfalls einen Vermögensschaden der Patienten ablehnend: *Jäger*, ZWH 2012, 182 (186).

Teil 5. Systemische Ursachen ärztlichen Fehlverhaltens und ihre Folgen

Die Ausgangslage des Arztes kann als begünstigende Ursache für kriminelles Verhalten bezeichnet werden. Hierzu soll auf folgende Überlegungen verwiesen werden.

A. Ursachen für ärztliche Delinquenz

Wie in der Einleitung dargelegt, handelt es sich beim Gesundheitswesen um einen äußerst missbrauchsanfälligen Sektor.[920] Nach *Gaßner*, dem ehemaligen Präsidenten des Bundesversicherungsamtes, sind hierfür folgende Gründe wesentlich:

- *„Im Gesundheitswesen werden gewaltige Finanzmittel umgesetzt, die zum Missbrauch verleiten.*
- *Beim klassischen marktwirtschaftlichen Austauschverhältnis stehen sich Käufer und Verkäufer gleichwertig und gleich informiert gegenüber. Zwischen Arzt und Patient besteht jedoch eine drastische Informations- und Wissensdiskrepanz. Der unwissende Patient verlässt sich regelmäßig auf das Urteil seines Arztes.*
- *Die medizinischen Leistungsträger sind zwar an die Gebote der Wirtschaftlichkeit, Zweckmäßigkeit und Notwendigkeit gebunden, jedoch wirken sich zugleich ökonomische Anreize wie Prämien, Zusatzbeiträge, Zuzahlungen oder Rabattverträge der Medizinprodukt- und Pharmaunternehmen auf ihren Entscheidungsspielraum aus.*
- *Der Gesundheitsmarkt ist kein klassischer Austauschmarkt, sondern ein Versicherungsmarkt, bei dem nicht der Nachfrager den Preis der Leistung bezahlt, sondern ein Dritter, die Versicherung.*
- *Insbesondere das vertragsärztliche Abrechnungssystem ist aufgrund seiner Komplexität und Intransparenz besonders missbrauchsanfällig.“*[921]

Badle[922], der Leiter der Hessischen Zentralstelle zur Bekämpfung von Vermögensstraftaten und Korruption im Gesundheitswesen (ZBVKG), geht davon aus, dass die Ursachen für ärztliche Delinquenz insbesondere in den intransparenten und veralteten Gebührenordnungen (PKV) und dem vertragsärztlichen Vergütungssystem (GKV) zu finden seien. Begünstigt würde Fehlverhalten in diesem Bereich zudem durch den auf den Ärzten lastenden Kostendruck und deren

920 *Gaßner*, NStZ 2012, 521 (523).
921 *Gaßner*, NStZ 2012, 521 (523).
922 *Badle*, Wie viel Strafrecht braucht der Gesundheitsmarkt?, S. 8.

teilweise vorhandene Unkenntnis in den rechtlichen Rahmenbedingungen. Das öffentliche Interesse am „Tatort Gesundheitsmarkt“ nehme aufgrund der hohen Dichte an Berichterstattung in den Medien weiter zu. Die dort häufig beschworene „Gier“ der Ärzteschaft sei tatsächlich aber nur selten gegeben.

B. Systemische Zwickmühle des Vertragsarztes

Der Vertragsarzt befindet sich in einer systembedingten Zwickmühle, die durch die Rahmenbedingungen des Gesundheitssystems hervorgerufen wird. Ihm obliegt die Pflicht, den gesetzlichen Gesundheitsauftrag zu verfolgen und sämtliche GKV-Patienten zu behandeln, die seine Praxis aufsuchen. Bei der Leistungserbringung ist er an das Gebot der Wirtschaftlichkeit gebunden, welches ihn zur Durchführung möglichst kostengünstiger Behandlungen verpflichtet. Bei der Leistungsvergütung hat er sich an das streng budgetierte Abrechnungssystem zu halten. Sobald er das entsprechende Leistungsvolumen der quartalsbezogenen Behandlungsgrenze erreicht hat, erhält er seine Leistung nicht oder nur anteilig vergütet. Dies kann dazu führen, dass er seine Patienten vertrösten und ins nächste Quartal verweisen muss.[923] Möchte der Arzt seinen Patienten anständig behandeln und dafür auch ein wirtschaftliches Äquivalent für seine Leistung bekommen, so kann dies dazu führen, dass er eine nach den Grundsätzen des Sozialversicherungsrechts unzulässige Abrechnung einreicht, wodurch er regelmäßig in den Fokus staatsanwaltschaftlicher Ermittlung geraten kann. Möchte er keinen Tatverdacht erregen, bleibt ihm oftmals nur, den Patienten zu behandeln, ohne ein vollwertiges Äquivalent zu erhalten. Um dieses Problem in den Griff zu bekommen, ist der Gesetzgeber gefordert, die finanziellen Rahmenbedingungen vertragsärztlicher Tätigkeit so umzugestalten, dass der Vertragsarzt Versorger der Kranken bleiben kann, ohne dass er sich darüber Gedanken machen muss, wie er die finanziellen Mittel dazu aufbringen kann.[924] Der Versuch totaler Kontrolle führt zu Überbürokratisierung und begünstigt das ärztliche Fehlverhalten eher, als dass er es verhindert.

C. Folge: Abwanderung in den Privatarztsektor

Wie aus dem Vergleich des Systems der PKV mit dem der GKV hervorgeht[925], sind die finanziellen Handlungsmöglichkeiten des Arztes im Sektor der PKV

---

923 *Dannecker/Streng*, MedR 2011, 131 (133).
924 *Dannecker/Streng*, MedR 2011, 131 (133).
925 Siehe hierzu Teil 1. Grundlagen ärztlicher Behandlungsvergütung“, S. 27 ff.

deutlich umfangreicher als im Bereich der vertragsärztlichen Versorgung. Was die Therapiefreiheit und die Ermittlung der Vergütung anbelangt, besteht für den Arzt nur bei der privatärztlichen Leistungserbringungen wirkliche Freiheit. Der Privatpatient ist aus wirtschaftlicher Sicht daher deutlich attraktiver.[926] Wie die anschließende Analyse der strafrechtlich relevanten Konstellationen der Honorarvergütung gezeigt hat[927], geht bisweilen auch die Rechtsprechung strenger mit Abrechnungsmanipulationen von Vertragsärzten um als mit der missbräuchlichen Rechnungsbeeinflussung des Privatarztes. Die Ausweitung der streng formalen Betrachtungsweise auf den Bereich der PKV[928] lässt allerdings die Tendenz erkennen, dass auch der Bereich der privatärztlichen Leistungserbringung zunehmend kriminalisiert wird.

Nichtsdestoweniger ist der Schluss zu ziehen, dass nicht nur die klassische ökonomische Orientierung „Arm gegen Reich" zur Verstärkung der „Zweiklassenmedizin" führt, sondern auch die restriktiven und überkriminalisierenden Wirkungen des normativ geprägten gesetzlichen Gesundheitswesens die Vertragsärzte zunehmend in die Sphäre des Privatarztsektors treibt. Nicht nur finanzielle Anreize sorgen dafür, dass private Arztpraxen lukrativer sind, auch die geringere Wahrscheinlichkeit, in den Fokus der Strafverfolgungsbehörden zu geraten, trägt dazu bei, dass der Privatarztbereich attraktiver ist. Der Gesetzgeber ist daher aufgerufen, die kriminalitätsbezogenen Unterschiede zwischen den beiden Systemen dadurch zu nivellieren, dass der Bereich der vertragsärztlichen Leistungserbringung weiter entkriminalisiert und der Privatarztbereich nicht zunehmend kriminalisiert wird.

Dies kann durch folgende Zielvorgaben erreicht werden:

- Abbau der bürokratischen Überregulierungen,
- Verbesserung der materiellen Anreize für Vertragsärzte,
- Entkriminalisierung des Bereichs der Gesetzlichen Krankenversicherung, um die Abwanderung der fähigen Ärzte ins Privatarztsystem zu verhindern,
- Kriminalisierung dort, wo eindeutige Gesetzesverstöße vorhanden sind (Strafrecht muss *ultima ratio* bleiben).

926 *Ries/Schnieder u. a.*, Arztrecht, S. 1.

927 Zum Bereich der GKV siehe S. 95; zur PKV S. 167 in der vorliegenden Arbeit.

928 Siehe hierzu S. 181 in der vorliegenden Arbeit.

Ergebniszusammenfassung

Nach der Darstellung und Analyse der gängigen Strafbarkeitserwägungen im Vertragsarztbereich und privatärztlicher Liquidationsmanipulation sind folgende Ergebnisse festzuhalten:

(1) Für den Vertragsarzt bestehen bei der Durchführung seiner Abrechnungserklärung erhebliche Möglichkeiten, sich strafbar zu machen. Nicht nur bei der Abrechnung von völlig frei erfundenen Leistungen, sondern bereits beim Vorliegen formeller Unstimmigkeiten in der Abrechnung (Unwirtschaftlichkeit, Verstoß gegen das Gebot der persönlichen Leistungserbringung, keine Vertragsarztzulassung), begibt er sich aufgrund der aktuell vorherrschenden Rechtsauffassung des BGH in den Bereich strafrechtlich relevanten Verhaltens.

(2) Strafbegründend wirkt sich dabei die Anwendung der streng formalen Betrachtungsweise des Sozialversicherungsrechts aus, welche eine Schadenskompensation durch tatsächlich erbrachte Leistungen im Vertragsarztbereich generell ausschließt. Sie führt zu einer unzulässigen Ausweitung des Schadensbegriffs beim Tatbestand des Betruges. Sowohl aus dogmatischen als auch aus rechtsstaatlichen Erwägungen ist die streng formale Betrachtungsweise abzulehnen. Sie verstößt gegen das Verbot der Analogie und ist als unzulässiges Gewohnheitsrecht zu qualifizieren. Der Gesetzesanwender ist verpflichtet, die verfassungsrechtlichen Prinzipien der Strafgesetzlichkeit zu beachten und daher gehalten, in Zukunft auf die Anwendung dieser Rechtsfigur zu verzichten.

(3) Auch wenn der Bereich der privatärztlichen Leistungserbringung sich wesentlich von dem der Gesetzlichen Krankenversicherung unterscheidet, kann auch der privat liquidierende Arzt mit dem Strafrecht in Kontakt kommen. Insbesondere die Übertragung der durch höchstrichterliche Rechtsprechung gefestigten Strafbarkeitserwägungen aus dem Bereich der vertragsärztlichen Abrechnungsmanipulation auf den Sektor der PKV ist als unzulässig zu bewerten.

(4) Die chronische Unterfinanzierung des Gesundheitssektors und die veralteten und starren Regelungen der Abrechnungssysteme führen zu einer prekären Lage für die niedergelassenen Ärzte. Fehlverhalten im Gesundheitswesen ist ein gesellschaftliches Problem, welches strukturell und präventiv unter sorgfältiger Würdigung seiner Ursachen bekämpft werden sollte. Das Strafrecht kann hierzu allerdings nicht beitragen, da es ungeeignet ist, Fehlverhalten auszuschließen oder wesentlich zu minimieren. Wenn es zur Anwendung kommen sollte, dann lediglich als *ultima ratio* und in keinem Fall als *prima ratio*.

Literaturverzeichnis

Albrecht, Peter-Alexis, Die vergessene Freiheit, Strafrechtsprinzipien in der europäischen Sicherheitsdebatte, 3. Auflage, Berlin 2011.

Albrecht, Peter-Alexis, Entkriminalisierung als Gebot des Rechtsstaats, in: Kritische Vierteljahresschrift für Gesetzgebung und Rechtswissenschaft 1996, S. 330–339.

Albrecht, Peter-Alexis, Spezialprävention angesichts neuer Tätergruppen, in: Zeitschrift für die gesamte Strafrechtswissenschaft 1985, S. 831–870.

Albrecht, Peter-Alexis (u. a.), Strafrecht - ultima ratio. Empfehlungen der Niedersächsischen Kommission zur Reform des Strafrechts und des Strafverfahrensrechts, Baden-Baden 1992.

Albrecht, Peter-Alexis, Kriminologie, Eine Grundlegung zum Strafrecht, 4. Auflage, München 2010.

Albrecht, Tim Patrik, Abrechnungsbetrug in der Chefarztabrechnung: Die Grenzen der Privatliquidation aus Sicht des Strafrechts, Hamburg 2012.

Ambos, Kai, Der Anfang vom Ende der actio libera in causa?, in: Neue Juristische Wochenschrift 1997, S. 2296–2298.

Amelung, Knut, Rechtsgüterschutz und Schutz der Gesellschaft: Untersuchungen zum Inhalt und zum Anwendungsbereich eines Strafrechtsprinzips auf dogmengeschichtlicher Grundlage, Frankfurt am Main 1972.

Appel, Ivo, Verfassung und Strafe. Zu den verfassungsrechtlichen Grenzen staatlichen Strafens, Berlin 1998.

Ax, Thomas / Schneider, Matthias / Scheffen, Jacob, Rechtshandbuch Korruptionsbekämpfung, 2. Auflage, Berlin 2010 (zitiert als: Ax/Schneider/Scheffen, Rechtshandbuch Korruptionsbekämpfung).

Bach, Peter / Moser, Hans (Begr.), Private Krankenversicherung: PKV, Kommentar zu den §§ 192–208, 213 VVG, zu den MB/KK und MB/KT sowie zu weiteren Gesetzes- und Regelwerken in der privaten Krankenversicherung, 5. Auflage, München 2015 (zitiert als: *Bearbeiter*, in: Bach/Moser, Private Krankenversicherung).

Badle, Alexander, Betrug und Korruption im Gesundheitswesen - Ein Erfahrungsbericht aus der staatsanwaltschaftlichen Praxis, in: Neue Juristische Wochenschrift 2008, S. 1028–1033.

Badle, Alexander, Wie viel Strafrecht braucht der Gesundheitsmarkt?, Vortrag in Frankfurt am Main am 10.06.2014.

Badle, Alexander, § 299a StGB – Eine Prognose aus Sicht der Strafverfolgung, in: medstra - Zeitschrift für Medizinstrafrecht 2015, S. 139–142.

Beckemper, Katharina / Wegner, Carsten, Irrtum des Opfers beim Betrug, in: Neue Zeitschrift für Strafrecht 2003, S. 313–317.

Becker, Ulrich / Kingreen, Thorsten, SGB V, Recht des öffentlichen Gesundheitswesens, Textausgabe mit ausführlichem Sachverzeichnis und einer Einführung, 18. Auflage, München 2014.

Beckmann, Roland Michael / Matusche-Beckmann, Annemarie (Hrsg.), Versicherungsrechts-Handbuch, 3. Auflage, München 2015.

Bergmann, Karl Otto / Pauge, Burkhard / Steinmeyer, Heinz-Dietrich (Hrsg.), Gesamtes Medizinrecht, 2. Auflage, Baden-Baden 2014 (zitiert als: *Bearbeiter*, in: NK-MedR).

Bermel, Moritz, Banken und Pflichten, Moderne Bankmanager und traditionelles Strafrecht, Frankfurt am Main 2014.

Binding, Karl, Handbuch des Strafrechts, Leipzig 1885.

Binding, Karl, Lehrbuch des Gemeinen Deutschen Strafrechts, besonderer Teil, in zwei Bänden, Bd. 1, 1969 Aalen, Neudruck der 2. Auflage, Leipzig 1902.

Boetius, Jan, Private Krankenversicherung, Kommentar zum Recht der PKV (VVG, VAG, KalV, SGB, GG, Europarecht, Nebengesetze), München 2010.

Böhle, Ingo, Private Krankenversicherung (PKV) im Nationalsozialismus, Unternehmens- und sozialgeschichtliche Studie unter besonderer Berücksichtigung der Deutschen Krankenversicherung AG (DKV), Frankfurt am Main 2003.

Bott, Ingo / Krell, Paul, Der Grundsatz „nulla poena sine lege" im Lichte verfassungsgerichtlicher Entscheidungen, in: Zeitschrift für das Juristische Studium 2010, S. 694–700.

Böttger, Markus (Hrsg.), Wirtschaftsstrafrecht in der Praxis, 2. Auflage, Köln 2015 (zitiert als: *Bearbeiter*, in: Wirtschaftsstrafrecht in der Praxis).

Brand, Christian / Wostry, Thomas, Abrechnungsbetrug bei privatärztlichen Laborleistungen, in: Strafverteidiger 2012, S. 619–623.

Budde, Tanja Isabel, Der Anstellungsbetrug, Täuschungen des Bewerbers im Arbeitsrecht, Beamtenrecht und Strafrecht, Frankfurt am Main 2005.

Butenschön, Ines, Der Vertragsarzt zwischen Untreue und Betrug, Verordnung unwirtschaftlicher Medikamente und Vereinbarung von „Kick-backs" insbesondere zur Vermögensbetreuungspflicht von Vertragsärzten, Frankfurt am Main 2011.

Dann, Matthias, Privatärztlicher Abrechnungsbetrug und verfassungswidriger Schadensbegriff, in: Neue Juristische Wochenschrift 2012, S. 2001–2004.

Dannecker, Gerhard / Streng, Anne Franziska, Strafrechtliche Risiken der impliziten Rationierung medizinischer Leistungen, in: Medizinrecht 2011, S. 131–140.

Deutsch, Erwin / Spickhoff, Andreas, Medizinrecht, Arztrecht, Arzneimittelrecht, Medizinprodukterecht und Transfusionsrecht, 7. Auflage, Berlin (u. a.) 2014 (zitiert als: *Deutsch/Spickhoff*, Medizinrecht).

Dieners, Peter (Hrsg.), Handbuch Compliance im Gesundheitswesen, Kooperation von Ärzten, Industrie und Patienten, 3. Auflage, München 2010 (zitiert als: *Bearbeiter*, Handbuch Compliance im Gesundheitswesen).

Dieners, Peter, Niedergelassene Vertragsärzte als „Beauftragte der Krankenkassen"? – Von der Überdehnung eines Straftatbestandes, in: Pharma Recht 2010, S. 613–619.

Dieners, Peter, Die neuen Tatbestände zur Bekämpfung der Korruption im Gesundheitswesen, in: Pharma Recht 2015, S. 529–533.

Dörner, Heinrich / Schulze, Reiner (u. a.), Bürgerliches Gesetzbuch, Handkommentar, 8. Auflage, Baden-Baden 2014 (zitiert als: *Bearbeiter*, in: Dörner/Schulze, Bürgerliches Gesetzbuch),

Ehret, Susanne, Franz von Liszt und das Gesetzlichkeitsprinzip, Zugleich ein Beitrag wider die Gleichsetzung von Magna-charta-Formel und Nullum-crimen-Grundsatz, Frankfurt am Main 1996.

Eichenhofer, Eberhard, Sozialrecht, 9. Auflage, Tübingen 2015.

Eichenhofer, Eberhard / Wenner, Ulrich (Hrsg.), Kommentar zum Sozialgesetzbuch V, Köln 2013 (zitiert als: Eichenhofer/Wenner, Sozialgesetzbuch V).

Eidam, Lutz / Helmrich, Jan, Untreue durch Verzicht auf Schadensersatzforderungen gegen (ehemalige) Führungskräfte einer Aktiengesellschaft?, in: Zeitschrift für Wirtschaftsrecht 2011, S. 257–262.

Ellbogen, Klaus, Die Anzeigepflicht der Kassenärztlichen Vereinigungen nach § 81a IV SGB V und die Voraussetzungen der Strafvereitelung gemäß § 258 I StGB, in: Medizinrecht 2006, S. 457–461.

Ellbogen, Klaus / Wichmann, Richard, Zu Problemen des ärztlichen Abrechnungsbetruges, insbesondere der Schadensberechnung, in: Medizinrecht 2007, 10–16.

Elvers, Kurt, Die Bedeutung des Satzes: Nulla poena sine lege in seiner historischen Entwicklung, Berlin 1910.

Fege, Jürgen, Zur 750-jährigen Geschichte der Knappschaft, Ihre Bedeutung als „sozialer Pfadfinder" des modernen Sozialstaates, in: Ärzteblatt Sachsen 2012, S. 528–529.

Fehn, Karsten, Zur Straflosigkeit der Abrechnung von in einer Laborgemeinschaft erbrachten Speziallaboruntersuchungen, in: Medizinrecht 2014, S. 377–384.

Feltes, Thomas, Der staatliche Strafanspruch. Überlegungen zur Struktur, Begründung und Realisierung staatlichen Strafens, Eine Untersuchung im Zusammenhang mit der Sanktionsentwicklung in der Bundesrepublik Deutschland und der empirischen Bedeutung staatlichen Strafens, Holzkirchen 1991.

Feuerbach, Paul Johann Anselm von, Lehrbuch des gemeinen in Deutschland gültigen peinlichen Rechts, Nachdruck der 11. Auflage, Gießen 1832, Goldbach 1997.

Feuerbach, Paul Johann Anselm von, Revision der Grundsätze und Grundbegriffe des positiven peinlichen Rechts, Gießen, Wetzlar/Gießen 1808.

Fischer, Thomas, Strafgesetzbuch mit Nebengesetzen, 62. Auflage, München 2015.

Fornauf, Marc, Die Marginalisierung der Unabhängigkeit der Dritten Gewalt im System des Strafrechts, Frankfurt am Main 2010.

Fornauf, Marc, Die Unabhängigkeit der Dritten Gewalt im rechtsstaatlichen Strafrecht, Bedingungen fortschreitender Marginalisierung, in: Kritische Vierteljahresschrift für Gesetzgebung und Rechtswissenschaft 2013, S. 217–232.

Freitag, Daniela, Ärztlicher und zahnärztlicher Abrechnungsbetrug im deutschen Gesundheitswesen, Baden-Baden 2009.

Frisch, Wolfgang, Schuldgrundsatz und Verhältnismäßigkeitsgrundsatz, in: Neue Zeitschrift für Strafrecht 2013, S. 249–256.

Fröhlich, Sigrid, Die soziale Sicherung bei Zünften und Gesellenverbänden, Berlin 1976.

Fülbier, Andreas, Das Geldwäschegesetz, ein Überblick mit kritischen Anmerkungen, in: Deutsches Steuerrecht 1994, S. 827–831.

Gädik, Cornelia, Kein Sonderrecht für Ärzte – ein Einwurf aus Sicht der Ermittlungspraxis, in: medstra - Zeitschrift für Medizinstrafrecht (2015), S. 268–272.

Gaede, Karsten / Lindemann, Michael / Tsambikakis, Michael, Licht und Schatten – Die materiell-rechtlichen Vorschriften des Referentenentwurfs des BMJV zur Bekämpfung von Korruption im Gesundheitswesen, in: medstra - Zeitschrift für Medizinstrafrecht 2015, S. 142–154.

Gaidzik, Peter, Abrechnung und Verstoß gegen die Pflicht zur persönlichen Leistungserbringung, Betrug des Arztes gemäß § 263 StGB?, in: Zeitschrift für Wirtschafts- und Steuerstrafrecht 1998, S. 329–334.

Gaßner, Maximilian, Korruption im Gesundheitswesen, Definition, Ursachen, Lösungsansätze, in: Neue Zeitschrift für Strafrecht 2012, S. 521–525.

Gaßner, Maximilian / Strömer, Jens, Das Strafbarkeitsrisiko des Patienten bei Abrechungsmanipulationen seines Arztes, in: Neue Zeitschrift für Strafrecht 2013, S. 621–629.

Gercke, Björn / Leimenstoll, Ulrich, Abrechnung von Laborleistungen gegenüber Privatpatienten durch an Laborgemeinschaften beteiligte Ärzte – Abrechnungsbetrug?, in: Medizinrecht 2010, S. 695–700.

Gribbohm, Günter, Nationalsozialismus und Strafrechtspraxis – Versuch einer Bilanz, in: Neue Juristische Wochenschrift 1988, S. 2842–2849.

Grunst, Bettina, Zum Abrechnungsbetrug bei fehlender ordnungsgemäßer Zulassung zum Vertragsarzt, in: Neue Zeitschrift für Strafrecht 2004, S. 533–538.

Grünwald, Gerald, Bedeutung und Begründung des Satzes „nulla poena sine lege", in: Zeitschrift für die gesamte Strafrechtswissenschaft 1964, S. 1–18.

Günther, Hans-Ludwig, Die Genese eines Straftatbestandes. Eine Einführung in Fragen der Strafgesetzgebungslehre, in: Juristische Schulung 1978, S. 8–9.

Habermann, Norbert / Jacoby, Florian / Peters, Frank / Repgen, Tilman / Schilken, Eberhard (Hrsg.), Julius von Staudingers Kommentar zum Bürgerlichen Gesetzbuch, §§ 164 bis 240, (Allgemeiner Teil 5), Berlin 2014 (zitiert als: *Bearbeiter*, in: Staudinger, BGB).

Haft, Fritjof, Historische Fehlentscheidungen – Geburtsfehler des öffentlichrechtlichen Gesundheitswesens, in: GPK 2002, S. 34–40.

Haft, Fritjof, Reformbedarf beim System der gesetzlichen Sozialversicherung, in: Zeitschrift für Rechtspolitik 2002, S. 457–462.

Hancok, Heike, Abrechnungsbetrug durch Vertragsärzte, Baden-Baden 2006.

Hannich, Rolf (Hrsg.), Karlsruher Kommentar zur Strafprozessordnung: StPO, GVG, EGGVG und EMRK, 7. Auflage, München 2013 (zitiert als: *Bearbeiter*, in: KK-StPO).

Hassemer, Winfried, Prävention im Strafrecht, in: Juristische Schulung 1987, S. 257–266.

Hassemer, Winfried, Einführung in die Grundlagen des Strafrechts, 2. Auflage, München 1990.

Hauck, Karl (Begr.) / Noftz, Wolfgang (Hrsg.), Sozialgesetzbuch (SGB) V: Gesetzliche Krankenversicherung, Berlin 2015 (zitiert als: *Bearbeiter*, in: Hauck/Noftz, SGB V, Kommentar).

Hellmann, Uwe, Abrechnungsbetrug durch medizinisch indizierte Leistungen, in: Neue Zeitschrift für Strafrecht 1995, S. 232–233.

Hellmann, Uwe / Herffs, Harro, Der ärztliche Abrechnungsbetrug, Berlin/Heidelberg 2006.

Herffs, Harro, Der Abrechnungsbetrug des Vertragsarztes, Berlin/Heidelberg 2002.

Herzberg, Rolf Dietrich, Kritik der teleologischen Gesetzesauslegung, in: NEUE JURISTISCHE WOCHENSCHRIFT 1990, S. 2525–2530.

Hettinger, Michael, Zur Strafbarkeit der fahrlässigen actio libera in causa, in: GA 1989, S. 1–19.

Hobbes, Thomas, Leviathan (Reclam Ausgabe), Übersetzung ins Deutsche durch Jacob Peter Mayer, Stuttgart 1986.

Homann, Denise, Betrug in der gesetzlichen Krankenversicherung, Eine empirische Untersuchung über vermögensschädigendes Fehlverhalten zulasten der Solidargemeinschaft, Mönchengladbach 2009.

Jäger, Christian, Abrechnungsbetrug eines privatliquidierenden Arztes für nicht persönlich erbrachte Leistungen, in: Zeitschrift für Wirtschaftsstrafrecht und Haftung im Unternehmen 2012, S. 182–186.

Jahn, Matthias, Das Strafrecht des Staatsnotstandes; Die strafrechtlichen Rechtfertigungsgründe und ihr Verhältnis zu Eingriff und Intervention im Verfassungs- und Völkerrecht der Gegenwart, Frankfurt am Main 2004.

Jakobs, Günther, Strafrecht, Allgemeiner Teil, Die Grundlagen und die Zurechnungslehre: Lehrbuch, Berlin/New York 1983 (zitiert als: Jakobs, Strafrecht AT).

Jakobs, Günther, Strafrecht, Allgemeiner Teil, Die Grundlagen und die Zurechnungslehre; Lehrbuch, 2. Auflage, Berlin/New York 1993 (zitiert als: Jakobs, Strafrecht, Allgemeiner Teil).

Janda, Constanze, Medizinrecht, 2. Auflage, Konstanz/München 2012.

Jansen, Ralf / Merkens, Günther / Hammers, Alfred, Sozialversicherungskunde, Darmstadt 2005.

Janssen, Gerhard, Compliance – Die Einhaltung von Verhaltensregeln im Gesundheitsdienst, in: Rechtsdepesche für das Gesundheitswesen 2010, S. 116–122.

Jarass, Hans / Pieroth, Bodo, Grundgesetz für die Bundesrepublik Deutschland, Kommentar, 13. Auflage, München 2014 (zitiert als: Jarass/Pieroth, Grundgesetz Kommentar).

Jauernig, Othmar (Begr.) / Stürner, Rolf (Hrsg.), Bürgerliches Gesetzbuch, Kommentar, 16. Auflage, München 2015 (zitiert als: *Bearbeiter*, in: Jauernig, BGB).

Jescheck, Hans-Heinrich / Weigend, Thomas, Lehrbuch des Strafrechts, Allgemeiner Teil, 5. Auflage, Berlin 1996.

Joecks, Wolfgang / Miebach, Klaus (Hrsg.), Münchener Kommentar zum Strafgesetzbuch, Band 1: §§ 1 bis 37 StGB, München 2011 (zitiert als: *Bearbeiter*, in: MüKo-StGB).

Joecks, Wolfgang / Miebach, Klaus (Hrsg.), Münchener Kommentar zum Strafgesetzbuch, Band 5: §§ 263 bis 358 StGB, 2. Auflage, München 2014 (zitiert als: *Bearbeiter*, in: MüKo-StGB).

Jörg, Michael, Das neue Kassenarztrecht, Teilnahme an der vertragsärztlichen Versorgung, Rechte und Pflichten des Vertragsarztes, Vergütung und Wirtschaftlichkeitsprüfung, Organisation, Verfahren und Rechtsmittel, München 1993 (zitiert als: Jörg, Das neue Kassenarztrecht).

Kant, Immanuel, Die Metaphysik der Sitten, Werkausgabe Band VIII, Wilhelm Weischedel (Hrsg.), Wiesbaden 1977.

Kaufmann, Arthur, Das Schuldprinzip: Eine strafrechtlich-rechtsphilosophische Untersuchung, Heidelberg 1976.

Kaufmann, Arthur, Subsidiaritätsprinzip und Strafrecht in: Grundfragen der gesamten Strafrechtswissenschaft, Festschrift für Heinrich Henkel zum 70. Geburtstag, Claus Roxin (Hrsg.), Berlin 1974 (zitiert als: FS-Henkel).

Keller, Harald, Der Funktionswandel des Sachleistungsprinzips in der gesetzlichen Krankenversicherung, Eine Darstellung der historischen Entwicklung des Sachleistungsprinzips in der gesetzlichen Krankenversicherung, Frankfurt am Main 1997.

Kerber, Detlef, Stellen zur Bekämpfung von Fehlverhalten im Gesundheitswesen nach § 81 a SGB V, in: Brennpunkte des Wirtschaftsstrafrechts im Gesundheitswesen, Lindemann, Michael / Ratzel, Rudolf (Hrsg.), Baden-Baden 2010 (zitiert als: *Kerber*, in: Lindemann/Ratzel (Hrsg.), Brennpunkte des Wirtschaftsstrafrechts im Gesundheitswesen).

Kindhäuser, Urs, Strafrecht Allgemeiner Teil, 7. Auflage, Baden-Baden 2015 (zitiert als: Kindhäuser, Strafrecht AT).

Kindhäuser, Urs / Neumann, Ulfrid / Paeffgen, Hans-Ulrich (Hrsg.), Strafgesetzbuch, 4. Auflage, Baden-Baden 2013 (zitiert als: *Bearbeiter*, in: NK-StGB).

Kindhäuser, Urs, Täuschung und Wahrheitsanspruch beim Betrug, in: Zeitschrift für die gesamte Strafrechtswissenschaft 1991, S. 398–424.

Kirsch, Florian Alexander, Zur Geltung des Gesetzlichkeitsprinzips im Allgemeinen Teil des Strafgesetzbuchs, Berlin 2014.

Klötzer, Antje, Ist der niedergelassene Vertragsarzt tatsächlicher Täter der §§ 299, 331 StGB?, in: Neue Zeitschrift für Strafrecht 2008, S. 12–16.

Koch, Peter / Uleer, Christoph, Herausforderungen: Entwicklungslinien eines Versicherungszweiges von den Anfängen bis zur Gegenwart, Festschrift zum 50jährigen Bestehen des Verbandes der Privaten Krankenversicherung e.V., Köln 1997.

Kölbel, Ralf, Strafbarkeitsnahe vertragsärztliche Kooperationsformen, in: Neue Zeitschrift für Strafrecht 2011, S. 195–200.

Konzak, Olaf, Analogie im Verwaltungsrecht, in: NVwZ 1997, S. 872–873.

Körner, Anne / Leitherer, Stephan / Mutschler, Bernd (Hrsg.), Kasseler Kommentar Sozialversicherungsrecht, Loseblattsammlung, 84. Auflage, München 2014 (zitiert als: *Bearbeiter*, in: Kasseler Kommentar Sozialversicherungsrecht).

Krehl, Christoph, Die Bekämpfung von Korruption im Gesundheitswesen – eine Aufgabe für den Strafgesetzgeber, Vortrag vom 04.07.2014 in Frankfurt am Main (zitiert als: Krehl, Die Bekämpfung von Korruption im Gesundheitswesen – eine Aufgabe für den Strafgesetzgeber).

Krey, Volker, Keine Strafe ohne Gesetz, Einführung in die Dogmengeschichte des Satzes „nullum crimen, nulla poena sine lege", Berlin 1983.

Krey, Volker / Esser, Robert, Deutsches Strafrecht, Allgemeiner Teil, Studienbuch in systematischer-induktiver Darstellung, 4. Auflage, Stuttgart 2011.

Krüger, Matthias / Burgert, Vincent, Neues vom Straf- und Verfassungsrecht zum Abrechnungsbetrug und zur Vertragsarztuntreue, in: ZWG 2012, S. 213–256.

Kruse, Björn, Compliance und Rechtsstaat, Zur Freiheit von Selbstbelastung bei Internal Investigations, Frankfurt am Main 2014.

Kubella, Kathrin, Patientenrechtegesetz, Berlin/Heidelberg 2011.

Kühl, Ingo, Wirtschaftlichkeitsgebot und Vertragsarzt im Strafrecht, Eine Untersuchung unter besonderer Berücksichtigung der Arzneimittelversorgung, Berlin/Heidelberg 2014.

Kühne, Frank / Budde, Berthold, 100 Jahre Hand in Hand. 1907–2007; Die Geschichte der Signal Iduna Gruppe, Dortmund 2007.

Lackner, Karl / Kühl, Kristian, Strafgesetzbuch, Kommentar, 28. Auflage, München 2014 (zitiert als: *Bearbeiter*, in: L/K-StGB).

Larenz, Karl, Methodenlehre der Rechtswissenschaft, Berlin/New York 1992.

Laufs, Adolf, Die jüngere Entwicklung des Arztberufs im Spiegel des Rechts, in: Das Bild des Arztes im 21. Jahrhundert, Christian Katzenmeier / Klaus Bergdolt (Hrsg.), Berlin/Heidelberg 2009 (zitiert als: Laufs, in: Das Bild des Arztes im 21. Jahrhundert).

Laufs, Adolf / Kern, Bernd-Rüdiger (Hrsg), Handbuch des Arztrechts, München 2010 (zitiert als: Laufs/Kern, Handbuch des Arztrechts).

Laufs, Adolf (Begr.) / Katzenmeier, Christian / Lipp, Volker, Arztrecht, 7. Auflage, München 2015 (zitiert als: *Bearbeiter*, in: Laufs/Katzenmeier/Lipp, Arztrecht).

Leimenstoll, Ulrich, Vermögensbetreuungspflicht des Vertragsarztes bei der Verordnungstätigkeit?, Heidelberg 2012.

Lemmel, Hans-Peter, Unbestimmte Strafbarkeitsvoraussetzungen im besonderen Teil des Strafrechts und der Grundsatz nullum crimen sine lege, Berlin 1970.

Lencker, Theodor, Wertausfüllungsbedürftige Begriffe im Strafrecht und der Satz „nulla poena sine lege“, in: Juristische Schulung 1968, S. 249–310.

Lesch, Heiko H., Zur Einführung in das Strafrecht: Über den Sinn und Zweck staatlichen Strafens, in: Juristische Arbeitsblätter 1994, 1. Teil S. 510ff., 2. Teil S. 590ff.

Liszt, Franz von, Der Zweckgedanke im Strafrecht, Erik Wolf (Hrsg.), 2. Auflage, Freiburg 1948.

Lüderssen, Klaus, Die Zusammenarbeit von Medizinprodukte-Industrie, Krankenhäusern und Ärzten, Strafbare Kollusion oder sinnvolle Kooperation, Stuttgart 1998.

Luig, Caspar, Vertragsärztlicher Abrechnungsbetrug und Schadensbestimmung, Zur streng formalen Betrachtungsweise des Sozialrechts im Strafrecht, Frankfurt am Main 2009.

Meier, Bernd-Dieter, Strafrechtliche Sanktionen, 4. Auflage, Hannover 2014.

Meyer, Fritz, Problemfall: Holzsplitter im Handgelenk, Eine Kasuistik aus dem Alltag einer Hausarztpraxis, in: Schweizer Zeitschrift für Hausarztmedizin 2004, S. 459–461.

Montgomery, Frank Ulrich / Brauer, Daniel u. a., Das Patientenrechtegesetz aus Sicht der Ärzteschaft, in: Medizinrecht 2013, S. 149–153.

Mosfer, Ali, Fragilitäten des Rechtsstaates seit dem 11. September 2001 im Spiegel der Rechtsprechung des Bundesverfassungsgerichts, Frankfurt am Main 2015.

Müller, Eckhart / Schlothauer, Reinhold (Hrsg.), Münchener Anwalts-Handbuch Strafverteidigung, 2. Auflage, München/Bremen 2014 (zitiert als: *Bearbeiter*, in: MAH Strafverteidigung).

Naucke, Wolfgang, Ausnutzen einer Fehlbuchung kein Betrug durch Unterlassen, in: Neue Juristische Wochenschrift 1994, S. 2809–2811.

Naucke, Wolfgang, Die Kriminalpolitik des Marburger Programms, in: Zeitschrift für die gesamte Strafrechtswissenschaft 1982, S. 525–564.

Naucke, Wolfgang, Kant und die psychologische Zwangstheorie Feuerbachs, Hamburg 1962.

Naucke, Wolfgang, Strafrecht – Eine Einführung, 10. Auflage, Neuwied 2002.

Naucke, Wolfgang, Über Generalklauseln und Rechtsanwendung im Strafrecht [Vortrag auf einer Tagung der Richterakademie in Bad Teinach am 11.10.1972], Tübingen 1973.

Naucke, Wolfgang, Zur Lehre vom strafbaren Betrug, Berlin 1964.

Nestler, Nina, Phänomenologie der Wirtschaftskriminalität im Gesundheitswesen, in: JuristenZeitung 2009, S. 984–991.

Neupert, Michael, Risiken und Nebenwirkungen: Sind niedergelassene Vertragsärzte Amtsträger im strafrechtlichen Sinne?, in: Neue Juristische Wochenschrift 2006, S. 2811–2814.

Palandt, Otto (Begr.), Bürgerliches Gesetzbuch, 74. Auflage, München 2015.

Peikert, Peter, Persönliche Leistungseringungspflicht, in: Medizinrecht 2000, S. 352–358.

Plagemann, Hermann (Hrsg.), Münchener Anwaltshandbuch Sozialrecht, 4. Auflage, Frankfurt am Main 2013 (zitiert als: *Bearbeiter*, in: Münchener Anwaltshandbuch Sozialrecht).

Pragal, Oliver, Die Korruption innerhalb des privaten Sektors und ihre strafrechtliche Kontrolle durch § 299 StGB, Erscheinungsformen, Rechtsgut, Tatbestandsauslegung und ein Reformvorschlag, Köln/München (u. a.) 2006.

Pragal, Oliver, Das Pharma-„Marketing" um die niedergelassenen Kassenärzte: „Beauftragtenbestechung" gemäß § 299 StGB!, in: Neue Zeitschrift für Strafrecht 2005, S. 133–136.

Prittwitz, Cornelius, Funktionalisierung des Strafrechts, in: Kritische Vierteljahresschrift für Gesetzgebung und Rechtswissenschaft 1991, S. 435–441.

Quaas, Michael / Zuck, Rüdiger / Clemens, Thomas, Medizinrecht, 3. Auflage, Stuttgart 2014 (zitiert als: Quaas/Zuck u. a., Medizinrecht).

Ratzel, Rudolf / Luxenburger, Bernd (Hrsg.), Handbuch Medizinrecht, 3. Auflage, Bonn 2015 (zitiert als: *Ratzel/Luxenburger*, Handbuch Medizinrecht).

Reese, Ulrich, Vertragsärzte und Apotheker als Straftäter? – eine strafrechtliche Bewertung des „Pharma-Marketings", in: Pharma Recht 2006, S. 92–100.

Rengier, Rudolf, Strafrecht Allgemeiner Teil, 6. Auflage, Konstanz 2014.

Ries, Hans-Peter / Schnieder, Karl-Heinz / Papendorf, Björn / Grossbölting, Ralf, Arztrecht, Praxishandbuch für Mediziner, 3. Auflage, Berlin/Heidelberg 2012 (zitiert als: Ries/Schnieder u. a., Arztrecht).

Rixen, Stephan, Die Stellen zur Bekämpfung von Fehlverhalten im Gesundheitswesen, in: Zeitschrift für sozialrechtliche Praxis 2005, S. 131–135.

Roxin, Claus, Sinn und Grenzen staatlicher Strafe, in: Juristische Schulung 1966, S. 377–387.

Roxin, Claus, Strafrecht, Allgemeiner Teil, Band I: Grundlagen. Der Aufbau der Verbrechenslehre, 4. Auflage, München 2006 (zitiert als: Roxin, Strafrecht AT).

Roxin, Claus / Schroth, Ulrich (Hrsg.), Handbuch des Medizinstrafrechts, 4. Auflage, Stuttgart 2010.

Rübsamen, Kathrin, Rechtliche Grenzen der Kooperationen zwischen Medizinprodukteindustrie und medizinischen Einrichtungen, in: Medizinrecht 2014, S. 152–157.

Rüping, Hinrich, Blankettnormen als Zeitgesetze, in: Neue Zeitschrift für Strafrecht 1984, S. 450–451.

Rzepka, Dorothea, Zur Fairness im deutschen Strafverfahren, Frankfurt am Main 2000.

Sahan, Oliver, Ist der Vertragsarzt tauglicher Täter der Bestechlichkeit im geschäftlichen Verkehr gemäß § 299 Abs. 1 StGB?, in: Zeitschrift für Internationale Strafrechtsdogmatik 2007, S. 69–74.

Salger, Hannskarl / Mutzbauer, Norbert, Die actio libera in causa – eine rechtswidrige Rechtsfigur, in: Neue Zeitschrift für Strafrecht 1993, S. 561–565.

Salinger, Frank, Juristischer und wirtschaftlicher Schaden, in: Online-Zeitschrift für Höchstrichterliche Rechtsprechung im Strafrecht 2012, S. 363–368.

Saueressig, Christian, Die Auslegung von Gesetzen: Eine Einführung, in: Juristische Ausbildung 2005, S. 525–532.

Schlosser, Philipp, Vorteilsannahme und rechtfertigende Genehmigung nach § 331 Abs. 3 StGB in der Praxis der Klinikverwaltung, in: Medizinrecht 2011, S. 623–628.

Schmidhäuser, Eberhard, Die actio libera in causa, ein symptomatisches Problem der deutschen Strafrechtswissenschaft, Hamburg 1992.

Schmitt, Carl, Nationalsozialismus und Rechtsstaat, in: Juristische Wochenschrift 1934, S. 713–718.

Schmitt-Homann, Lothar, Abrechnung bei Privatpatienten, in: Zeitschrift für Rechtspolitik 2001, S. 485–487.

Schnapp, Friedrich, Anzeigepflicht der Krankenkassen und Kassenärztlichen Vereinigungen beim Verdacht auf sogenannten Abrechnungsbetrug?, in: Neue Juristische Wochenschrift 1988, S. 738–741.

Schnapp, Friedrich, Ein weiter Weg und viele Schritte, in: ZM 2005, S. 34–42.

Schnapp, Friedrich, Die strafrechtliche Neujustierung der Stellung des Vertragsarztes, in: GesR 2012, S. 705–714.

Schnapp, Friedrich / Düring, Ruth, Die Rechtsbeziehung zwischen Kassenarzt und sozialversichertem Patienten nach dem Gesundheits-Reformgesetz, in: Neue Juristische Wochenschrift 1988, S. 2913–2917.

Schnapp, Friedrich / Wigge, Peter, Handbuch des Vertragsarztrechts, Das gesamte Kassenarztrecht, 2. Auflage, München 2006.

Schneider, Hendrick, Sonderstrafrecht für Ärzte?, Eine kritische Analyse der jüngsten Gesetzentwürfe zur Bestrafung der „Ärztekorruption“, in: Online-Zeitschrift für Höchstrichterliche Rechtsprechung im Strafrecht 2013, S. 473–480.

Schneider, Hendrick, Strafrechtliche Grenzen des Pharmamarketings, Zur Strafbarkeit der Annahme umsatzbezogener materieller Zuwendungen durch niedergelassene Vertragsärzte, in: Online-Zeitschrift für Höchstrichterliche Rechtsprechung im Strafrecht 2010, S. 241–247.

Schneider, Hendrick / Gottschaldt, Peter, Offene Grundsatzfragen der strafrechtlichen Verantwortlichkeit von Compliance-Beauftragten in Unternehmen, in: Zeitschrift für Internationale Strafrechtsdogmatik 2011, S. 573–577.

Schöbener, Burkhard / Knauff, Matthias, Allgemeine Staatslehre, 2. Auflage, München 2013.

Schönke, Adolf / Schröder, Horst, Strafgesetzbuch Kommentar, 29. Auflage, München 2014 (zitiert als: *Bearbeiter*, in Schönke/Schröder StGB).

Schreiber, Hans-Ludwig, Gesetz und Richter, Zur geschichtlichen Entwicklung des Satzes nullum crimen, nulla poena sine lege, Frankfurt am Main 1976.

Schröder, Kathrin / Lilie, Astrid, Niedergelassener Vertragsarzt ist weder Amtsträger noch Beauftragter, in: Fachdienst Strafrecht 2012, 333999.

Schubert, Manuel, Abrechnungsbetrug bei Privatpatienten, in: Zeitschrift für Rechtspolitik 2001, S. 154–159.

Schünemann, Bernd, Nulla poena sine lege?, Rechtstheoretische und verfassungsrechtliche Implikationen der Rechtsgewinnung im Strafrecht, Berlin 1978.

Singelnstein, Tobias, Vermögensschaden trotz fachgerechter Leistung?, in: Zeitschrift für Wirtschafts- und Steuerstrafrecht 2012, S. 417–422.

Sodan, Helge (Hrsg.), Handbuch des Krankenversicherungsrechts, 2. Auflage, Berlin 2014.

Spickhoff, Andreas (Hrsg.), Medizinrecht, 2. Auflage, Göttingen 2014 (zitiert als: *Bearbeiter*, in: Spickhoff, Medizinrecht).

Stein, Ulrich, Betrug durch vertragsärztliche Tätigkeit in unzulässigem Beschäftigungsverhältnis?, in: Medizinrecht 2001, S. 124–131.

Steinhilper, Gernot (Hrsg.), Arzt und Abrechnungsbetrug, Heidelberg 1988.

Steinhilper, Gernot, Die Plausibilitätsprüfung nach neuem Recht, (§ 106a SGB V), in: Medizinrecht 2004, S. 597–600.

Steinhilper, Gernot, Stellen zur Bekämpfung von Fehlverhalten im Gesundheitswesen – Zur Auslegung des § 81a SGB V, in: Medizinrecht 2005, S. 131–134.

Steinhilper, Gernot, „Kriminogene" Normgebung oder mangelnde Kontrolle? – Kriminalpolitische Überlegungen zur Eindämmung ärztlichen Abrechnungsbetruges, in: Kriminalpolitik und ihre wissenschaftlichen Grundlagen, Festschrift für Professor Dr. Hans-Dieter Schwind zum 70. Geburtstag, Thomas Feltes (Hrsg.), Heidelberg 2006.

Stolleis, Michael, Geschichte des Sozialrechts in Deutschland, Ein Grundriss, Frankfurt am Main 2003.

Taschke, Jürgen, Die Strafbarkeit des Vertragsarztes bei der Verordnung von Rezepten, in: Strafverteidiger 2005, S. 406–411.

Taschke, Jürgen, Untreue bei der Verschreibung von Hilfsmitteln, in: Zeitschrift für das gesamte Medizinprodukterecht 2012, S. 189–191.

Taschke, Jürgen / Zapf, Daniel, §§ 299a, 299b StGB-E – Folgen für die Kooperation zwischen Pharmaunternehmen und Medizinprodukteherstellern mit niedergelassenen Ärzten, in: medstra - Zeitschrift für Medizinstrafrecht 2015, S. 332–337.

Terbille, Michael / Clausen, Tilmann / Schroeder-Printzen, Jörn, Münchener Anwaltshandbuch Medizinrecht, 2. Auflage, München 2013 (zitiert als: MAH MedR).

Transparency International – Deutschland e. V., Transparenzmängel, Korruption und Betrug im deutschen Gesundheitswesen, Kontrolle und Prävention als gesellschaftliche Aufgabe, 5. Auflage, Berlin 2008.

Uleer, Christoph / Miebach, Jürgen / Patt, Joachim, Abrechnung von Arzt- und Krankenhausleistungen, Kommentar, 3. Auflage, Köln 2006.

Ulsenheimer, Klaus, Der Vertragsarzt als Sachwalter der Vermögensinteressen der gesetzlichen Krankenkassen?, in: Medizinrecht 2005, S. 622–628.

Ulsenheimer, Klaus, Drittmittelwerbung und Strafrecht – Stand der Rechtsprechung, in: Der Internist 2007, S. 833–836.

Ulsenheimer, Klaus, Arztstrafrecht in der Praxis, 5. Auflage, München 2015.

Volk, Klaus, Zum Schaden beim Abrechnungsbetrug – Das Verhältnis von Strafrecht und Sozialversicherungsrecht, in: Neue Juristische Wochenschrift 2000, S. 3385–3389.

Walter, Tonio, Einführung in das Strafrecht, in: Juristische Arbeitsblätter 2013, S. 727–733.

Walter, Ute, Das neue Patientenrechtegesetz, Praxishinweise für Ärzte, Krankenhäuser und Patienten, München 2013.

Waltermann, Raimund, Sozialrecht, 11. Auflage, Bonn 2014.

Wannagat, Georg / Eichenhofer, Eberhard, Kommentar zum Recht des Sozialgesetzbuchs, SGB V, Gesetzliche Krankenversicherung, Loseblattsammlung, Köln 2007.

Wassenburg, Klaus, Rechtsprechungsübersicht zum Arztstrafrecht - Januar 1997 bis Mai 2002, in: Neue Zeitschrift für Strafrecht 2003, S. 353–363.

Weber, Ulrich / Mitsch, Wolfgang / Baumann, Jürgen, Strafrecht Allgemeiner Teil, Lehrbuch, 11. Auflage, Bielefeld 2003.

Welke, Wanja, Zulässigkeit von Durchsuchungen in Arztpraxen, in: Medizinrecht 2008, S. 732–734.

Welke, Wanja, Zur Betrugsstrafbarkeit von Verantwortlichen ambulanter Pflegeeinrichtungen, Zugleich ein weiterer Beitrag zur Bestimmung des Vermögensschadens im Bereich der Vermögensdelikte unter Anwendung der streng-formalen Betrachtungsweise des Sozialversicherungsrechts, in: GuP 2011, S. 139–149.

Welzel, Hans, Das deutsche Strafrecht, Eine systematische Darstellung, Berlin 1969.

Wenner, Ulrich, Das Vertragsarztrecht nach der Gesundheitsreform, München 2008.

Wessels, Johannes / Beulke, Werner / Satzger, Helmut, Strafrecht, Allgemeiner Teil, Die Straftat und ihr Aufbau, 45. Auflage, Heidelberg 2015 (zitiert als: Wessels/Beulke/Satzger, Strafrecht AT).

Wessels, Johannes / Hillenkamp, Thomas, Strafrecht, Besonderer Teil 2, Straftaten gegen Vermögenswerte, 38. Auflage, Heidelberg/Münster 2015 (zitiert als: Wessels/Hillenkamp, Strafrecht BT 2).

Wienke, Albrecht / Janke, Kathrin, Der Arzt im Wirtschaftsstrafrecht, Abkehr von unerwünschten und unerwarteten Strafbarkeitsrisiken in der vertragsärztlichen Berufsausübung, Köln 2011.

Willoweit, Dietmar, Reich und Staat, Eine kleine deutsche Verfassungsgeschichte, München 2013.

Internetquellen und Presseinformationen (Stand: 12.12.2015)

Zentralstelle zur Bekämpfung von Vermögensstraftaten und Korruption im Gesundheitswesen, Presseinformation, Stand: Mai 2014.

AOK Baden-Württemberg, Vereinbarung über die vertragsärztliche Verordnung von Sprechstundenbedarf zwischen der KV BW und der AOK BW, http://www.aok-gesundheitspartner.de/imperia/md/gpp/bw/apotheke/vertraege/bw_apo_ssb_010114.pdf.

Bundesärztekammer, Ergebnisse der Ärztestatistik zum 31. Dezember 2014, http://www.bundesaerztekammer.de/fileadmin/user_upload/downloads/pdf-Ordner/Statistik2014/Stat14AbbTab.pdf.

Bundesärztekammer, Stellungnahme der Bundesärztekammer zum Referentenentwurf des Bundesministeriums der Justiz und für Verbraucherschutz (BMJV) Entwurf eines Gesetzes zur Bekämpfung von Korruption im Gesundheitswesen vom 04.02.2015, 2015, http://www.bundesaerztekammer.de/

fileadmin/user_upload/downloads/SN_BAeK_GE_BMJV_Korruption_im_GW.pdf.

Bundesärztekammer und Kassenärztliche Bundesvereinigung, Stellungnahme zur persönlichen Leistungserbringung, Möglichkeiten und Grenzen der Delegation ärztlicher Leistungen, http://www.bundesaerztekammer.de/fileadmin/user_upload/downloads/Empfehlungen_Persoenliche_Leistungserbringung.pdf.

Bundesministerium für Gesundheit, Daten des Gesundheitswesens 2013, https://www.bundesgesundheitsministerium.de/fileadmin/dateien/Publikationen/Gesundheit/Broschueren/Daten_des_Gesundheitswesens_2013.pdf.

Bundesministerium für Gesundheit, Gesetzliche Krankenversicherung Mitglieder, mitversicherte Angehörige und Krankenstand, Monatswerte Januar 2015, http://www.bmg.bund.de/fileadmin/dateien/Downloads/Statistiken/GKV/Mitglieder_Versicherte/KM1_Januar_2015.pdf.

Bundesministeriums der Justiz und für Verbraucherschutz, Entwurf eines Gesetzes zur Bekämpfung von Korruption im Gesundheitswesen, http://www.bmjv.de/SharedDocs/Downloads/DE/pdfs/Gesetze/RefE_Bekaempfung_Korruption_Gesundheitswesen.pdf?__blob=publicationFile.

Deutscher Richterbund, Stellungnahme zum Referentenentwurf des Bundesministeriums der Justiz und für Verbraucherschutz zur Bekämpfung von Korruption im Gesundheitswesen, http://www.medstra-online.de/pdf/DRB-Stellungnahme.pdf.

European Healthcare Fraud & Corruption Network, Study on Corruption in the Healthcare Sector 2015, http://ec.europa.eu/dgs/home-affairs/what-is-new/news/news/docs/20131219_study_on_corruption_in_the_healthcare_sector_en.pdf.

Freese, Ulrich, Die Knappschaft als sozialer Pfadfinder, 750 Jahre Knappschaft – Soziale Verantwortung zu jeder Zeit, http://www.750jahre.info/750/DE/Navi/Mediathek/Texte/6_textversion_brosch.pdf.

GKV-Spitzenverband, Fehlverhalten im Gesundheitswesen, Pressemeldung, http://www.gkv-spitzenverband.de/presse/themen/ fehlverhalten_im_gesundheitswesen_1/ thema_fehlverhalten_1.jsp.

Hartmannbund, Stellungnahme des Hartmannbundes zum Entwurf eines Gesetzes zur Bekämpfung von Korruption im Gesundheitswesen, Pressemeldung aus 2015, http://www.hartmannbund.de/uploads/Downloads/2015-03-27_HB-Stellungnahme-Antikorruption.pdf.

Kassenärztliche Bundesvereinigung, Praxiswissen: Das Versorgungsstrukturgesetz, https://www.kvberlin.de/20praxis/70themen/gkv_vsg/.

Kassenärztliche Bundesvereinigung, Richtlinien gemäß § 106 a SGB V, http://www.kbv.de/media/sp/Richtlinien__106a__SGB_V_Plausibilitaetspruefung.pdf.

Kassenärztliche Bundesvereinigung, Honorarbericht für das dritte Quartal 2012, Zahlen und Fakten, http://www.kbv.de/media/sp/2013_09_30_Honorarbericht_3Q2012.pdf.

Kassenärztliche Bundesvereinigung, Statistische Informationen aus dem Bundesarztregister, Bundesgebiet insgesamt, http://www.kbv.de/media/sp/2014_12_31.pdf.

Kassenärztliche Bundesvereinigung, Stellungnahme der Kassenärztlichen Bundesvereinigung vom 9. April 2015, zum Referentenentwurf eines Gesetzes zur Bekämpfung von Korruption im Gesundheitswesen, http://www.kbv.de/media/sp/2015_04_08_KBV_Stellungnahme_Korruption.pdf.

Kassenärztliche Vereinigung Bayern, Informationen zur Privatliquidation bei GKV-Versicherten mit IGeL-Liste, https://www.kvb.de/fileadmin/kvb/dokumente/Praxis/Infomaterial/AbrechnungHonorar/KVB-Broschuere-Privatliquidation-bei-GKV-Versicherten.pdf.

Kassenärztliche Vereinigung Hessen, Honorarverteilungsmaßstab 2015, http://www.kvhessen.de/fileadmin/media/documents/HVM_2015_Ergaenzungen_ab_01_01_2015.pdf.

–, Satzung der Kassenärztlichen Vereinigung Hessen, http://www.kvhessen.de/fileadmin/media/documents/Mitglieder/Recht_und_Vertrag/KV/KVH_Satzung-12_05_2012-infodoc-4_2012.pdf.

Kriedel, Thomas, Gesamtvertrag und Gesamtvergütung, http://www.kbv.de/media/sp/2014_11_20_Fortbildungsheft_6_webVersion.pdf.

Neumann, Karsten / Gierlling, Patrick / Albrecht, Martin, / Dietzel, Jean / Wolfschütz, Alina, Reform der ärztlichen Vergütung im ambulanten Sektor, Prüfung der Machbarkeit, Abschlussbericht für die Techniker Krankenkasse, IGES Institut 2014, http://www.tk.de/centaurus/servlet/contentblob/651344/Datei/124613/Langfassung_IGES_Gutachten_Aerztliche_Verguetung_Juni2014.pdf.

Schütte, Michael, Management im ambulanten Sektor des Gesundheitswesens, Arbeitspapier Nr. 23, https://www.fom.de/fileadmin/fom/downloads/forschungsberichte/arbeitspapiere/AP_23.pdf.

Schneider, Hendrik, Rechtsgutachten zu dem „Entwurf eines Gesetzes zur Bekämpfung von Korruption im Gesundheitswesen" des Bundesministeriums der Justiz und für Verbraucherschutz, http://www.boemke-partner.de/index.php/sonstiges.html?file=tl_files/boemke-partner/media/download/Sonstiges/Gutachten%20Prof.%20Dr.%20Schneider%20%C2%A7%20299a%20StGB.pdf.

Verband der Ersatzkassen, Basisdaten des Gesundheitswesens 2014, http://www.vdek.com/presse/daten/_jcr_content/par/download/file.res/vdek_basisdaten_des_gesundheitswesens_2014_2015.pdf.

Verband der Privaten Krankenversicherung e. V., Zahlenbericht der Privaten Krankenversicherung 2013, https://www.pkv.de/service/zahlen-und-fakten/archiv-pkv-zahlenbericht/zahlenbericht-2013.pdf.

Zok, Klaus, Private Zusatzleistungen in der Arztpraxis, Ergebnisse einer bundesweiten Repräsentativ-Umfrage unter gesetzlich Versicherten, http://www.wido.de/fileadmin/wido/downloads/pdf_wido_monitor/wido_mon_ausg1_2015_0515.pdf.

FRANKFURTER KRIMINALWISSENSCHAFTLICHE STUDIEN

Band 1 Peter Böning: Die Lehre vom Unrechtsbewußtsein in der Rechtsphilosophie Hegels. 100 S., 1978.

Band 2 Wolfgang Schneider: Kriminelle Straßenverkehrsgefährdung (§ 315c Abs. 1 Ziff. 2, Abs. 3 StGB). Eine kriminologische und strafrechtliche Untersuchung zur Problematik dieser Verkehrsstraftaten unter Berücksichtigung ausländischer Rechte. 342 S., 1978.

Band 3 Lothar Kuhlen: Die Objektivität von Rechtsnormen. Zur Kritik des radikalen labeling approach in der Kriminalsoziologie. 178 S., 1978.

Band 4 Günther Grewe: Straßenverkehrsdelinquenz und Marginalität. Untersuchungen zur institutionellen Regelung von Verhalten. 148 S., 1978.

Band 5 Dieter Haberstroh: Strafverfahren und Resozialisierung. Eine Studie über Verstehen und Nicht-Verstehen, über Verstanden-Werden und Nicht-Verstanden-Werden und deren Bedingungen in der Hauptverhandlung. 202 S., 1979.

Band 6 Thomas Vogt: Die Forderungen der psychoanalytischen Schulrichtungen für die Interpretation der Merkmale der Schuldunfähigkeit und der verminderten Schuldfähigkeit (§§ 51 a.F., 20, 21 StGB). 182 S., 1979.

Band 7 Andreas Michael: Der Grundsatz in dubio pro reo im Strafverfahrensrecht. Zugleich ein Beitrag über das Verhältnis von materiellem Recht und Prozeßrecht. 214 S., 1981.

Band 8 Ilias G. Anagnostopoulos: Haftgründe der Tatschwere und der Wiederholungsgefahr (§§ 112 Abs. 3, 112 a StPO). Kriminalpolitische und rechtssystematische Aspekte der Ausweitung des Haftrechts. 1984.

Band 9 Helga Müller: Der Begriff der Generalprävention im 19. Jahrhundert. Von P.J.A. Feuerbach bis Franz v. Liszt. 1984.

Band 10 Frowin Jörg Kurth: Das Mitverschulden des Opfers beim Betrug. 1984.

Band 11 Martin J. Worms: Die Bekenntnisbeschimpfung im Sinne des § 166 Abs. 1 StGB und die Lehre vom Rechtsgut. 1984.

Band 12 Jong-Dae Bae: Der Grundsatz der Verhältnismäßigkeit im Maßregelrecht des StGB. 1985.

Band 13 Helmut Fünfsinn: Der Aufbau des fahrlässigen Verletzungsdelikts durch Unterlassen im Strafrecht. 1985.

Band 14 Christoph Krehl: Die Ermittlung der Tatsachengrundlage zur Bemessung der Tagessatzhöhe bei der Geldstrafe. 1985.

Band 15 Walter-Hermann Kiehl: Strafrechtliche Toleranz wechselseitiger Ehrverletzungen - Zur ratio legis der §§ 199, 233 Strafgesetzbuch -. 1986.

Band 16 Matthias Krahl: Die Rechtsprechung des Bundesverfassungsgerichts und des Bundesgerichtshof zum Bestimmtheitsgrundsatz im Strafrecht (Art. 103 Abs. 2 GG). 1986.

Band 17 Patrick Carroll Campbell: § 220a StGB. Der richtige Weg zur Verhütung und Bestrafung von Genozid? 1986.

Band 18 Winfried Hassemer (Hrsg.): Strafrechtspolitik. Bedingungen der Strafrechtsreform. 1987.

Band 19 Felix Herzog: Prävention des Unrechts oder Manifestation des Rechts. Bausteine zur Überwindung des heteronom-präventiven Denkens in der Strafrechtstheorie der Moderne. 1987.

Band 20 Astrid Michalke-Detmering: Die Mindestanforderungen an die rechtliche Begründung des erstinstanzlichen Strafurteils. Zur Auslegung des § 267 StPO. 1987.

Band 21 Lothar Kuhlen: Die Unterscheidung von vorsatzausschließendem und nichtvorsatzausschließendem Irrtum. 1987.

Band 22 Michael Buttel: Kritik der Figur des Aufklärungsgehilfen im Betäubungsmittelstrafrecht (§ 31 BtMG). 1988.

Band 23 Matthias Kögler: Die zeitliche Unbestimmtheit freiheitsentziehender Sanktionen des Strafrechts. Eine vergleichende Untersuchung zur Rechtslage und Strafvollstreckungspraxis in der Bundesrepublik Deutschland und den USA. 1988.

Band 24 Klaus Lüderssen / Cornelius Nestler-Tremel / E wa Weigend(Hrsg.): Modernes Strafrecht und ultima-ratio-Prinzip. 1990.

Band 25 Jürgen Taschke: Die behördliche Zurückhaltung von Beweismitteln im Strafprozeß. 1989.

Band 26 Daniela Westphalen: Karl Binding (1841-1920). Materialien zur Biographie eines Strafrechtsgelehrten. 1989.

Band 27 Sigrid Jans: Die Aushöhlung des Klageerzwingungsverfahrens. 1990.

Band 28 Dimitris Spirakos: Folter als Problem des Strafrechts. Kriminologische, kriminalsoziologische und (straf-)rechtsdogmatische Aspekte unter besonderer Berücksichtigung der Folterschutzkonvention und der Pönalisierung der Folter in Griechenland. 1990.

Band 29 Stephan Moll: Strafrechtliche Aspekte der Behandlung Opiatabhängiger mit Methadon und Codein. 1990.

Band 30 Stefan Werner: Wirtschaftsordnung und Wirtschaftsstrafrecht im Nationalsozialismus. 1991.

Band 31 Xanthi Bassakou: Beiträge zur Analyse und Reform des Absehens von Strafe nach § 60 StGB. 1991.

Band 32 Rainer Runte: Die Veränderung von Rechtfertigungsgründen durch Rechtsprechung und Lehre. Moderne Strafrechtsdogmatik zwischen Rechtsstaatsprinzip und Kriminalpolitik. 1991.

Band 33 Olaf Hohmann: Das Rechtsgut der Umweltdelikte. Grenzen des strafrechtlichen Umweltschutzes. 1991.

Band 34 Klaus Jochen Müller: Das Strafbefehlsverfahren (§§ 407 ff. StPO). Eine dogmatisch-kriminalpolitische Studie zu dieser Form des schriftlichen Verfahrens unter besonderer Berücksichtigung der geschichtlichen Entwicklung – zugleich ein Beitrag zum StVÄG 1987. 1993.

Band 35 Sang-Don Yi: Wortlautgrenze, Intersubjektivität und Kontexteinbettung. Das strafrechtliche Analogieverbot. 1991.

Band 36 Birgit Malsack: Die Stellung der Verteidigung im reformierten Strafprozeß. Eine rechtshistorische Studie anhand der Schriften von C. J. A. Mittermaier. 1992.

Band 37 Rüdiger Schäfer: Die Privilegierung des "freiwillig-positiven" Verhaltens des Delinquenten nach formell vollendeter Straftat. Zugleich ein Beitrag zum Grundgedanken des Rücktritts vom Versuch und zu den Straftheorien. 1992.

Band 38 Cornelius Nestler-Tremel: AIDS und Strafzumessung. 1992.

Band 39 Christine Gutmann: Freiwilligkeit und (Sozio-)Therapie – notwendige Verknüpfung oder Widerspruch? 1993.

Band 40 Walter Kargl: Der strafrechtliche Vorsatz auf der Basis der kognitiven Handlungstheorie. 1993.

Band 41 Jürgen Rath: Zur strafrechtlichen Behandlung der aberratio ictus und des error in objecto des Täters. 1993.

Band 42 Martin Fischer: Wille und Wirksamkeit. Eine Untersuchung zum Problem des *dolus alternativus*. 1993.

Band 43 Regina Harzer: Der Naturzustand als Denkfigur moderner praktischer Vernunft. Zugleich ein Beitrag zur Staats- und Rechtsphilosophie von Hobbes und Kant. 1994.

Band 44 Helmut Pollähne: Lockerungen im Maßregelvollzug. Eine Untersuchung am Beispiel der Anwendung des nordrhein-westfälischen Maßregelvollzugsgesetzes im Westfälischen Zentrum für Forensische Psychiatrie (Lippstadt). 1994.

Band 45 Hans-Joachim Leonhardt: Rechtsmittelermessen der Staatsanwaltschaft. Eine Gegenüberstellung von § 296 StPO mit Nummern 147 und 148 Richtlinien für das Strafverfahren und das Bußgeldverfahren (RiStBV). 1994.

Band 46 Rolf Grünebaum: Zur Strafbarkeit des Therapeuten im Maßregelvollzug bei fehlgeschlagenen Lockerungen. 1996.

Band 47 Barbara Bialas: Promille-Grenzen, Vorsatz und Fahrlässigkeit. 1996.

Band 48 Christine Pott: Die Außerkraftsetzung der Legalität durch das Opportunitätsdenken in den Vorschriften der §§ 154, 154a StPO. Zugleich ein Beitrag zu einer kritischen Strafverfahrensrechtstheorie. 1996.

Band 49 Wolfgang Köberer: *Iudex non calculat*. Über die Unmöglichkeit, Strafzumessung sozialwissenschaftlich-mathematisch zu rationalisieren. 1996.

Band 50 Institut für Kriminalwissenschaften Frankfurt a.M. (Hrsg.): Vom unmöglichen Zustand des Strafrechts. 1995.

Band 51 Petra Kamberger: Treu und Glauben (§ 242 BGB) als Garantenstellung im Strafrecht? 1996.

Band 52 Anastassios Triantafyllou: Das Delikt der gefährlichen Körperverletzung (§ 223a StGB) als Gefährdungsdelikt. (Zugleich ein Beitrag zur Dogmatik der Gefährdungsdelikte). 1996.

Band 53 Norbert Kissel: Aufrufe zum Ungehorsam und § 111 StGB. Grundrechtlicher Einfluß bei der Feststellung strafbaren Unrechts. 1996.

Band 54 Susanne Ehret: Franz von Liszt und das Gesetzlichkeitsprinzip. Zugleich ein Beitrag wider die Gleichsetzung von Magna-charta-Formel und Nullum-crimen-Grundsatz. 1996.

Band 55 Stefan Braum: Geschichte der Revision im Strafverfahren von 1877 bis zur Gegenwart. Zugleich eine Kritik der Kontinuität politischer Macht im Recht. 1996.

Band 56 Katja Diel: Das Regreßverbot als allgemeine Tatbestandsgrenze im Strafrecht. 1997.

Band 57 Christoph Koller: Die Staatsanwaltschaft – Organ der Judikative oder Exekutivbehörde? Die Stellung der Anklagebehörde und die Gewaltenteilung des Grundgesetzes. 1997.

Band 58 Frank Schößler: Anerkennung und Beleidigung. Rechtsgut und Strafzweck des § 185 StGB. 1997.

Band 59 Regina Engelstädter: Der Begriff des Unfallbeteiligten in § 142 Abs. 4 StGB. Zugleich eine Kritik an aktuellen Zurechnungslehren. 1997.

Band 60 Jörg Reinhardt: Der Ausschluß und die Ablehnung des befangen erscheinenden Staatsanwaltes. 1997.

Band 61 Jens Christian Müller-Tuckfeld: Integrationsprävention. Studien zu einer Theorie der gesellschaftlichen Funktion des Strafrechts. 1998.

Band 62 Peter Maria Rohe: Verdeckte Informationsgewinnung mit technischen Hilfsmitteln zur Bekämpfung der Organisierten Kriminalität. Zugleich eine rechtsvergleichende Analyse der polizeilichen Abhörbefugnisse in den U.S.A. 1998.

Band 63 Dirk Fabricius: Was ein Lehrbuch lehrt ... Eine exemplarische Untersuchung von Jakobs *Strafrecht – Allgemeiner Teil*. 1998.

Band 64 Stefan Sinner: Der Vertragsgedanke im Strafprozeßrecht. 1999.

Band 65 Sebastian Schattenfroh: Die Staatsphilosophie Giovanni Gentiles und die Versuche ihrer Verwirklichung im faschistischen Italien. 1999.

Band 66 Athanassia Dionyssopoulou: Der Tatbestand der Geldwäsche. Eine Analyse der dogmatischen Grundlagen des § 261 StGB. 1999.

Band 67 Klaus von Lampe: *Organized Crime*. Begriff und Theorie organisierter Kriminalität in den USA. 1999.

Band 68 Christian Hanssen: "Trennung der Märkte". Rechtsdogmatische und rechtspolitische Probleme einer Liberalisierung des Drogenstrafrechts. 1999.

Band 69 Institut für Kriminalwissenschaften und Rechtsphilosophie Frankfurt a.M. (Hrsg.): Irrwege der Strafgesetzgebung. 1999.

Band 70 Konstantinos Chatzikostas: Die Disponibilität des Rechtsgutes Leben in ihrer Bedeutung für die Probleme von Suizid und Euthanasie. 2000.

Band 71 Bettina Wirmer-Donos: Die Strafrechtstheorie Karl Christian Friedrich Krauses als theoretische Grundlage des spanischen Korrektionalismus. 2001.

Band 72 Christine Löw: Die Erkundigungspflicht beim Verbotsirrtum nach § 17 StGB. 2001.

Band 73 Florian Ufer: Der Verwertungswiderspruch in Theorie und Praxis. Prozessuale Obliegenheiten des Verteidigers und ihre Bedeutung für die Rechtsposition des Beschuldigten. 2002.

Band 74 Katja Melzer: Psychisch kranke Straftäterinnen. Frauen im Maßregelvollzug. 2001.

Band 75 Gregor Kuntze-Kaufhold: Lebenswelt und Unparteilichkeit. Kriterien für eine Rechtsanwendungslehre am Beispiel der Analyse von fünf Hauptverhandlungen in Strafverfahren. 2002.

Band 76 Iris Kristina Passek: Die erstinstanzliche Zuständigkeit der Oberlandesgerichte in Staatsschutzstrafsachen. Historische Entwicklung und aktuelle Probleme. 2002.

Band 77 Michael Krebs: Die Weisungsgebundenheit des Staatsanwalts unter besonderer Berücksichtigung des rechtstatsächlichen Aspekts. 2002.

Band 78 Kerstin Degenhardt: Europol und Strafprozeß. Die Europäisierung des Ermittlungsverfahrens. 2003.

Band 79 Domenico Siciliano: Das Leben des fliehenden Diebes: Ein strafrechtliches Politikum. 2., überarbeitete und ergänzte Auflage. 2013.

Band 80 Marc Colussi: Produzentenkriminalität und strafrechtliche Verantwortung. 2003.

Band 81 Thilo Lars Hild: Grenzen einer strafrechtlichen Regulierung des Kapitalmarktes. Eine kriminalrechtliche Untersuchung von Börsengängen und Aktienhandel in Deutschland und den USA. 2004.

Band 82 Philipp Rau: Schweigen als Indiz der Schuld. Ein Vergleich des deutschen und englischen Rechts zur Würdigung des Schweigens des Beschuldigten. 2004.

Band 83 Alexandra Pfeiffer: Die Regelung der Lebendorganspende im Transplantationsgesetz. 2004.

Band 84 Elena Fischer: Recht auf Sterben?! Ein Beitrag zur Reformdiskussion der Sterbehilfe in Deutschland unter besonderer Berücksichtigung der Frage nach der Übertragbarkeit des Holländischen Modells der Sterbehilfe in das deutsche Recht. 2004.

Band 85 Jörg Ziethen: Grundlagen probabilistischer Zurechnung im Strafrecht. 2004.

Band 86 Stefanie Schork: Ausgesprochen schuldig. Dogmatische und metadogmatische Untersuchungen zum Schuldspruch. 2005.

Band 87 Claudia Schubert: Verbotene Worte? Versuch einer Neubestimmung im Umgang mit rassistischen Äußerungen jenseits des Strafrechts. 2005.

Band 88 Ulfrid Neumann / Cornelius Prittwitz (Hrsg.): Kritik und Rechtfertigung des Strafrechts. 2005.

Band 89 Denis Basak: Die Zuständigkeitsregeln internationaler Strafgerichte und Art. 101 GG. Zum Verhältnis der deutschen Strafgerichtsbarkeit zu den Internationalen Tribunalen für Jugoslawien und Ruanda sowie zum Ständigen Internationalen Strafgerichtshof. 2005.

Band 90 Hsiao-Wen Wang: Der universale Strafanspruch des nationalen Staates. Eine Untersuchung über das Weltrechtsprinzip im Internationalen Strafrecht. 2005.

Band 91 Leonie Frenz: Faktizität des Rechts in der forensischen Psychiatrie. Eine Untersuchung im LKH Moringen. 2005.

Band 92 Eva-Maria Unger: Schutzlos ausgeliefert? Der Europäische Haftbefehl. Ein Beispiel für die Missachtung europäischer Bürgerrechte. 2005.

Band 93 Marcus Bastelberger: Die Legitimität des Strafrechts und der *moralische Staat*. Utilitaristische und retributivistische Strafrechtsbegründung und die rechtliche Verfassung der Freiheit. 2006.

Band 94 Marc Reiß: Rechtliche Aspekte der Präimplantationsdiagnostik. Unter besonderer Berücksichtigung der Rechte der von einem Verbot betroffenen Paare. 2006.

Band 95 Alexander Kolz: Einwilligung und Richtervorbehalt. 2006.

Band 96 Vasco Reuss: Eine Kritik der juristischen Vernunft. Rezeptionsversuche der Negativen Dialektik Adornos für die Dogmatik des Strafrechts. 2007.

Band 97 Lutz Eidam: Die strafprozessuale Selbstbelastungsfreiheit am Beginn des 21. Jahrhunderts. 2007.

Band 98 Christiane Rüdiger: Schutzinteresse und Deliktsstruktur der „Bestechungsdelikte" (§§ 331 ff. StGB). 2007.

Band 99 Urte Eisenhardt: Das nemo tenetur-Prinzip: Grenze körperlicher Untersuchungen beim Beschuldigten. Am Beispiel des § 81a StPO. 2007.

Band 100 Institut für Kriminalwissenschaften und Rechtsphilosophie Frankfurt a. M. (Hrsg.): Jenseits des rechtsstaatlichen Strafrechts. 2007.

Band 101 Nils Möckelmann: Die rechtliche, psychiatrische und gesellschaftliche Beurteilung jugendlicher Straftäter in der jüngeren deutschen Geschichte. Eine Analyse anhand zweier Strafverfahren mit Gutachten des Psychiaters Ernst Rüdin aus den Jahren 1915/1917 unter Berücksichtigung der Entwicklungen bis zur Gegenwart. 2007.

Band 102 Alexa Albrecht: Zur Erosion der Menschenrechte im demokratischen Rechtsstaat. Reaktionen der Systeme und der Zivilgesellschaft. 2007.

Band 103 Dirk Lange: Die politisch motivierte Tötung. 2007.

Band 104 Ulfrid Neumann / Cornelius Prittwitz (Hrsg.): „Personale Rechtsgutslehre" und „Opferorientierung im Strafrecht". 2007.

Band 105 Lisa Kathrin Sander: Grenzen instrumenteller Vernunft im Strafrecht. Eine Kritik der Präventionsdoktrin aus strafrechtsgeschichtlicher und empirischer Perspektive. 2007.

Band 106 Stephan Werner: Zur Notwendigkeit der Verteidigeranwesenheit während der polizeilichen Beschuldigtenvernehmung. 2008.

Band 107 Inti Schubert: Europol und der virtuelle Verdacht. Die Suspendierung des Rechts auf informationelle Selbstbestimmung. 2008.

Band 108 Bong-Jin Ko: Menschenwürde und Biostrafrecht bei der embryonalen Stammzellenforschung. 2008.

Band 109 Wanja Andreas Welke: Die Repersonalisierung des Rechtskonflikts. Zum gegenwärtigen Verhältnis von Straf- und Zivilrecht. 2008.

Band 110 Jan Helmrich: Die Berufung gewerblicher Sicherheitskräfte auf Notwehr und Nothilfe. Zugleich ein Beitrag zu den Grundlagen des Notwehr- und Nothilferechts. 2008.

Band 111 Alexander Köstler-Loewe: Strafrecht US-Style: „Three Strikes and You're Out!" Baseball, Rückfall und Kriminalpolitik? 2008.

Band 112 Christina Bott: Die Medienprivilegien im Strafprozess. Zeugnisverweigerungsrecht und Beschlagnahmeverbot zum Schutz der Medien im Strafverfahren. 2009.

Band 113 Mario Riechmann: Organisierte Kriminalität und Terrorismus. Zur Funktionalisierung von Bedrohungsszenarien beim Abbau eines rechtsstaatlichen Strafrechts. 2009.

Band 114 Dirk Simon: Präzeptoraler Sicherheitsstaat und Risikovorsorge. 2009.

Band 115 Stefan Kirsch: Der Begehungszusammenhang der Verbrechen gegen die Menschlichkeit. 2009.

Band 116 Heng-da Hsu: Zurechnungsgrundlage und Strafbarkeitsgrenze der Fahrlässigkeitsdelikte in der modernen Industriegesellschaft. 2009.

Band 117 Dennis Teschner: Die soziale Kontrolle im virtuellen Raum. Eine juristische, soziologische und soialpsychologische Untersuchung der Instrumentalisierbarkeit von Internetkriminalität. 2009.

Band 118 Daniel Schilling: Fragmentarisch oder umfassend? Wege strafrechtlichen Zugriffs bei der Veruntreuung fremden Vermögens am Beispiel des deutschen und des italienischen Untreuestrafrechts. 2009.

Band 119 Andreas Stüdemann: Die Entwicklung der zwischenstaatlichen Rechtshilfe in Strafsachen im nationalsozialistischen Deutschland zwischen 1933 und 1945. Kontinuität und Diskontinuität im Auslieferungsrecht am Beispiel der Rechtsentwicklung im NS-Staat. 2009.

Band 120 Matthias Achenbach: Strafrechtlicher Schutz des Wettbewerbs? Eine kritische Analyse von Sinn und Zweck der Straftatbestände zum Schutz des Wettbewerbs. 2009.

Band 121 Vera Backhaus: Der gesetzliche Richter im Staatsschutzstrafrecht. Zur Verfassungsmäßigkeit des § 120 Abs. 2 GVG. 2010.

Band 122 Verena Maria Brenneis: Rechtspolitische Implikationen von Gefährlichkeitsprognosen im Vollzug von Maßregeln nach § 63 StGB. Zum Subjektstatus von Eingewiesenen. 2010.

Band 123 Maike Hoenigs: Zur Existenzberechtigung des Straftatbestandes der Rechtsbeugung. Korrelat oder Widerspruch zur richterlichen Unabhängigkeit. 2010.

Band 124 Christine Würfel: Freiheit als Grundlage der Schuld. 2012.

Band 125 Charlotte Rau: Compliance und Unternehmensverantwortlichkeit. Materiellrechtliche Fragen der sanktionsrechtlichen Unternehmensverantwortlichkeit unter Berücksichtigung von Compliance-Maßnahmen. 2010.

Band 126 Marc Fornauf: Die Marginalisierung der Unabhängigkeit der Dritten Gewalt im System des Strafrechts. 2010.

Band 127 Sabine Benthin: Subventionspolitik und Subventionskriminalität. Zur Legitimität und Rationalität des Tatbestandes zum Subventionsbetrug (§ 264 StGB). 2011.

Band 128 Philipp Horrer: Bestechung durch deutsche Unternehmen im Ausland. Strafrechtsentwicklung und Probleme. 2011.

Band 129 Marianne Varwig: Zum Tatbestandsmerkmal des Vermögensschadens (§ 263 StGB). Eine kritische Untersuchung mittels der vier klassischen Auslegungsmethoden. 2011.

Band 130 Alexander Rieger: Verfassungsrechtliche Legitimationsgrundlagen richterlicher Unabhängigkeit. Zugleich eine Auseinandersetzung mit der Debatte um eine Selbstverwaltung der Justiz. 2011.

Band 131 Moritz von Schenck: Pönalisierung der Folter in Deutschland – de lege lata et ferneda. 2011.

Band 132 Kerstin Bohn: Der gesetzliche Richter als rechtsstaatstragendes Prinzip in europäischen Staaten. Eine Untersuchung der Fallzuteilung unter besonderer Berücksichtigung Englands. 2011.

Band 133 Cornelius Trendelenburg: Ultima ratio? Subsidiaritätswissenschaftliche Antworten am Beispiel der Strafbarkeit von Insiderhandel und Firmenbestattungen. 2011.

Band 134 Susana Campos Nave: Rechtsstaatliche Regeltreue? Corporate Compliance als zwingende Antwort des freiheitsliebenden Unternehmens im Wirtschaftsstrafrecht. 2012.

Band 135 Christine Ditscher: Europäische Beweise. Der Rahmenbeschluss über die Europäische Beweisanordnung zur Erlangung von Sachen, Schriftstücken und Daten zur Verwendung in Strafsachen. 2012.

Band 136 Fedor Brunner: Das Phänomen des Mietnomaden in der Rechtspraxis. Strukturelle Hintergründe, zivilrechtliche Mechanismen und Perspektiven. 2012.

Band 137 Konstantinos Diakonis: Die Geringfügigkeitsvorschriften als Teil der Problematik der Kollision zwischen primären und sekundären Prinzipien des Rechts. 2012.

Band 138 Gustavo Chan Mora: Kritik des Schuldbegriffs im Jugendstrafrecht. Eine metadogmatische Begründung des Schuldfähigkeits- und Verbotsirrtumsbegriffs. 2012.

Band 139 Julia Anna Bargenda: *Australian Law Reform Commission*. Ein Modell für Deutschland? 2012.

Band 140 Katharina Schermuly: Grenzen funktionaler Integration. Anforderungen an die Kontrolle europäischer Strafgesetzgebung durch den EuGH. 2013.

Band 141 Florian Conradi: Die Sicherungsverwahrung – Ausdruck einer zunehmenden Sicherheitsorientierung im Strafrecht? Die Entwicklung der Sicherungsverwahrung im Kontext des Spannungsverhältnisses von Freiheit und Sicherheit. 2013.

Band 142 Hyun Kyong Joo: Die positive Generalprävention im Straßenverkehr. 2013.

Band 143 Ulfrid Neumann / Cornelius Prittwitz / Paulo Abrão / Lauro Joppert Swensson Jr. / Marcelo D. Torelly (Hrsg.): Transitional Justice. Das Problem gerechter strafrechtlicher Vergangenheitsbewältigung. 2013.

Band 144 Frederico Figueiredo: Zur Möglichkeit des unmöglichen Strafrechts. Ein Versuch über die Dissonanz im System der ultima ratio. 2014.

Band 145 Moritz Bermel: Banken und Pflichten. Moderne Bankmanager und traditionelles Strafrecht. 2014.

Band 146 Björn Kruse: Compliance und Rechtsstaat. Zur Freiheit von Selbstbelastung bei Internal Investigations. 2014.

Band 147 Charlotte Schultz: Spiegelungen von Strafrecht und Gesellschaft. Eine systemtheoretische Kritik der Sicherungsverwahrung. 2014.

Band 148 Daniel Wegerich: Moderne Kriminalgesetzgebung: Produzent von Parteiverrat? Auswirkungen strafprozessualer Absprachen und Aufklärungshilfen auf den Parteiverrat in Strafsachen (§ 356 StGB). 2015.

Band 149 Lauro Joppert Swensson Jr: Vor dem Gesetz. *Transitional Justice* in Brasilien und die Problematik der strafrechtlichen Verantwortung für Straftaten der Militärdiktatur. 2015.

Band 150 Frederic Raue: Steueramnestien, Selbstanzeige und die verfassungsrechtliche Bewertung von Straffreiheitsgesetzen. Eine Untersuchung anlässlich des gescheiterten deutsch-schweizerischen Steuerabkommens. 2015.

Band 151 Ali Mosfer: Fragilitäten des Rechtsstaates seit dem 11. September 2001 im Spiegel der Rechtsprechung des Bundesverfassungsgerichts. 2015.

Band 152 Johann Amos Münch: Kollektive Haftung im Wirtschaftsstrafrecht. Ein kompetitiver und evaluativer Vergleich der Sanktionssysteme Deutschlands, Großbritanniens und Italiens. Unter besonderer Berücksichtigung von Dogmatik, Gerechtigkeit und Zweckmäßigkeit. 2016.

Band 153 Madeleine Arens: Die Strafverfahrenswirklichkeit am Khmer Rouge Tribunal im völkerstrafprozessualen Kontext. Eine Analyse der strafprozessualen Verfahrenspraxis an den ECCC und ihre Bedeutung für zukünftige Völkerstrafprozesse. 2016.

Band 154 Chun-Wei Chen: Gefährdungsvorsatz im modernen Strafrecht. Zugleich unzeitgemäße Überlegungen über die Wiederbelebung des Gefährdungsstrafrechts in der Sicherheitsgesellschaft. 2016.

Band 155 Mathias Alexander Grzesiek: Wirtschaftsdelikte im Vertrags- und Privatarztsektor. Ein Beitrag zum Prinzip der Strafgesetzlichkeit im Gesundheitswesen. 2016.

www.ingramcontent.com/pod-product-compliance
Ingram Content Group UK Ltd.
Pitfield, Milton Keynes, MK11 3LW, UK
UKHW021852290926
8980IPUK00005B/782

9 783631 667880